案例與實訓教程

主　編　霍愛英
副主編　高曉華

財經錢線

前 言

宏觀經濟學誕生於20世紀二三十年代，英國經濟學家凱恩斯（J. M. Keynes, 1883—1946）1936年出版的《就業、利息和貨幣通論》是宏觀領域的開山之作，為宏觀分析奠定了最初的框架，標誌著現代西方宏觀經濟學正式成為一門獨立的理論經濟學分支學科。最近30多年來，西方經濟學在中國逐步普及，而西方宏觀經濟學作為目前宏觀調控的理論基礎，在中國的宏觀經濟調控管理中起到了很大作用。有關西方宏觀經濟學的教材也是層出不窮，可謂汗牛充棟。

近幾年來，經濟學教育、教學方法有了重大進步，更加重視理論聯繫實際，實驗、實踐、案例教學逐步加強。鑒於此，筆者以中國經濟學界傑出教育家、西方經濟學學科主要奠基人之一高鴻業先生主編的《西方經濟學（宏觀部分）》這一一直被各大院校選用的權威教材為依據，編寫授課案例與實訓項目。

本書的主要特色是通過每章的案例導入、實訓作業、實訓活動、案例研究及案例使用指南等，引導學生在課堂學習理論知識的同時進行深入思考，將宏觀經濟學理論學習與實際運用結合為一體，提升學生掌握宏觀經濟學理論知識的水平及分析社會經濟現象問題的能力。其次，為了方便學生學習，本書每章都配備有學習目標、關鍵詞和知識精要。關鍵詞和知識精要簡要闡明了各章的核心基礎知識點，幫助學生凝練教材學習內容，化繁為簡，深入淺出，節約學習時間。最後，本書第一章至第九章分別一一對應高鴻業先生主編的《西方經濟學（宏觀部分·第六版）》的第十二章至第二

十章的教材內容，讀者在使用過程中應該注意配合學習。

　　本書在付梓之際，感謝各位同事的幫助，感謝梁超老師、韓大平老師、毛麗君老師和靳琳老師曾參與提供編寫材料！更感謝本書副主編高曉華老師的堅持不輟！

　　本書可作為大學層次經濟管理類專業應用參考教材，更可以作為考研學習的參考書目，還可以作為各界從事社會經濟管理工作者的應用參考書籍。由於編者能力有限，書中疏漏之處在所難免，歡迎廣大讀者和同行給予指導、批評和幫助。

編　者

目 錄

第一章　宏觀經濟的基本指標及其衡量 …………………………………………（1）
　　案例導入 …………………………………………………………………（1）
　　學習目標 …………………………………………………………………（2）
　　關鍵術語 …………………………………………………………………（2）
　　知識精要 …………………………………………………………………（2）
　　實訓作業 …………………………………………………………………（3）
　　實訓作業答案 ……………………………………………………………（4）
　　實訓活動 …………………………………………………………………（9）
　　案例研究及案例使用指南 ………………………………………………（12）

第二章　國民收入的決定：收入-支出模型 ……………………………………（26）
　　案例導入 …………………………………………………………………（26）
　　學習目標 …………………………………………………………………（27）
　　關鍵術語 …………………………………………………………………（27）
　　知識精要 …………………………………………………………………（27）
　　實訓作業 …………………………………………………………………（27）
　　實訓作業答案 ……………………………………………………………（29）
　　實訓活動 …………………………………………………………………（34）
　　案例研究及案例使用指南 ………………………………………………（34）

第三章　國民收入的決定：IS-LM 模型 ………………………………………（47）
　　案例導入 …………………………………………………………………（47）
　　學習目標 …………………………………………………………………（49）
　　關鍵術語 …………………………………………………………………（49）
　　知識精要 …………………………………………………………………（49）

實訓作業 ………………………………………………………………（50）

　　實訓作業答案 …………………………………………………………（51）

　　實訓活動 ………………………………………………………………（57）

　　案例研究及案例使用指南 ……………………………………………（58）

第四章　國民收入的決定：總需求–總供給模型 …………………（69）

　　案例導入 ………………………………………………………………（69）

　　學習目標 ………………………………………………………………（71）

　　關鍵術語 ………………………………………………………………（71）

　　知識精要 ………………………………………………………………（71）

　　實訓作業 ………………………………………………………………（71）

　　實訓作業答案 …………………………………………………………（73）

　　實訓活動 ………………………………………………………………（78）

　　案例研究及案例使用指南 ……………………………………………（80）

第五章　失業與通貨膨脹 ……………………………………………（88）

　　案例導入 ………………………………………………………………（88）

　　學習目標 ………………………………………………………………（93）

　　關鍵術語 ………………………………………………………………（93）

　　知識精要 ………………………………………………………………（93）

　　實訓作業 ………………………………………………………………（94）

　　實訓作業答案 …………………………………………………………（94）

　　實訓活動 ………………………………………………………………（99）

　　案例研究及案例使用指南 ……………………………………………（103）

第六章　宏觀經濟政策 ………………………………………………（120）

　　案例導入 ………………………………………………………………（120）

　　學習目標 ………………………………………………………………（123）

關鍵術語 …………………………………………………………（123）
　　知識精要 …………………………………………………………（124）
　　實訓作業 …………………………………………………………（124）
　　實訓作業答案 ……………………………………………………（125）
　　實訓活動 …………………………………………………………（131）
　　案例研究及案例使用指南 ………………………………………（134）

第七章　開放經濟下的短期經濟模型 …………………………（147）
　　案例導入 …………………………………………………………（147）
　　學習目標 …………………………………………………………（152）
　　關鍵術語 …………………………………………………………（152）
　　知識精要 …………………………………………………………（152）
　　實訓作業 …………………………………………………………（152）
　　實訓作業答案 ……………………………………………………（153）
　　實訓活動 …………………………………………………………（157）
　　案例研究及案例使用指南 ………………………………………（157）

第八章　經濟增長 ………………………………………………（167）
　　案例導入 …………………………………………………………（167）
　　學習目標 …………………………………………………………（174）
　　關鍵術語 …………………………………………………………（174）
　　知識精要 …………………………………………………………（174）
　　實訓作業 …………………………………………………………（175）
　　實訓作業答案 ……………………………………………………（176）
　　實訓活動 …………………………………………………………（180）
　　案例研究及案例使用指南 ………………………………………（181）

第九章 宏觀經濟學的微觀基礎 (195)

- 案例導入 (195)
- 學習目標 (197)
- 關鍵術語 (198)
- 知識精要 (198)
- 實訓作業 (198)
- 實訓作業答案 (199)
- 實訓活動 (202)
- 案例研究及案例使用指南 (203)

第一章　宏觀經濟的基本指標及其衡量

【案例導入】

案例導入一：漫畫凱恩斯

案例來源：http://baike.haosou.com/doc/4980021-5203067.html.

問題：他是誰？他在做什麼？

案例導入二：中華人民共和國 2014 年國民經濟和社會發展統計公報

　　國民經濟穩定增長。初步核算，全年國內生產總值 636,463 億元，比上年增長 7.4%。其中，第一產業增加值 58,332 億元，增長 4.1%；第二產業增加值 271,392 億元，增長 7.3%；第三產業增加值 306,739 億元，增長 8.1%。第一產業增加值占國內生產總值的比重為 9.2%，第二產業增加值比重為 42.6%，第三產業增加值比重為 48.2%。

　　就業繼續增加。年末全國就業人員 77,253 萬人，其中城鎮就業人員 39,310 萬人。全年城鎮新增就業 1,322 萬人。年末城鎮登記失業率為 4.09%。全國農民工總量為 27,395 萬人，比上年增長 1.9%。其中，外出農民工 16,821 萬人，增長 1.3%；本地農民工 10,574 萬人，增長 2.8%。勞動生產率穩步提高。全年國家全員勞動生產率為 72,313 元/人，比上年提高 7.0%。

　　價格水平漲幅較低。全年居民消費價格比上年上漲 2.0%，其中食品價格上漲 3.1%。固定資產投資價格上漲 0.5%。工業生產者出廠價格下降 1.9%。工業生產者購進價格下降 2.2%。農產品生產者價格下降 0.2%。

　　外匯儲備略有增加。年末國家外匯儲備 38,430 億美元，比上年末增加 217 億美元。全年人民幣平均匯率為 1 美元兌 6.142,8 元人民幣，比上年升值 0.8%。

案例來源：http://www.stats.gov.cn/tjsj/zxfb/201502/t20150226_685799.html.

問題：
1. 2014 年中國經濟運行如何？
2. 宏觀經濟學研究的主要內容從公報中如何體現出來？
3. 面對宏觀經濟數據你得出什麼結論？你目前的知識儲備夠嗎？

【學習目標】

1. 瞭解宏觀經濟學的特點。
2. 理解 GDP 的含義和國民收入的廣泛概念。
3. 理解收入法和支出法核算的 GDP。
4. 運用所學知識解讀現實中的宏觀經濟數據。

【關鍵術語】

國內生產總值（GDP）

【知識精要】

1. 宏觀經濟學的特點：研究對象是社會總體的經濟行為。研究方法是總量分析法。研究任務是解決失業、通貨膨脹和通貨緊縮（物價波動）、經濟增長和國際收支均衡問題。

2. 宏觀經濟學誕生於 20 世紀二三十年代，英國經濟學家凱恩斯（J. M. Keynes, 1883—1946）1936 年出版的《就業、利息和貨幣通論》是宏觀領域的開山之作，為宏觀分析奠定了最初的框架，標誌著現代西方宏觀經濟學正式成為一門獨立的理論經濟學分支學科。

3. 國內生產總值（GDP）是核算國民經濟活動的核心指標。它是經濟社會（一國或一地區）在一定時期內運用生產要素所生產的全部最終產品（物品和勞務）的市場價值。

4. 核算國內生產總值可用生產法、支出法和收入法，常用的是后兩種方法。支出法核算國內生產總值（GDP）＝消費（C）＋投資（I）＋政府購買支出（G）＋淨出口（$X-M$）；收入法核算國內生產總值（GDP）＝工資（W）＋利息（INT）＋利潤（P）＋租金（R）＋間接稅（IBT）＋折舊（D）。

5. 國民收入核算體系中存在儲蓄投資恒等式。在兩部門、三部門和四部門經濟中分別表示為 $S=I$、$I=S+(T-G)$、$I=S+(T-G)+(M-X+K_r)$。式中，S 為居民私人儲蓄；T 為政府淨收入；K_r 為本國居民對外國人的轉移支付。

【實訓作業】

一、名詞解釋

1. 國內生產總值（GDP）
2. 國民生產總值（GNP）
3. 國內生產淨值（NDP）
4. 國民收入（NI）
5. 個人收入（PI）
6. 個人可支配收入（DPI）
7. 國內生產總值折算指數（GDP implicit deflator）

二、簡要回答

1. 舉例說明最終產品和中間產品的區別。
2. 舉例說明經濟中流量和存量的聯繫與區別。
3. 為什麼人們購買債券和股票從個人來說是投資，但從經濟學上不算投資？
4. 簡要闡述名義國民（內）生產總值和實際國民（內）生產總值。
5. 用支出法如何核算國內生產總值？
6. 用收入法如何核算國內生產總值？
7. 國內生產總值核算指標的缺陷是什麼？

三、論述

1. 舉例分析 GDP、GNP、NDP、NI、PI 和 DPI 之間的關係。
2. 請推導四部門經濟中總儲蓄和投資的恒等式。

四、問題計算

1. 某年發生了以下活動：（a）一銀礦公司支付 7.5 萬美元給礦工開採了 50 千克銀賣給一銀器製造商，售價 10 萬美元；（b）銀器製造商支付 5 萬美元工資給工人造了一批項鏈賣給消費者，售價 40 萬美元。

（1）用最終產品生產法計算 GDP。
（2）每個生產階段生產多少價值？用增值法計算 GDP。
（3）在生產活動中賺得的工資和利潤共為多少？用收入法計算 GDP。

2. 假定某經濟社會有 A、B、C 三個廠商，A 廠商年產出 5,000 美元，賣給 B、C 和消費者。其中 B 買 A 的產出 200 美元，C 買 2,000 美元，其餘 2,800 美元賣給消費者。B 年產出 500 美元，直接賣給消費者。C 年產出 6,000 美元，其中 3,000 美元由 A 買，其餘由消費者買。

（1）假設投入在生產中用光，計算價值增加多少？

（2）計算 GDP 為多少？
（3）如果只有 C 有 500 美元折舊，計算國民收入。

3. 假設國內生產總值是 5,000，個人可支配收入是 4,100，政府預算赤字是 200，消費是 800，貿易赤字是 100。試計算：（1）儲蓄；（2）投資；（3）政府支出。

4. 根據一國的國民收入統計資料：

單位：億美元

國內生產總值	4,800
總投資	800
淨投資	300
消費	3,000
政府購買	960
政府預算盈餘	30

試計算：（1）國內生產淨值；（2）淨出口；（3）政府稅收減去轉移支付後的收入；（4）個人可支配收入；（5）個人收入。

【實訓作業答案】

一、名詞解釋

1. 國內生產總值（GDP）：一個地域概念，指經濟社會（即一個國家）在一定時期內運用生產要素所生產的全部最終產品（物品和勞務）的市場價值。

2. 國民生產總值（GNP）：一個國民概念，指某國國民在一定時期內運用生產要素所生產的全部最終產品（物品和勞務）的市場價值。

3. 國內生產淨值（NDP）：最終產品價值並未扣除資本設備消耗，如果把消耗的資本設備價值扣除了，就得到了淨增值。簡言之是指從國內生產總值（GDP）中扣除資本折舊得到的。

4. 國民收入（NI）：通常所說的國民收入是所謂「廣義」的國民收入，它包括國民生產總值（國內生產總值）、國民生產淨值（國內生產淨值），也包括「狹義」的國民收入，即國民收入（NI）。狹義國民收入（NI）是按生產要素報酬計算的國民收入，它等於國民生產淨值減去間接稅和企業轉移支付，再加上政府補貼。

5. 個人收入（PI）：個人收入的構成實際上是國民收入減去一部分應當作為生產要素報酬支付給個人而沒有支付的部分，再加上個人實際獲得的不屬於生產要素報酬的收入。

綜上，個人收入的公式為：

PI（個人收入）= NI（國民收入）-企業未分配利潤-公司所得稅-社會保險稅費+轉移支付

6. 個人可支配收入（DPI）：個人可支配收入指一個國家一年內個人可以支配的累加，個人收入減去個人所得稅的餘額，就是個人可支配收入，可以用來消費與儲蓄。

公式表示為：

DPI（Disposable Personal Income）＝PI－個人所得稅＝消費+儲蓄

7. 國內生產總值折算指數（GDP implicit deflator）：名義的 GDP 和實際的 GDP 的比率。反應出這一時期和基期相比的價格變動。

二、簡要回答

1. 舉例說明最終產品和中間產品的區別。

答：在國民收入核算中，一件產品究竟是中間產品還是最終產品，不能根據產品的物質屬性來加以區別，而只能根據產品是否進入最終使用者手中這一點來加以區別。例如，我們不能根據產品的物質屬性來判斷面粉和麵包究竟是最終產品還是中間產品。看起來，面粉一定是中間產品，麵包一定是最終產品。其實不然。如果面粉為麵包廠所購買，則面粉是中間產品，如果面粉為家庭主婦所購買，則是最終產品。同樣，如果麵包由麵包商店賣給消費者，則此麵包是最終產品，但如果麵包由生產廠商出售給麵包商店，則它還屬於中間產品。

2. 舉例說明經濟中流量和存量的聯繫與區別。

答：存量指某一時點上存在的某種經濟變量的數值，其大小沒有時間維度，而流量是指一定時期內發生的某種經濟變量的數值，其大小有時間維度；但是二者也有聯繫，流量來自存量，又歸於存量，存量由流量累積而成。拿財富與收入來說，財富是存量，收入是流量。

3. 為什麼人們購買債券和股票從個人來說是投資，但從經濟學上不算投資？

答：經濟學上所講的投資是增加或替換資本資產的支出，即建造新廠房、購買新機器設備等行為，而人們購買債券和股票只是一種證券交易活動，並不是實際的生產經營活動。人們購買債券或股票，是一種產權轉移活動，因而不屬於經濟學意義的投資活動，也不能計入 GDP。公司從人們手裡取得了出售債券或股票的貨幣資金再去購買廠房或機器設備，才算投資活動。

4. 簡要闡述名義國民（內）生產總值和實際國民（內）生產總值。

答：名義國民生產總值或名義國內生產總值：是指運用當期市場價格計算的總產出。實際國民生產總值或實際國內生產總值：是指運用某一基期市場價格計算的總產出。名義國民（內）生產總值增長率－通貨膨脹率＝真實國民（內）生產總值增長率。在價格上漲的情況下，國民（內）生產總值的上升只是一種假象，有實質性影響的還是實際國民（內）生產總值變化率，所以使用國內生產總值這個指標時，還必須通過 GNP（GDP）縮減指數，對名義國民（內）生產總值做出調整，從而精確地反應產出的實際變動。GNP（GDP）縮減指數＝名義 GNP 或 GDP/實際 GNP 或 GDP。

5. 用支出法如何核算國內生產總值？

答：用支出法核算國內生產總值，就是通過核算一定時期內整個社會購買最終產品的總支出即整個社會對最終產品的總需求來計量 GDP。一個經濟社會在一定時期內購買最終產品的總支出或總需求就是指消費支出或消費需求（C）、投資支出或投資需求（I）、政府支出或政府需求（G）和淨出口（NX）。淨出口是出口（X）減去進口

（M）的差額，可以視為外國對本國產品的淨需求，即外國購買本國產品的淨支出。因此，用支出法核算 GDP 的公式，即可表示為：GDP = $C+I+G+NX$。

6. 用收入法如何核算國內生產總值？

答：用收入法核算國內生產總值，就是通過計算一定時期內的生產要素收入即企業生產成本來核算 GDP。在經濟生活中，要素收入或企業生產成本具體包括：①工資、利息、租金等生產要素的報酬；②非公司企業主收入，如農民、律師、醫生的收入等；③公司稅前利潤，包括公司所得稅、社會保險稅、股東紅利和公司未分配利潤等；④企業間接稅和轉移支付；⑤資本折舊。因此，如果用收入法計算國內生產總值，其計算公式則為：GDP = 工資+利息+租金+利潤+企業間接稅+企業轉移支付+資本折舊。

從理論上說，用支出法和用收入法計算的 GDP 在數值上應是完全相等的，但在實際核算過程中，由於技術等方面的原因，兩者常常會出現偏差，因此，還必須進行統計誤差方面的調整。

7. 國內生產總值核算指標的缺陷是什麼？

答：國內生產總值（GDP）是一個地域概念，指經濟社會（即一個國家或地區）在一定時期內運用生產要素所生產的全部最終產品（物品和勞務）的市場價值。

它是最重要的宏觀經濟指標，常被公認為衡量國家經濟狀況的最佳指標。它不但可以反應一個國家的經濟表現，更可以反應一國的國力與財富，是國民經濟核算體系（SNA）中一個重要的綜合性指標，也是中國新國民經濟核算體系中的核心指標和反應常住單位生產活動成果的指標。

缺陷：第一，國內生產總值是用最終產品來計量的，即最終產品在該時期的最終出售價值。第二，國內生產總值是一個市場價值的概念。各種最終產品的市場價值是在市場上達成交換的價值，都是用貨幣來加以衡量的，通過市場交換體現出來。一種產品的市場價值就是用這種最終產品的單價乘以其產量獲得的。第三，國內生產總值一般僅指市場活動導致的價值。那些非生產性活動以及地下交易、黑市交易等不計入 GDP 中，如家務勞動、自給自足性生產、賭博和毒品的非法交易等。第四，GDP 是計算期內生產的最終產品價值，因而是流量而不是存量。第五，GDP 不是實實在在流通的財富，它只是用標準的貨幣平均值來表示財富的多少。但是生產出來的東西能不能完全轉化成流通的財富，這個是不一定的。第六，由於不同國家產品結構和市場價格存在差異，因此兩國指標難以進行精確比較。

三、論述

1. 舉例分析 GDP、GNP、NDP、NI、PI 和 DPI 之間的關係。

答：GDP 衡量在國內生產的總收入，GNP 衡量國民（一國居民）所賺取的總收入。二者關係：GNP = GDP+來自國外的要素收入－對國外的要素支付。

NDP 是國內生產淨值，它是指從 GDP 中減去資本折舊——在一年期間經濟中工廠、設備和住房存量磨損的數額得到的。即 NDP = GDP－折舊。

NI 指國民收入，是從 NDP 中減去企業間接稅（如銷售稅等）得到的。即 NI = NDP－企業間接稅。

PI 是個人收入，即家庭和非公司企業所得到的收入額。PI＝NI－公司利潤－社會保險稅－淨利息＋股息＋政府對個人的轉移支付＋個人利息收入。

DPI 是個人可支配收入，是在個人收入中減去個人對政府的稅收支付和某些非稅收支付（比如停車罰款）。即：DPI＝PI－個人稅收和非稅收支付。

某國最終消費 8,000 億美元，國內私人投資總額 5,000 億美元（其中 1,000 億美元為折舊），政府稅收 3,000 億美元（間接稅為 2,000 億美元），政府支出 3,000 億美元（政府購買 2,500 億美元，轉移支付 500 億美元），出口 2,000 億美元，進口 1,500 億美元。根據以上數據計算該國的 GDP、GNP、NDP、NI、PI 與 DPI。

答案：
GDP ＝GNP ＝8,000＋5,000＋2,500＋（2,000－1,500）＝16,000（億美元）
NDP ＝GDP－1,000 ＝16,000－1,000 ＝15,000（億美元）
NI ＝NDP－2,000 ＝15,000－2,000 ＝13,000（億美元）
PI＝NI＋500 ＝13,000＋500 ＝13,500（億美元）
DPI＝PI－（3,000－2,000）＝13,500－1,000 ＝12,500（億美元）

2. 請推導四部門經濟中總儲蓄和投資的恒等式。

答：四部門經濟就是在三部門經濟中引入一個國外部門，即包括消費者（居民）、企業、政府部門和國外部門。

投資儲蓄恒等式為 $I=S+(T-G)+(M-X)$，其中 $(M-X)$ 為外國在本國的儲蓄。

推導過程：

從支出角度看，國內生產總值是消費支出、投資支出、政府購買支出和淨出口的總和，即 $GDP=C+I+G+(X-M)$。

從總供給角度看，國民收入構成的公式可寫成：$Y=C+S+T+M$。

這樣，四部門經濟中國民收入構成的基本公式就是 $C+I+G+X=Y=C+S+T+M$，公式兩邊消去 C，得到 $I+G+X=S+T+M$ 這一等式，也可以看成是四部門經濟中的儲蓄－投資恒等式，因為這一等式可以轉化為以下式子：$I=S+(T-G)+(M-X)$。在這裡，S 代表居民私人儲蓄，$(T-G)$ 代表政府儲蓄，而 $(M-X)$ 則可代表淨出口。這樣，$I=S+(T-G)+(M-X)$ 這個公式就代表四部門經濟中總儲蓄（私人、政府和國外）和投資的恒等關係。

四、問題計算

1. 某年發生了以下活動：(a) 一銀礦公司支付 7.5 萬美元給礦工開採了 50 千克銀賣給一銀器製造商，售價 10 萬美元；(b) 銀器製造商支付 5 萬美元工資給工人造了一批項鏈賣給消費者，售價 40 萬美元。

(1) 用最終產品生產法計算 GDP。
(2) 每個生產階段生產多少價值？用增值法計算 GDP。
(3) 在生產活動中賺得的工資和利潤共為多少？用收入法計算 GDP。

答：(1) 項鏈為最終產品，價值為 40 萬美元。
(2) 開礦階段生產 10 萬美元，銀器製造階段生產 30 萬美元（即 40 萬美元－10 萬

美元=30萬美元），兩個階段共增值40萬美元。

（3）在生產活動中，所獲工資共計：7.5+5=12.5（萬美元）。在生產活動中，所獲利潤共計：（10-7.5）+（30-5）=27.5（萬美元）。

用收入法得的GDP為12.5+27.5=40（萬美元），可見，用最終產品法、增值法和收入法計得的GDP是相同的。

2. 假定某經濟社會有A、B、C三個廠商，A廠商年產出5,000美元，賣給B、C和消費者。其中B買A的產出200美元，C買2,000美元，其餘2,800美元賣給消費者。B年產出500美元，直接賣給消費者。C年產出6,000美元，其中3,000美元由A買，其餘由消費者買。

（1）假設投入在生產中用光，計算價值增加多少？
（2）計算GDP為多少？
（3）如果只有C有500美元折舊，計算國民收入。

答：（1）A的價值增加為5,000-3,000=2,000（美元）
B的價值增加為500-200=300（美元）
C的價值增加為6,000-2,000=4,000（美元）
合計價值增加為2,000+300+4,000=6,300（美元）

（2）最終產品價值為2,800+500+3,000=6,300（美元），式中2,800、500、3,000分別為A、B、C賣給消費者的最終產品價值。

（3）國民收入為6,300-500=5,800（美元）。

3. 假設國內生產總值是5,000，個人可支配收入是4,100，政府預算赤字是200，消費是3,800，貿易赤字是100。試計算：（1）儲蓄；（2）投資；（3）政府支出。

答：（1）用S表示儲蓄，用Y_d代表個人可支配收入，則$S=Y_d-C=4,100-3,800=300$（億美元）。

（2）用I代表投資，用S_P、S_G、S_R分別代表私人部門、政府部門和國外部門的儲蓄，則$S_G=T-G=BS$。在這裡，T代表政府稅收收入，G代表政府支出，BS代表預算盈餘。在本題中，$S_G=BS=-200$（億元）。

S_R表示外國部門的儲蓄，即外國的出口減去進口，對本國來說，則是進口減去出口，在本題中為100，因此，$I=S_P+S_G+S_R=300+（-200）+100=200$（億元）。

（3）從$GDP=C+I+G+（X-M）$中可知，政府支出$G=5,000-3,800-200-（-100）=1,100$（億元）。

4. 根據一國的國民收入統計資料：

單位：億美元

國內生產總值	4,800
總投資	800
淨投資	300
消費	3,000
政府購買	960
政府預算盈餘	30

試計算：(1) 國內生產淨值；(2) 淨出口；(3) 政府稅收減去轉移支付后的收入；(4) 個人可支配收入；(5) 個人收入。

答：(1) 國內生產淨值＝國內生產總值－資本消耗補償，而資本消耗補償（折舊）就等於總投資減淨投資后的餘額，即 800－300＝500（億美元），因此，國內生產淨值＝4,800－500＝4,300（億美元）。

(2) 從 $GDP=C+I+G+NX$ 中可知 $NX=GDP-C-I-G$，因此，淨出口 $NX=4,800-3,000-800-960=40$（億美元）。

(3) 用 BS 代表政府預算盈餘，T 代表淨稅收即政府稅收減去政府轉移支付后的收入，則有 $BS=T-G$，從而有 $T=BS+G=30+960=990$（億美元）。

(4) 個人可支配收入本來是個人所得稅后的餘額，本題中沒有說明間接稅、公司利潤、社會保險稅等因素，因此，可從國民生產淨值中直接得到個人可支配收入，即 $DPI=NNP-T=4,300-990=3,310$（億美元）。

(5) 個人儲蓄 $S=DPI-C=3,310-3,000=310$（億美元）。

【實訓活動】

實訓活動 政府文件解讀

目的：

1. 運用本章所學知識解讀宏觀經濟數據及瞭解宏觀經濟運行狀況。
2. 聯繫自身實際評價知識儲備。

內容：

1. 時間：25~30 分鐘。
2. 地點：任意。
3. 人數：任課班級學生人數，3~6 人構成獨立小組。
4. 合作人數：1~3 人構成的獨立小組。

步驟：

第一步：選取材料（建議教師提供）。

實訓解讀材料：

李克強作的政府工作報告（摘登）

2014 年回顧

中國經濟社會發展總體平穩、穩中有進

國務院總理李克強 5 日在第十二屆全國人大三次會議上作政府工作報告時說，過去一年，中國發展面臨的國際國內環境複雜嚴峻。全球經濟復甦艱難曲折，主要經濟體走勢分化。國內經濟下行壓力持續加大，多重困難和挑戰相互交織。在以習近平同志為總書記的黨中央的堅強領導下，全國各族人民萬眾一心，克難攻堅，完成了全年經濟社會發展主要目標任務，全面深化改革實現良好開局，全面推進依法治國開啓新徵程，全面從嚴治黨取得新進展，全面建成小康社會又邁出堅實步伐。一年來，中國

經濟社會發展總體平穩，穩中有進。

李克強說「穩」的主要標誌是，經濟運行處於合理區間。增速穩，國內生產總值達到63.6萬億元，比上年增長7.4%，在世界主要經濟體中名列前茅。就業穩，城鎮新增就業1,322萬人，高於上年。價格穩，居民消費價格上漲2%。「進」的總體特徵是，發展的協調性和可持續性增強。經濟結構有新的優化，糧食產量達到0.605萬億千克，消費對經濟增長的貢獻率上升3個百分點，達到51.2%，服務業增加值比重由46.9%提高到48.2%，新產業、新業態、新商業模式不斷湧現。中西部地區經濟增速快於東部地區。發展質量有新的提升，一般公共預算收入增長8.6%，研究與試驗發展經費支出與國內生產總值之比超過2%，能耗強度下降4.8%，是近年來最大降幅。人民生活有新的改善，全國居民人均可支配收入實際增長8%，快於經濟增長；農村居民人均可支配收入實際增長9.2%，快於城鎮居民收入增長；農村貧困人口減少1,232萬人；6,600多萬農村人口飲水安全問題得到解決；出境旅遊超過1億人次。改革開放有新的突破，全面深化改革系列重點任務啟動實施，本屆政府減少1/3行政審批事項的目標提前實現。這份成績單的確來之不易，它凝聚著全國各族人民的心血和汗水，堅定了我們奮勇前行的決心和信心。

（略）

2015年部署

增強憂患意識，堅定必勝信念，牢牢把握發展主動權

國務院總理李克強5日作政府工作報告時說，我們必須增強憂患意識，堅定必勝信念，牢牢把握發展的主動權。

他指出，中國是世界上最大的發展中國家，仍處於並將長期處於社會主義初級階段，發展是硬道理，是解決一切問題的基礎和關鍵。化解各種矛盾和風險，跨越「中等收入陷阱」，實現現代化，根本要靠發展，發展必須有合理的增長速度。同時，中國經濟發展進入新常態，正處在爬坡過坎的關口，體制機制弊端和結構性矛盾是「攔路虎」，不深化改革和調整經濟結構，就難以實現平穩健康發展。我們必須毫不動搖堅持以經濟建設為中心，切實抓好發展這個執政興國第一要務。必須堅持不懈依靠改革推動科學發展，加快轉變經濟發展方式，實現有質量、有效益、可持續的發展。

當前，世界經濟正處於深度調整之中，復甦動力不足，地緣政治影響加重，不確定因素增多，推動增長、增加就業、調整結構成為國際社會共識。中國經濟下行壓力還在加大，發展中深層次矛盾凸顯，今年面臨的困難可能比去年還要大。同時，中國發展仍處於可以大有作為的重要戰略機遇期，有巨大的潛力、韌性和回旋餘地。新型工業化、信息化、城鎮化、農業現代化持續推進，發展基礎日益雄厚，改革紅利正在釋放，宏觀調控累積了豐富經驗。

政府工作總體要求

國務院總理李克強5日作政府工作報告時說，新的一年是全面深化改革的關鍵之年，是全面推進依法治國的開局之年，也是穩增長調結構的緊要之年。政府工作的總體要求是：高舉中國特色社會主義偉大旗幟，以鄧小平理論、「三個代表」重要思想、

科學發展觀為指導，全面貫徹黨的十八大和十八屆三中、四中全會精神，貫徹落實習近平總書記系列重要講話精神，主動適應和引領經濟發展新常態，堅持穩中求進工作總基調，保持經濟運行在合理區間，著力提高經濟發展質量和效益，把轉方式調結構放到更加重要的位置，狠抓改革攻堅，突出創新驅動，強化風險防控，加強民生保障，處理好改革發展穩定關係，全面推進社會主義經濟建設、政治建設、文化建設、社會建設、生態文明建設，促進經濟平穩健康發展和社會和諧穩定。

李克強表示，我們要把握好總體要求，著眼於保持中高速增長和邁向中高端水平「雙目標」，堅持穩政策穩預期和促改革調結構「雙結合」，打造大眾創業、萬眾創新和增加公共產品、公共服務「雙引擎」，推動發展調速不減勢、量增質更優，實現中國經濟提質增效升級。

今年經濟社會發展主要預期目標

國務院總理李克強 5 日作政府工作報告時說，今年經濟社會發展的主要預期目標是：國內生產總值增長 7%左右，居民消費價格漲幅 3%左右，城鎮新增就業 1,000 萬人以上，城鎮登記失業率 4.5%以內，進出口增長 6%左右，國際收支基本平衡，居民收入增長與經濟發展同步。能耗強度下降 3.1%以上，主要污染物排放繼續減少。

他說，經濟增長預期 7%左右，考慮了需要和可能，與全面建成小康社會目標相銜接，與經濟總量擴大和結構升級的要求相適應，符合發展規律，符合客觀實際。以這樣的速度保持較長時期發展，實現現代化的物質基礎就會更加雄厚。穩增長也是為了保就業，隨著服務業比重上升、小微企業增多和經濟體量增大，7%左右的速度可以實現比較充分的就業。

材料來源：http://cpc.people.com.cn/n/2015/0306/c64094-26646179.html.

第二步：小組成員可以人手一份，在 15 分鐘之內研讀材料。
第三步：請組內各個成員進行解讀。
第四步：比較進行專業學習之前與完成本章學習後的認知水平。

問題研討：
1. 你的小組團隊是如何工作的？
2. 縱向比較自己經過專業學習前後的認知水平，並對此進行客觀評價。
3. 橫向比較自己與其他未進行專業學習的同學的認知水平，盡量客觀評價。

實訓點評：
1. 比較學習前後對於相關術語的認知程度。例如：國內生產總值、就業、居民消費價格指數、經濟增長、人均可支配收入、失業和國際收支平衡等。
2. 可進一步深入學習 2016 年《政府工作報告》，比較 2014 年和 2015 年的《政府工作報告》中各個指標及數據，加深對中國宏觀經濟運行態勢的理解。

【案例研究及案例使用指南】

案例1　有趣的宏觀經濟學：意見相反的兩位經濟學家都可獲得諾貝爾獎

在日常生活中我們知道，「一張桌子是方的就是方的，不能夠說成圓的」，這是物理科學，很多自然科學都是這樣，是黑的就是黑的，是白的就是白的。如果白的是對的，那麼黑的就是錯的。而經濟學，特別是宏觀經濟學則不完全是這樣，「持不同觀點」的兩位宏觀經濟學家，可能都會獲得諾貝爾經濟學獎，或者說兩位諾貝爾經濟學獎得主其關於宏觀經濟現象的觀點可能完全相反。比如，關於2008年次貸危機引起的經濟危機將持續多久的問題，2008年諾貝爾經濟學獎得主克魯格曼認為將持續很長時間，而在2008年底的時候，1996年諾貝爾經濟學獎得主莫里斯則認為經濟危機估計兩年就會過去。宏觀經濟學就是這樣一門門派林立、觀點多樣、爭論不斷的發展中的經濟科學。

一、宏　　　中的「革命」和「反革命」

宏觀經濟學中的「革命」和「反革命」不斷循環上演。1936年以凱恩斯為代表的有效需求不足理論標誌著宏觀經濟學的開始，並指導西方資本主義國家成功擺脫了20世紀30年代經濟危機的困擾，由此奠定了其不可動搖的經濟學地位。但是20世紀50年代之后，這種牢固不移的新信仰迅速成為過時的談資。以希克斯、漢森以及薩繆爾森為代表的新古典綜合派推出了 $IS-LM$ 模型，試圖調和凱恩斯主義和古典經濟學之間的分歧。但是新古典綜合派的統治並沒有維持多久，由於菲利普斯曲線對於20世紀70年代西方經濟「滯脹」的解釋乏力，新古典綜合派又遭受了來自弗里德曼和費爾普斯的猛烈抨擊。到20世紀70年代中期，凱恩斯主義遭到第二波攻擊，這就是以盧卡斯（Robert E. Lucas, Jr）等人為代表的新古典主義宏觀經濟學家發動的「理性預期革命」。進入20世紀80年代后，大多數經驗證據並不支持貨幣的經濟週期理論。基德蘭德和普雷斯科特等人提出了真實經濟週期理論。真實經濟週期理論的出現在現代西方宏觀經濟學中掀起了一場「革命」。

面對如此反覆循環的經濟學「革命」和「反革命」，有些理論一脈相承，有些理論截然相反，並且自從諾貝爾經濟學獎創立以來，這其中不少經濟學家獲得過該獎——無論他們持有什麼樣的觀點，提出什麼樣的理論。面對這樣的情況，許多人迷惑不解：持有相反觀點的兩位經濟學家為什麼都能獲得諾貝爾獎？這有悖常理，於是人們不禁要問宏觀經濟學還是一門科學嗎？

二、宏　　　是科　？

宏觀經濟學是不是科學的問題，在經濟學界一直爭論不休，也沒有明確的界定，可謂仁者見仁、智者見智。對於持否定意見的學者來講，歸納起來，他們的觀點如下：

第一，西方宏觀經濟學缺乏科學所應有的內在一致性，即在科學體系中，不能同時存在兩種或兩種以上的相互抵觸的說法。而在西方宏觀經濟學中，相互矛盾的說法大量存在，例如自由放任和國家干預的爭論。

第二，在科學研究中，不同學說的暫時存在是允許的，隨著分析的深入最終能對正確和錯誤加以判斷。然而，宏觀經濟學中長期存在的大量而又無法消除的理論矛盾卻不是科學研究中的正常現象。例如就造成經濟波動的原因而言，凱恩斯和貨幣主義理論都從實踐和理論上進行了詳細認真的分析，但直到今天爭論似乎也沒有結束，因為最終沒有證明誰是誰非。

第三，科學研究具有累積性的特點，而西方宏觀經濟學卻不是如此。隨著歷史條件的變遷，新的理論往往完全排斥舊的學說，新舊之間的關係不是相互補充而是相互排斥。在1936年出現的凱恩斯主義壓倒了原有的古典宏觀經濟學，而1995年諾貝爾經濟學獎獲得者盧卡斯提出的觀點和凱恩斯是相反的。也就是說，宏觀經濟學說的流行並不取決於其內在的正確性，而是由歷史條件的變遷所決定的。可見，這種隨歷史條件的變遷而改變其基本內容的理論體系總是有些讓人難以接受其為一門科學。

基於以上原因，有些人把宏觀經濟學稱為「偽科學」，但大多數人還是對此持肯定態度的。例如著名的經濟學家熊彼特曾經也討論過這個問題，他拓展了科學的內涵，最終把宏觀經濟學作為科學來看待。也有學者認為經濟發展不是完全隨機的，在一定條件下，總是遵循一些規律。對於這些規律的研究就形成了經濟學。要發現經濟規律，也要用嚴謹的探索和論證方法進行實踐，這是一個求實創新的思維和行為模式。當代經濟學已經形成了系統的經濟理論體系，影響甚至決定了人類社會的經濟框架和經濟制度。這些特徵表明，經濟學明顯具有科學的特徵。

事實上，因為經濟學的發展和純粹科學的發展存在著根本的區別，導致我們不能拿自然科學的特點來判斷經濟學是否屬於科學。對於此論述，瑞典著名的經濟學家繆爾達爾（Gunnar Myrdal，1898—1987）在一本對於「經濟學主流」的尖銳批判的論文集中談到，社會科學與自然科學的真正重大的區別在於，社會科學的研究者永遠也得不到常數和普遍適用的自然法則，即在我們的社會領域中，對事實以及事實和事實之間的關係的研究所涉及的事物，比物質的宇宙間的事實和事實之間的關係要複雜得多，而且變化多端並充滿流動性和不確定性。社會科學所研究的問題是關於人的行為的問題，而人的行為不像自然物質一樣具有永恆不變的性質，人的行為有賴於並取決於生存其中的生活條件和組織機構形成的錯綜複雜的複合體；人類的行為現象表現為不同的、千變萬化的可變性與僵化的東西的各種組合，因而即使是在時間的某一點上和在某種特殊情況下，這些現象確實難以把它們作為事實而定義、觀察和衡量。

三、不奇怪的宏

人們經常就經濟學家作為一個群體為決策者提出不同的建議（甚至是相互矛盾的建議）進行批評。為什麼經濟學家會給決策者提供看起來相互矛盾的建議呢？為什麼經濟學家對於同樣的經濟現象會有不同的解釋呢？

（一）科學判斷的基礎不同

幾個世紀前，天文學家為太陽系的中心是地球還是太陽而爭論不休。最近，氣象學家也在爭論地球是否正在經歷著「全球變暖」。因為對真理孜孜不倦的追求，科學家對同樣的現象有不同的認知毫不奇怪。同理，經濟學家通常也會由於同樣的原因對同樣的經濟現象存在分歧。經濟學中有許多問題需要探討。經濟學家有時意見不一致，

是因為他們對不同理論的正確性或重要參數的大小有不同的預感。例如，經濟學家對於政府是應該根據家庭收入還是消費支出來徵稅的看法就不一致。支持把現行所得稅改為消費稅的人認為，這種變化會鼓勵家庭更多地儲蓄，因為用於儲蓄的收入並不徵稅。高儲蓄又會引起生產率和生活水平更快地增長。支持現行所得稅的人認為，家庭儲蓄並不會對稅法的改變做出多大反應。這兩派經濟學家對稅制具有不同的觀點，是因為他們關於儲蓄對稅收激勵反應程度的實證觀點不同。

（二）價值觀的不同

經濟學家有時提出了不一致的建議是因為他們有不同的價值觀。不能只根據科學來判斷政策。假設張先生和李女士從鎮上的水井中取得等量的水。為了支付維修水井的費用，鎮裡向其居民徵稅。張先生收入為5萬元，徵稅5,000元，即其收入的10%。李女士收入為1萬元，徵稅2,000元，即其收入的20%。這種政策公平嗎？如果不公平的話，誰支付得多了，而誰支付得少了？如果鎮裡聘請兩個專家來研究該鎮為維修水井應該應該向居民徵收多少稅的問題，這兩個專家提出不一致的建議，我們不會感到奇怪。

（三）經濟學範式不同

由於每個經濟學家從屬於不同的經濟學範式，基於不同的經濟學原理，擁有不同的經濟學背景知識，所以每個經濟學家對同一經濟現象會有不同的解釋。由於經濟現象的複雜性，對同一個經濟現象的解釋將會無限多樣，這也就不足為怪了。

綜上所述，或許對於宏觀經濟學是否屬於科學我們還是無法定論，或許對於意見不同的宏觀經濟學家都能獲諾貝爾獎我們還是疑惑不解。但不可否認，宏觀經濟學仍以其獨特的魅力吸引著眾多的人不斷去研究、去探索。

案例來源：武拉平，等. 宏觀經濟學案例集［M］. 北京：中國人民大學出版社，2013：12-15.

思考題

1. 宏觀經濟學和自然科學一樣嗎？為什麼？
2. 為什麼面對同樣的經濟現象，不同的人會提出不同的觀點？
3. 多數人認為，微觀經濟學是一門體系完善、基礎紮實、與其他學科聯繫密切的科學，具備成為一門學科的主要特點。如果宏觀經濟學能夠與微觀經濟學建立密切的聯繫，將宏觀經濟學基於微觀經濟學的基本假設和基本邏輯之上，那麼宏觀經濟學將與微觀經濟學進一步融合，真正成為一門科學，即宏觀經濟學應該有其微觀基礎。請思考：宏觀經濟學是一門科學嗎？

案例1 使用指南

第一步：目標設定參考。本案例可以配合本章教學及高鴻業主編《西方經濟學（宏觀部分·第六版）》的第二十一章、二十二章教學及學習使用，同時，應該對於宏觀經濟學的發展和演變、經濟學流派等內容有所閱讀，通過對案例的學習，瞭解宏觀經濟學的「科學性」的特殊性。

第二步：背景介紹。宏觀經濟學新古典綜合派的代表人物如薩繆爾森、莫迪利安

尼、托賓、索洛等獲得了諾貝爾經濟學獎。但是，與新古典綜合學派主張國家干預想法相反，強調自由放任的貨幣主義和理性預期學派的弗里德曼和盧卡斯也分別獲得了諾貝爾經濟學獎。此外，研究國民收入體系的庫茲涅茨和斯通也獲得此殊榮。近年來，多位新古典學派的代表人物也獲得諾貝爾經濟學獎。為什麼這些經濟學家研究觀點完全相反，但都可以獲得諾貝爾經濟學獎呢？

第三步：理論學習。可以參考本章知識精要及高鴻業主編《西方經濟學（宏觀部分‧第六版）》的第十二章、二十一章、二十二章。同時，應該對宏觀經濟學的發展和演變、經濟學流派等內容進行學習梳理。

第四步：討論思考題目。可以選擇根據思考題分組討論，每組學生輪流發言，組內相互補充發言，各組學生代表相互點評。

第五步：學習總結或教師點評。教師對案例研討中的主要觀點進行梳理、歸納和點評，簡述本案例的基礎理論，在運用基礎理論對案例反應的問題進行深入分析后，輔以適當的框圖進行總結。

案例備註說明：該案例對於初學者比較困難，可以在結束學期教學或在通讀《西方經濟學（宏觀部分‧第六版）》完畢以後使用更佳。當然對於自學能力比較強的學生而言可以直接使用。

案例2 披著羊皮的羊：經濟學模型的尷尬

一、尷尬的赫克曼（Heckman）模型

赫克曼榮獲2000年諾貝爾經濟學獎，是計量經濟學界的一件盛事，但他的獲獎代表作——赫克曼模型（Heckman model或Heckman two-step model）所面對的批判和困境，也道出了微觀計量經濟學處境的尷尬。

自選擇（self selection）是信息經濟學中的概念。我上網，因為我願意，這就是自選擇。很多考研的同學都想知道上網對考研有沒有幫助、效果多大。而回答類似的問題，是微觀計量經濟學的基本任務，也是赫克曼幾十年來的研究主題。

赫克曼模型的核心是如何校正由不可觀測的因素引起的自選擇性偏差。變量觀測不到，怎麼辦？其解決的思路很簡單，用假設代替數據，假設不可觀測的變量呈正態分佈，因而計量經濟學家由凡人變成了上帝，順理成章得出了「正確」的估計。不同的是上帝是真的知道，計量經濟學家只是假設知道，假設錯了，結果自然不會正確。事實上赫克曼模型中二元正態分佈的假設一直是統計學家和部分經濟學家批判的重點，如果此假設不成立，由赫克曼模型得出的估計既不是無偏的（unbiased），也不是一致的（consistent）。

20世紀70年代，赫克曼聲名鵲起，經濟學界對克服自選擇性偏差一片樂觀。30年后，微觀計量經濟學發展成了一個龐大的體系，赫克曼模型也變得更複雜、更精巧了，但當時的樂觀氣氛已蕩然無存。實際上，在赫克曼的貢獻中，實證研究比赫克曼模型更重要。他指出了自選擇存在的普遍性，喚起了人們對自選擇導致的估計偏差的重視，但如何校正這一偏差，卻是遠遠未完成也不可能完成的課題。

二、　　　模型　　　的外表

1997 年美國經濟學家默頓和斯科爾斯以期權定價理論獲得諾貝爾經濟學獎，但他們此后經營的投資公司卻失敗了，這使得大家對他們的理論持懷疑的態度——自己的理論不支持自己的實體事業發展，被人懷疑很正常。而為什麼會出現這樣的現象呢？關於此問題，托馬斯・薩金特（Thomas Sargent）教授進行過分析。

薩金特教授 2011 年獲得諾貝爾經濟學獎。他在 1976 年發表了一篇論文，文章的主要論點為：經濟學者往往以簡單的數學模型來描繪人類的經濟活動，因此，經濟學者所設計的基本模型通常就是提綱挈領地反應出經濟學者的理論。但是基本模型通常很簡要，為了進一步以實際資料來檢驗理論，就必須對基本模型作一些轉換、加上一些相關的條件。經過這個程序，最終得到的就是可以檢驗運算的簡化模型。

有趣的就是這個由「基本模型」調整轉化成「簡化模型」的過程中，可能會產生一些意想不到的結果。薩金特教授用一個很簡單的例子說明，即使以完全相反的兩個理論所設計的基本模型為依據，最後經過轉化調整之後，最終得出的可能是完全一樣的簡化模型。換句話說，由不同的理論出發，最終可能得到同樣的結果。

對經濟學者而言，薩金特教授的見解很有啓發性。一般學者在討論現實問題時，常常自信滿滿地通過不斷簡化模型提出各種獨到的解釋，然后再理所當然地對自認為的問題提出對策。可是薩金特教授的論文一針見血地指出這種想當然的邏輯的危險所在：即使由兩個不同的基本模型出發，也可以得到同樣的簡化模型。所以單單是指出一種和簡化模型並不抵觸的基本模型，並不表示已經找到真正的、正確的基本模型——所找到的或許只是好幾個理論都說得通的基本經濟學模型而已。

其次，目前經濟學有被高度數學化的趨勢，使得經濟學模型披著華麗的外衣。尤其是 20 世紀后半期，經濟學幾乎進入了數學化階段，有人稱之為「經濟學中的數學爆炸」。在這一階段中，對經濟的數學化做出突出貢獻的人物當屬諾貝爾獎得主。多數諾貝爾經濟學獎得主提出的主要理論和模型，大都以深奧的數學為基礎，不斷地進行轉化、推理，最后得出結論。當然我們不是對這些理論持批評和懷疑的態度，能獲得諾貝爾獎的學者在經濟理論方面肯定有著自己獨特的觀點和積極的意義。只是在這個不斷「變化」的世界中，經典的理論已經離現實過於遙遠了。

三、　　示

西方經濟學家將數理工具引入經濟分析是值得稱道的。數理工具是科學，將它運用於經濟學不僅沒有什麼不妥，而且應當提倡。但為了單純的數學美感而建造數理經濟模型，只追求完美的數理模型，肯定會將經濟學引入歧途。這樣的經濟研究也會迷失方向。數理模型是分析和推理的強有力的工具，但本身並不專屬經濟學範疇，也不能替代經濟理論及其發展。

再次，經濟模型是理想化的。每個經濟模型都有前定的假設，去除掉了不可預知、不可量化因素或者影響較弱的細節問題。這些模型本身是對理想中的經濟的定位，所以最終都與現實有偏差，不可能準確描述現實，因此經濟學模型解決不了現實問題的情況是很正常的。

最后，在使用經濟學理論時，還要注意活學活用、特殊情況特殊分析。中國經濟

建立在中國特有的傳統文化與政治體制之上，有許多不同於西方的經濟現象。因此，中國的經濟學者要研究中國經濟的特性，根據中國的實際情況構造經濟模型，解決問題，以此在一定程度上減少或避免模型的尷尬。

案例來源：武拉平，等. 宏觀經濟學案例集［M］. 北京：中國人民大學出版社，2013：16-18.

思考題

1. 為什麼有些諾貝爾經濟學獎獲得者的經濟理論有時候不能解決現實經濟問題？
2. 不同的經濟學家從不同的理論出發，卻能得到同樣的結果，為什麼？

案例 2 使用指南

第一步：目標設定參考。本案例可以配合本章教學，通過對案例的學習，加強對宏觀經濟學研究方法的科學理解。

第二步：背景介紹。學習、研究經濟學的人，面對各種各樣的經濟學模型頗有進入「亂花漸欲迷人眼」的境界。總結這些模型，有一個共同點：都是首先要設置嚴格的假設，在此前提下，對經濟問題進行分析，得出結論。但如果突破了這些假設，經濟學模型還一樣有效嗎？在現實生活中，我們碰到的經濟學問題，往往並不能滿足那些嚴格的限定條件，致使許多問題暫時找不到解決的路徑。本案例分析了經濟學模型有時不能很好地解決實際經濟問題的原因。

第三步：理論學習。可以參考本章知識精要及高鴻業主編《西方經濟學（宏觀部分・第六版）》的各章模型，亦可以借鑑高鴻業主編《西方經濟學（微觀部分・第六版）》的各章模型。

第四步：討論思考題目。可以選擇根據思考題分組討論，每組學生輪流發言，組內相互補充發言，各組學生代表相互點評。

第五步：學習總結或教師點評。教師對案例研討中的主要觀點進行梳理、歸納和點評，簡述本案例的基礎理論，在運用基礎理論對案例反應的問題進行深入分析后，輔以適當的框圖進行總結。

案例備註說明：該案例對於初學者比較困難，可以在結束學期教學或在通讀《西方經濟學（宏觀部分・第六版）》完畢以后使用更佳。當然對於自學能力比較強的學生而言可以直接使用。同時，需要學習者具備一定的計量統計分析能力。

案例 3　目前中國 GDP 總量和增長速度的官方數據是否可信？

國民經濟核算是一個非常複雜、系統的工程。中國自 1992 年開始採用 SNA（the System of National Accounts）以來，國民經濟核算已經基本和國際接軌，但不可否認的是，中國 GDP 核算和數據收集中還存在一些問題，主要包括：一是由於服務業的統計基礎比較薄弱，在核算中可能低估甚至遺漏了某些服務業產出。二是 GDP 的生產和使用數據不太匹配。從理論上講，GDP 的生產額和使用額應該相等，在實踐中，由於所採用的基礎數據來源不同，兩者可能會有所差異，但差異不應很大，在發達國家，兩

者的相對差率一般不超過1%。但近幾年來，中國GDP的生產額和使用額之間的相對差率呈逐年擴大趨勢，2003年達到創紀錄的3.7%。三是地區GDP匯總數據與國家GDP數據之間的差距呈擴大之勢。2002年地區GDP匯總增長率比國家GDP增長率高2.3個百分點，2003年高2.6個百分點，2004年高3.9個百分點。四是由於價格指數資料存在缺口，不變價GDP的核算存在薄弱環節。中國目前沒有編製服務業生產者價格指數，大部分服務業不變價增加值的計算採用居民消費價格指數中對應的服務項目價格指數。但是，有些服務，如計算機服務、會計師服務、廣告服務，其服務對象往往不是居民住戶，因此，這些服務業不變價增加值計算實際上沒有對應的消費價格指數。在這種情況下，只能用有關價格指數替代，這一定會影響到不變價數據計算的準確性。中國目前還沒有編製服務貿易價格指數，服務進出口的不變價計算只能參考貨物貿易價格指數和國內外相關的服務價格指數，這也會影響到服務進出口不變價數據的準確性。五是未被觀測經濟在核算中反應得不夠全面。根據經濟合作與發展組織（OECD）的定義，未被觀測經濟包括非法生產、地下生產、非正規部門生產等活動，這些生產活動容易被統計所遺漏。中國GDP核算雖然包括了部分未被觀測經濟（如農民自產自用的生產活動），但尚未就相應的經濟活動進行全面、系統、深入的研究，缺乏有效的統計手段和措施，因此，發生遺漏就在所難免了。六是GDP核算所依據的部分統計數據容易受到某些地方政府官員的干擾。目前，中國統計系統的獨立性不強，某些地方領導出於政績的考慮，對一些重要統計數據進行直接或間接干擾的現象時有發生。雖然國家統計局採取了多種措施對地方統計數據進行聯審、評估和調整，但由於各種主客觀原因，完全消除這種影響在現階段是不現實的。

針對中國GDP核算的現狀，反應中國經濟發展的官方統計數據尤其是GDP數據引起了國內外經濟學家和國際組織的廣泛關注。歸納起來，他們對中國官方公布的GDP數據不外乎有三種看法：

第一種看法認為中國近幾年官方GDP增長率數據存在明顯高估，不能真實反應中國經濟的發展狀況，持這種看法的學者在國內以孟連和王曉魯為代表，在國外以美國匹茲堡大學托馬斯·羅斯基教授為代表。持此種看法的羅斯基教授通過分析近幾年中國官方統計數據之間的不一致性、中國國內某些學者發表的對統計數據的看法，以及經濟增長率的上限，認為從1998年開始，中國官方統計明顯誇大了經濟增長率，繼而得出了1997—2001年中國累積經濟增長率不會超過官方公布數據的三分之一，甚至可能更低的結論。任若恩教授在對羅斯基所採用的方法進行了認真剖析後，認為他所採用的方法過於簡單化，過於草率，科研水準較低。

第二種看法認為中國官方GDP總量數據存在低估，但增長速度存在高估，持這種看法的學者和國際組織主要以荷蘭格羅林根大學著名教授安盎斯·麥迪森和世界銀行為代表。持此種看法的世界銀行於20世紀90年代初曾派代表團對中國統計體系進行了考察。代表團成員認為中國統計體系雖然進行了深入的改革，但其在基本概念、調查範圍、調查方法等方面仍存在很大的缺陷，從而導致中國官方GDP總量數據的低估和速度的高估，並對中國官方1992年GDP數據進行了大幅上調。1999年上半年，國家統計局會同財政部與世界銀行代表團就中國GDP的核算口徑、方法和估價問題等進行

了廣泛和深入的磋商。通過磋商，世界銀行得出結論：世界銀行以前調整中國官方 GDP 數據是沒有依據的，並承諾對以前的調整按照中國官方數據進行糾正，將來在世界銀行出版物中將不做任何調整地使用中國官方 GDP 數據。

第三種看法認為中國官方 GDP 數據雖有一些不盡如人意的地方，但基本上能反應中國經濟發展的實際狀況，持這種看法的學者在國內主要以北京航空航天大學任若恩教授為代表，在國外主要以美國斯坦福大學著名經濟學家劉遵義教授、美國賓夕法尼亞大學著名計量經濟學家勞倫斯·克萊茵教授和美國布魯金斯學會高級研究員尼古拉斯·拉迪為代表。持此種觀點的克萊茵教授利用能源、交通、通信、勞動力、農業、公共部門、工資、物價等具有較廣泛代表性的 15 個變量，對中國 GDP 進行了主成分估計，最后得出結論：主成分的變動與中國官方估計的實際 GDP 的變動是一致的。拉迪教授通過比較可信度較高的兩個指標，即進口額和財政收入在 1997—2001 年期間的增長速度與同期經濟增長速度，認為這一期間中國的官方經濟增長率是基本可信的。

GDP 數據是反應宏觀經濟運行的最重要的數據，需要我們科學地進行核算，同時，我們對不同的觀點也要高度重視，認真討論。

案例來源：李曉西，等. 宏觀經濟學案例集［M］. 北京：中國人民大學出版社，2006：1-8.

思考題

1. 你認為應該如何看待中國官方公布的 GDP 數據？
2. 如何從 GDP 數據來看中國的經濟增長？

案例 3 使用指南

第一步：目標設定參考。本案例可以配合本章教學，通過對案例的學習，加強學生對國民收入核算原則、核算方法和數據質量的理解。

第二步：背景介紹。自改革開放 30 多年來，隨著中國經濟的快速發展，中國的綜合國力不斷增強，國際地位不斷上升，人民生活水平持續提高，特別是自 2001 年 11 月加入世界貿易組織后，中國經濟與世界經濟的聯繫程度大大加強。一方面，中國經濟快速成長，對世界貿易格局和其他國家的經濟產生了越來越重要的影響；另一方面，世界經濟波動對中國經濟的衝擊也越來越直接和明顯。在這種大背景下，中國公布的官方數據尤其是 GDP 數據，引起了國內外經濟學家和國際組織越來越廣泛的關注。

第三步：理論學習。可以參考本章知識精要及高鴻業主編《西方經濟學（宏觀部分·第六版）》的第十二章小結內容（非常重要），此外還需補充兩點學習內容：

首先，中國 GDP 歷史數據調整機制已逐步規範化和制度化，從而保障了 GDP 歷史數據的真實性和可靠性。年度 GDP 數據和季度 GDP 數據的確定過程除了依次經歷初步核算、初步核實和最終核實過程外，還往往包括一個歷史數據的調整過程。當出現如下情況時，就需要對 GDP 的歷史數據進行調整：① 發現或產生新的資料來源，與原有的資料來源相比，新的資料來源在數據方面有較大的變化；② GDP 核算的有關分類發生了變化，如產業部門或最終使用項目分類發生了變化；③ GDP 核算的基本概念、核算原則或計算方法發生了重大變化，等等。這些方面的變化往往會導致 GDP 總量、結

構或增長率數據發生變化，如果不進行調整，這些歷史數據就會失去準確性和可比性。

在中國GDP核算歷史上，發生過兩次歷史數據的重大補充和一次歷史數據的重大調整。其中，第一次重大補充是對改革開放后1978—1984年數據的補充，這項工作是在1986—1988年間進行的；第二次重大補充是對改革開放前1952—1977年數據的補充，這項工作是在1988—1997年進行的；第一次重大調整是在中國進行首次第三產業普查后的1994年和1995年進行的。GDP歷史數據的兩次重大補充及時滿足了社會各界對相應數據的需要，而那次重大調整使得GDP歷史數據更加準確地反應了第三產業的發展狀況，為國家制定合理的產業政策提供了更可靠的依據。2004年，國家統計局首次開展了全國經濟普查，該普查涉及除農業之外的所有國民經濟行業。隨著普查數據的陸續公布，可以預計GDP歷史數據的第二次重大調整勢在必行。

其次，從決策效果來看：1990年國民經濟生產計劃與使用計劃之間不平衡，總需求小於總供給。如果從使用方出發來安排生產，生產將達不到預期的速度；如果從生產方出發來安排使用，則會出現嚴重的庫存積壓。為此，國家統計局建議國家計委適當調整使用計劃，適度增加固定資產投資（400億元）。後來，國務院採納了國家統計局的建議，增加了基本建設投資。事實證明，該建議產生了良好的經濟效果，並得到了國務院領導的充分肯定。

20世紀90年代初中國曾出現了經濟過熱現象，貨幣供應量增長較快，1992年和1993年貨幣供應量增長速度均超過了35%，同時還伴隨著物價的快速上升，到1994年居民消費價格指數已經達到了24%，出現了嚴重通貨膨脹的局面。為了在不過分「傷害」經濟增長的情況下治理通貨膨脹，國家採取了緊縮的貨幣政策，並控制住了固定資產的投資規模。經過幾年的努力，到1996年時，經濟基本上實現了「軟著陸」。

1997年亞洲金融危機爆發後，統計數字顯示中國出口受阻，經濟增長放緩，物價大幅度下降。為了解決國內需求不足的問題，從1998年開始，政府果斷採取了以擴大內需為重點的一系列方針政策，如發行數千億元特別國債，8次調低利率，4次增加機關事業單位人員工資和提高三條保障線水平，等等。事實證明，這些措施是完全正確的。

由此可見，在中國經濟發展過程中經歷的每一次風雨、進行的每一次重大調整、制定的每一項宏觀經濟政策都是以政府統計數字作為基礎依據的。如果基礎依據靠不住，那麼就無法做出正確的宏觀經濟政策；如果宏觀經濟政策基本上是錯誤的，我們就不可能有今天這樣強大的整體國力和較高的國際地位，中國經濟和各項社會事業也不會如此蓬勃發展。

第四步：討論思考題目。可以選擇根據思考題分組討論，每組學生輪流發言，組內相互補充發言，各組學生代表相互點評。

第五步：學習總結或教師點評。教師對案例研討中的主要觀點進行梳理、歸納和點評，簡述本案例的基礎理論，在運用基礎理論對案例反應的問題進行深入分析後，輔以適當的框圖進行總結。

案例備註說明：全面把握分析該案例比較困難，可以在案例分析結論上進行引導，而對於案例分析的理論基礎可以不予深究。

案例4　GDP之「功」與「誤」

作為國民經濟核算的核心指標和綜合經濟考核的權威指標，被諾貝爾經濟學獎獲得者薩繆爾森稱為「20世紀最偉大的發明之一」的GDP一直為人們津津樂道。但近些年來，GDP普遍受到質疑，一度眾說紛紜，莫衷一是。人們不禁要問：GDP怎麼了？究竟如何看待GDP？

一、GDP之「功」

GDP（Gross Domestic Product）就是國內生產總值，是對一國產量的標準測量指標，表示該國居民在一特定時期內生產的所有商品和服務的貨幣價值之和。在國民經濟核算中，通常使用GDP總量、GDP增長率和人均GDP三個重要指標。這三個指標分別具有不同的功效。GDP總量，衡量的是一個國家（或地區）的經濟規模。GDP增長率，衡量的是經濟增長速度。人均GDP，衡量的是一個國家的生活水平和富裕程度，同時也是劃分經濟發展階段的重要指標。世界銀行按人均GDP水平（實際購買力平價），將各國分為低收入、下中等收入、上中等收入和高收入四個等級。2000年，中國的人均GDP為723美元，低於下中等收入國家平均數，僅相當於世界平均水平的53%。

從劃分經濟發展階段的重要指標看，國家通常把一國的發展水平按年人均GDP分為幾個階段：400美元及以下是貧困階段；400～500美元是擺脫貧困階段；800～1,000美元是開始走向富裕的階段，我們稱為小康階段；3,000～6,000美元是比較富裕的階段，我們稱為全面小康階段。如英國社會學家英格爾斯在20世紀80年代提出了9項現代化量化指標，其中第一項就是人均GDP（或GNP）在3,000美元以上。中國研究機構提出的基本實現現代化主要評價指標體系，共分3類12項，其中第一項為人均GDP達9,000美元。可見，人均GDP是一個重要的指標。

二、GDP之「　」

在充分肯定GDP的歷史功績和積極效應的同時，也應看到GDP不是萬能的，特別是不科學使用的話，會帶來一些謬誤。

GDP之「誤」，首先源於GDP具有局限性。有學者認為有四種局限性：GDP指標本身的局限性，GDP總量的局限性，以GDP衡量的經濟增長速度的局限性；人均GDP的局限性。國家統計局原局長李德水將GDP的局限性或缺陷概括為：一是不能反應社會成本，二是不能反應經濟增長方式和為此付出的代價，三是不能反應經濟增長的效率、效益和質量，四是不能反應社會財富的總累積，五是不能衡量社會分配和社會公正。

GDP指標的局限性，說明即便有最完善的核算體系和核算方法，所測量的數據也是不完整的。GDP不能準確提供一國（或地區）福利狀況的全部真實信息，不能全面衡量一國（或地區）的全部財富，更無法完整反應人類發展狀況。

GDP之「誤」，其次誤在錯把手段當目的。增長是手段，發展是目的。發展的真正含義是人類發展，即以人為本的發展。早期的發展概念以「物」為中心，以GDP增長為目的，把GDP作為發展的唯一衡量指標。這樣的增長固然促進了發展，但把手段當

作目的也付出了沉重的代價。以 GDP 增長為目的所帶來的最大負面效應就是增長的不經濟，學術界稱之為「有增長無發展」「無發展的增長」。由於現行的 GDP 核算中，不僅沒有扣除自然資源損失，而且將其中過度開採的資源和能源，特別是不可再生資源，按照附加值計算在 GDP 總量之中，這就人為地誇大了經濟效益。

GDP 之「誤」，還誤在將 GDP 與政績考核直接掛鉤。這些年來，由於認識的偏差，將經濟發展等同於 GDP 增長，以致形成了所謂的「GDP 情結」「GDP 崇拜」。將 GDP 與政績考核直接掛鉤所帶來的危害之一，是引發行政力量干預統計，甚至弄虛作假。

GDP 之「誤」，還誤在中國的 GDP 核算方法和發布制度的不完善，從而使發布的數據不能恰如其分地反應經濟運行的實際狀況。

三、GDP 之「　」

對於把 GDP 作為評價經濟增長和經濟發展的權威性指標，早在 20 世紀 50 年代國際經濟學界就有爭論。

1990 年以來，聯合國開發計劃署每年發表一份《人類發展報告》，提出一個重要思想：從傳統發展觀轉變到現代發展觀，作為衡量的指標體系也由單純的 GDP 指標變為「社會指標」（經濟、社會、環境、生活、文化等），進而轉變為「人類發展指數」。聯合國開發計劃署明確提出發展的根本目的是改善所有人的生活，發展應以人為中心，經濟增長只是實現這一目的的手段，而絕不能被當作目的本身。

中國近年來關於 GDP 的爭論，促進了以人為本，全面、協調、可持續發展的科學發展觀的形成。

在國外關於 GDP 的爭論中，引入了一個全新概念：綠色 GDP。這是指在名義 GDP 中扣除了各種自然資本消耗之後，經過環境調整的國內生產淨值，也稱綠色國內生產淨值（EDP）。世界銀行 1997 年開始利用綠色 GDP 國民經濟核算體系來衡量一國（或地區）的真實財富，並於 1997 年推出真實國內儲蓄率的概念和計算方法，用以衡量扣除了自然資源枯竭以及環境污染損失之後的一個國家正式的儲蓄率（代表真實國民財富）。

聯合國開發計劃署在《2002 年中國人類發展報告：綠色發展，必選之路》中，首次提出中國應選擇綠色發展之路。採用綠色 GDP 是實行綠色發展的重要衡量指標，意味著從傳統的大量消耗資源、排放污染的名義 GDP 核算向扣除自然與環境成本的綠色 GDP 核算轉變。

綠色 GDP 的設想雖然是美好的，但在核算上目前尚存在兩大技術難題。一是資源環境的損耗與經濟發展不同步，二是資源環境如何定價。由於市場價格只有在有交易的時候才能產生，環境污染和資源損耗在沒有交易的情況下其價值量很難計算。所以，儘管有許多學術機構在測算綠色 GDP，但目前尚沒有一個國家的政府公布過綠色 GDP。

四、GDP 之「　」

由於中國 GDP 的核算和使用存在著嚴重缺陷，因而對其進行改進、完善、規範就顯得十分必要。2003 年以來，這種改進、完善和規範主要從以下兩方面展開。

一是參照國際通行規則，力求與 1993 年聯合國等國際組織推出的國民帳戶相銜接，改革 GDP 的核算和發布制度。

2003 年中國開始實施新版的核算體系，即以《中國國民經濟核算體系（2002）》取代 1992 年版的《中國國民經濟核算體系（試行方案）》，新的數據發布制度也於 2004 年 1 月 1 日施行。改革的主要內容包括：

（1）規範 GDP 的表述。將全國的 GDP 稱為國內生產總值，地區的 GDP 則分別稱「全省生產總值」「全市生產總值」「全縣生產總值」等。原則上不再要求鄉鎮一級上報 GDP。這樣就使 GDP 的含義更為精確。

（2）改進人均 GDP 計算方法。改過去按戶籍人口計算人均 GDP 為統一按常住人口計算人均 GDP，從而解決了一些地方因大量外地打工者不被計入戶籍人口，造成人均 GDP 不能真實反應實際情況的問題，使人均 GDP 更準確，更具可比性。

（3）修訂三次產業的劃分辦法。根據修訂后的三次產業劃分範圍，第一產業包括農、林、牧、漁業（含服務業），第二產業包括採礦業、製造業、電力、燃氣及水的生產和供應業、建築業，第三產業則被定義為除了第一、二產業外的其他行業，且不再劃分層次。這種劃分與世界上主要國家和國際組織的劃分大體一致，從而使中國的核算體系在統計口徑上更加貼近國際慣例，增強國際可比性。

（4）採用價格指數縮減法計算增加值。改過去採用可比價格法計算工業增加值為採用價格指數縮減法計算，以消除價格和產品結構等因素的影響。

（5）調整數據發布程序。按照初步核算、初步核實和最終核實三個程序對年度和季度 GDP 進行核算和公布。

年末不再公布當年 GDP 增長預計數；把初步核算的年度 GDP 和增長率，由原來的每年 2 月 28 日新聞發布會公布，提前到 1 月 20 日公布；隨著數據的不斷完善，或計算方法和分類標準發生變化，要對數字進行修正，不僅要修正當年或上幾年的，而且要對歷史數據進行調整（包括 GDP 總量和增長率）；除特殊情況外，國家和地區原則上不再對外公布月度 GDP 數據。

在發布 GDP 數據時，還將同時發布與之相關的重要數據，必要時還要公布核算的方法。發布程序的改革和定期修正、調整制度的建立，將使中國的統計結果更為準確。

（6）定期進行經濟普查。2004 年進行全國第一次經濟普查，今后每 10 年進行兩次，分別在逢 3、逢 8 的年份實施，這將與國家編製五年計劃的銜接更加緊密，資料的可比性、可用性將會得到明顯提高，與國際上通行的做法也更趨吻合。

二是針對中國一度將 GDP 作為幹部政績主體考核指標所帶來的嚴重弊端，逐步實行 GDP 核算與幹部政績考核相分離，建立和完善政績考核綜合目標體系。在這方面的改進，目前還在探索中，尚無完整方案。

五、GDP 之「　」

在當前落實科學發展觀的過程中，要正確認識和全面審視、辯證看待 GDP。

（1）強調發展的全面性，並不意味著放棄以經濟建設為中心。堅持以人為本，樹立全面、協調、可持續發展的科學發展觀，與「發展是硬道理」是一脈相承的。

我們需要摒棄的是片面追求 GDP 增長而忽視經濟社會協調發展模式，而不是不要經濟增長，更不意味著放棄以經濟建設為中心。

黨的十六大確定的全面建設小康社會的目標，確保全面小康目標的實現，必須堅

持以經濟建設為中心，以此促進經濟社會全面發展。科學發展觀的出發點和落腳點仍然在於發展，離開了發展這一主題，科學發展觀就不存在。

（2）承認 GDP 的局限性，並不意味著全盤否定其合理性。針對存在的缺陷和產生的負面影響，我們應從制度和體系上加以完善，在使用和評價上加以改進。

時至今日，GDP 總量、GDP 增長率、人均 GDP，仍然是國民經濟核算中的重要指標，在國內外仍然有著廣泛的用途和功效。正如人們所指出的，GDP 是一把尺子，並且是國際通行、方便比較的尺子。能不能用好這把尺子，主要取決於使用這把尺子的人，而不在於尺子本身。

（3）分析單純追求 GDP 的危害性，並不意味著否認保持一定的經濟增長速度的重要性。經濟增長是「生產要素累積和資源利用的改進或要素生產率增加的結果」，這裡面包含著數量擴張和質量提高兩組因素，統一於經濟增長的過程之中。但由於兩組因素在經濟發展的一定階段作用程度不同，因而形成了粗放型和集約型兩種不同的經濟增長方式。不顧效益和質量，片面追求增長速度，雖然會帶來短期繁榮，但會犧牲長遠利益，欲速則不達，甚至會造成資源浪費、發展失衡。但多年經濟建設的經驗教訓也告訴我們，沒有一定的速度是不行的，速度的快慢從一個較長的時期看，甚至起到至關重要的作用。

20 世紀的前 20 年對中國來說，是一個重要的戰略機遇期，要實現再翻兩番的目標，要為今后的長期發展打好基礎，在很大程度上都要靠 GDP 的持續快速增長。事實上，沒有一定的增長速度，質量和效益難以實現，結構也難以優化。

（4）認識政績考核的誤導性，並不意味著可以將 GDP 排除在考核體系之外。片面追求 GDP 增長之風，引發了一些社會問題，這不在 GDP 指標本身，而在於政績考核指標體系不完善、不健全。

建立一套綜合的社會指標體系來考核幹部，GDP 指標仍然是基礎性指標。應當在這個基礎上，加上經濟社會協調發展的綜合指標，以克服過去考核指標的單一性，而不是取消這一指標。

離開了 GDP 的基礎數據，綠色 GDP 也就無法計量和核算。此外，一些重要的業績考核指標，大都與 GDP 有關。所以 GDP 不能完全排除在幹部政績考核體系之外，必須正確把握好。要在樹立正確的政績觀的基礎上推進和深化改革，抓緊建立和完善政績評價標準、考核制度和獎勵制度，而不是簡單地排除 GDP。

（5）明確調控目標的預期性，並不意味著否定發展的緊迫性。現在，黨中央將調控目標改為預期性目標，將增長速度適當調低，並不意味著經濟發展速度不重要，也並不意味著預期目標可以不實現。相反，應當進一步增強發展的緊迫感。加快發展，是全面、協調、可持續發展的題中應有之義，符合科學發展觀的本質要求。

中國地區之間、部門之間、城市與農村之間，情況千差萬別，發展的基礎、條件和需要各不相同，因此，必須從各地的實際出發，揚長避短，科學規劃，有重點、有步驟地採取措施，註重解決自身發展中存在的突出矛盾和問題，更好地推進發展。特別是在欠發達地區，無論是加快發展自己，還是縮小與發達地區的差距，都必須增強發展的緊迫感，在全面、協調、可持續發展的前提下，注意保護好、引導好、發揮好

各方面加快發展的積極性，實現經濟的平穩、較快發展。

儘管 GDP 存在種種缺陷，但目前世界上還沒有一個更好的、人們普遍認同的綜合性統計指標來代替 GDP，所以沒有 GDP 是萬萬不能的。GDP 之誤要矯正，但矯枉無須過正。

案例來源：http://hgjjx.snnu.edu.cn/tzzy.asp，根據《經濟日報》2004 年 5 月 11 日中共黃岡市委常委、市委秘書長王順華的文章刪改而成.

思考題

1. 如何全面理解 GDP 的內涵？
2. 在中國轉變經濟發展方式，調整經濟結構和可持續發展背景下，GDP 的適用改革方向是什麼？

案例 4 使用指南

第一步：目標設定參考。本案例可以配合本章教學，通過對案例的學習，加強學生對宏觀經濟學最重要的概念 GDP 的全面把握。

第二步：背景介紹。對於學習研究經濟學的人來講，GDP 的概念貫徹全局，僅僅依靠教材中的內容難以形象全面地進行理解，有必要選取代表性的文獻進行學習。

第三步：理論學習。可以參考本章知識精要及高鴻業主編《西方經濟學（宏觀部分・第六版）》的本章小結及中國國家統計局網站信息。

第四步：討論思考題目。可以選擇根據思考題分組討論，每組學生輪流發言，組內相互補充發言，各組學生代表相互點評。

第五步：學習總結或教師點評。教師對案例研討中的主要觀點進行梳理、歸納和點評，簡述本案例的基礎理論，在運用基礎理論對案例反應的問題進行深入分析後，輔以適當的框圖進行總結。

案例備註說明：該案例對於初學者比較適合，可以配合本章 GDP 概念學習時使用。但是該案例文獻資料來源於 2004 年，時效性稍微有些問題，因此必須結合本章學習小結注意吸收 2013 年 11 月 18 日以來的有關中國國民經濟核算體系修訂過程中的變化問題。

第二章 國民收入的決定：收入-支出模型

【案例導入】

案例導入：支出法 GDP 核算

表 2-1、圖 2-1 顯示了中國 2005—2014 年用支出法核算的國內生產總值及其構成情況。

表 2-1　中國 2005—2014 年支出法核算國內生產總值及其構成情況數據

單位：億元

年　份	國內生產總值	居民消費支出	政府消費支出	資本形成總額	貨物和服務淨出口
2005	187,767.2	101,604.2	75,232.4	26,371.8	75,954
2006	219,424.6	114,894.9	84,119.1	30,775.8	87,875.2
2007	269,486.4	136,438.7	99,793.3	36,645.4	109,624.6
2008	317,172	157,746.3	115,338.3	42,408	135,199
2009	346,431.1	173,093	126,660.9	46,432.1	158,301.1
2010	406,580.9	199,508.4	146,057.6	53,450.9	192,015.3
2011	480,860.7	241,579.1	176,532	65,047.2	227,593.1
2012	534,744.6	271,718.6	198,536.8	73,181.8	248,389.9
2013	589,737.2	301,008.4	219,762.5	81,245.9	274,176.7
2014	640,796.4	241,541	86,770.5	295,022.3	17,462.9

數據來源：國家統計局網站.

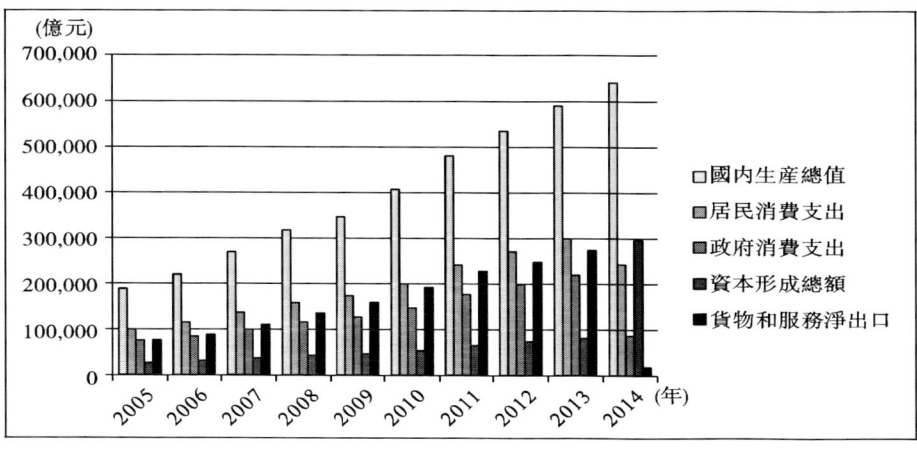

圖 2-1　中國 2005—2014 年支出法核算國內生產總值及其構成情況

問題：
1. 考慮 GDP 核算與均衡決定的理論區別是什麼？
2. 消費、投資、淨出口與國民收入決定之間的關係是什麼？變動各種支出，理論上會起到怎樣的乘數作用？

【學習目標】

1. 瞭解國民收入決定理論和國民收入核算理論的區別。
2. 理解消費理論、儲蓄理論和投資理論。
3. 理解乘數理論。
4. 運用所學知識解讀計算均衡國民收入和乘數。

【關鍵術語】

儲蓄投資恒等　總需求（總支出）等於總供給　乘數

【知識精要】

1. 與總需求相等的產出定義為均衡產出，也可以定義為均衡的國民收入。在均衡產出水平上，計劃（意願）的投資一定等於計劃（意願）的儲蓄。即總需求＝總產出＝總支出＝總收入＝總供給。
2. 消費需求與收入的依存關係定義為消費函數（消費傾向），消費傾向有邊際消費傾向和平均消費傾向。消費需求取決於收入水平，收入中未消費的為儲蓄；相應地，可以推導出儲蓄函數（儲蓄傾向）、邊際儲蓄傾向和平均儲蓄傾向。投資需求和利率的依存關係定義了投資函數，簡單國民收入決定理論中，不考慮貨幣市場，因此投資視為常數。
3. 在兩部門經濟中，均衡國民收入決定的公式是 $y = \dfrac{\alpha + i}{1 - \beta}$，投資乘數 $k = \dfrac{1}{1 - \beta}$。
4. 乘數是均衡的國民收入的變化量與引起這種變化的總支出變化量之間的比率。

【實訓作業】

一、名詞解釋

1. 消費函數
2. 邊際消費傾向（MPC）
3. 儲蓄函數
4. 邊際儲蓄傾向（MPS）

5. 投資乘數
6. 平衡預算乘數
7. 平均消費傾向（APC）

二、簡要回答

1. 乘數作用的發揮在現實生活中會受到哪些限制？
2. 政府購買和政府轉移支付都屬於政府支出，為什麼計算總需求時只計算政府購買而不包括政府轉移支付？
3. 什麼是凱恩斯定律，其提出的社會經濟背景是什麼？
4. 為什麼一些西方經濟學家認為，將一部分國民收入從富者轉給貧者將提高總收入水平？
5. 為什麼政府（購買）支出乘數的絕對值大於政府稅收乘數和政府轉移支付乘數的絕對值？
6. 平衡預算乘數作用的機理是什麼？
7. 稅收、政府購買和轉移支付這三者對總需求的影響方式有何區別？

三、論述

1. 按照凱恩斯的觀點，增加儲蓄對均衡收入會有什麼影響？什麼是「節約的悖論」？試解釋。
2. 試述兩部門國民收入決定的主要內容。

四、問題計算

1. 假設某經濟的消費函數為 $c=100+0.8y_d$，投資 $i=50$，政府購買性支出 $g=200$，政府轉移支付 $t_r=62.5$，稅收 $t=250$（單位均為10億美元）。假定該社會達到充分就業所需要的國民收入為 $1,200$。

（1）求均衡收入。
（2）試求投資乘數、政府支出乘數、稅收乘數、轉移支付乘數、平衡預算乘數。

2. 假定某經濟社會的消費函數 $c=30+0.8y_d$，淨稅收即總稅收減去政府轉移支付後的金額 $t_n=50$，投資 $i=60$，政府購買性支出 $g=50$，淨出口即出口減進口以後的餘額為 $nx=50-0.05y$，求：

（1）均衡收入；
（2）在均衡收入水平上的淨出口餘額；
（3）投資乘數；
（4）投資從60增至70時的均衡收入和淨出口餘額；
（5）當淨出口從 $nx=50-0.05y$ 變為 $nx=40-0.05y$ 時的均衡收入和淨出口餘額。

【實訓作業答案】

一、名詞解釋

1. 消費函數：是指反應消費支出與影響消費支出的因素之間的函數關係式。收入和消費兩個經濟變量之間的這種關係叫作消費函數或消費傾向。如果以 c 代表消費，y 代表收入，則 $c=c(y)$，表示消費是收入的函數。

2. 邊際消費傾向（Marginal Propensity to Consume，MPC）：指增加的一單位收入中用於增加消費部分的比率，即消費增量與收入增量的比率。$MPC=\Delta c/\Delta y = dc/dy$。

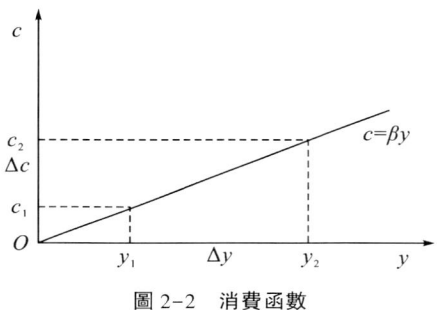

图 2-2 消費函數

3. 儲蓄函數：西方經濟學家認為，儲蓄函數不是單獨存在的，而是依賴於消費函數。儲蓄可定義為收入減消費，即收入中未被消費的部分。所以，儲蓄函數又可以由消費函數推導出來。設 s 代表儲蓄，y 代表收入，則儲蓄函數的公式為 $s=s(y)$。

4. 邊際儲蓄傾向（Marginal Propensity Save，MPS）：指收入增加引起的儲蓄增量，即儲蓄曲線上某點儲蓄增量對收入增量的比率，其公式為 $MPS=\Delta s/\Delta y=ds/dy$。

5. 投資乘數：乘數即倍數，是指收入的變化與帶來這種變化的變量變化的比率；投資乘數就是指收入的變化與帶來這種變化的投資支出的變化的比率，通常用 k 表示。如果用 Δy 代表增加的收入，Δi 代表增加的投資，則二者比率 $k=\Delta y/\Delta i$，投資乘數＝1÷（1－邊際消費傾向）。

6. 平衡預算乘數：指政府收入和支出同時以相等數量增加或減少時國民收入變動與政府收支變動的比率。增加政府購買 Δg 引致國民收入增加量，增加稅收 Δt 引致國民收入減少量，平衡預算乘數 $k_b=k_g+k_t=1$。（其中 k_g 叫政府購買乘數，k_t 叫稅收乘數）。注意：平衡預算乘數中並不涉及政府轉移支付。平衡預算乘數的數值永遠是 1。

7. 平均消費傾向（Average Propensity to Consume，APC）：平均消費傾向指任意收入水平上消費支出在收入中的比率。其公式為 $APC=c/y$。

二、簡要回答

1. 乘數作用的發揮在現實生活中會受到哪些限制？

答：在現實生活中，乘數作用的大小要受到一系列條件的限制：①社會中過剩生

產能力的大小；②投資和儲蓄決定的相互獨立性；③貨幣供給量增加能否適應支出增加的需要；④增加的收入不能購買進口貨物，否則 GDP 增加會受到限制。

2. 政府購買和政府轉移支付都屬於政府支出，為什麼計算總需求時只計算政府購買而不包括政府轉移支付？

答：政府增加轉移支付，雖然對總需求也有影響，但這種影響是通過增加人們的可支配收入進而增加消費支出實現的。如果把轉移支付也計入總需求，就會形成總需求計算中的重複計算。例如，政府增加 10 億元的轉移支付，假定邊際消費傾向為 0.8，則會使消費增加 8 億元。在此，首輪總需求增加是 8 億元，而不是 18 億元。但是如果把 10 億元轉移支付也看作是增加的總需求，那麼就是重複計算，即一次是 10 億元，一次是 8 億元。因此國民收入公式為 $y=c+i+g+(x-m)$ 而不是 $y=c+i+g+t_r+(x-m)$。

3. 什麼是凱恩斯定律，其提出的社會經濟背景是什麼？

答：所謂凱恩斯定律是指，不論需求量為多少，經濟制度都能以不變的價格提供相應的供給量，就是說社會總需求變動時，只會引起產量和收入的變動，直到供求相等，而不會引起價格變動。

這條定律提出的背景是，凱恩斯寫作《就業、利息和貨幣通論》一書時，面對的是 1929—1933 年西方世界的經濟大蕭條，工人大批失業，資源大量閒置。在這種情況下，社會總需求增加時，只會使閒置的資源得到利用從而使生產增加，而不會使資源價格上升，從而產品成本和價格大體上能保持不變。這條凱恩斯定律被認為適用於短期分析。在短期中，價格不易變動，社會需求變動時，企業首先是考慮調整產量而不是變動價格。

4. 為什麼一些西方經濟學家認為，將一部分國民收入從富者轉給貧者將提高總收入水平？

答：富者的消費傾向較低，儲蓄傾向較高，而貧者的消費傾向較高（因為貧者收入低，為維持基本生活水平，他們的消費支出在收入中的比重必然大於富者），因而將一部分國民收入從富者轉給貧者，可提高整個社會的消費傾向，從而提高整個社會的總消費支出水平，於是總產出或者說總收入水平就會隨之提高。

5. 為什麼政府（購買）支出乘數的絕對值大於政府稅收乘數和政府轉移支付乘數的絕對值？

答：政府（購買）支出直接影響總支出，兩者的變化是同方向的。總支出的變化量數倍於政府購買的變化量，這個倍數就是政府購買乘數。但是稅收並不直接影響總支出，它通過改變人們的可支配收入來影響消費支出，再影響總支出。稅收的變化與總支出的變化是反方向的。當稅收增加（稅率上升或稅收基數增加）時，人們可支配收入減少，從而消費減少，總支出也減少。總支出的減少量數倍於稅收的增加量，反之亦然。這個倍數就是稅收乘數。由於稅收並不直接影響總支出，而是要通過改變人們的可支配收入來影響消費支出，再影響總支出，因此稅收乘數絕對值小於政府購買支出的絕對值。例如增加 10 億元政府購買，一開始就能增加 10 億元總需求，但是減稅 10 億元，會使人們可支配收入增加 10 億元，如果邊際消費傾向是 0.8，則一開始增加的消費需求只有 8 億元，這樣政府購買乘數的絕對值就必然大於稅收乘數的絕對值。

政府轉移支付對總支出的影響方式類似於稅收，也是間接影響總支出，也是通過改變人們的可支配收入來影響消費支出及總支出；並且政府轉移支付乘數和稅收乘數的絕對值是一樣大的。但與稅收不同的是，政府轉移支付是與政府購買總支出同方向變化的，但政府轉移支付乘數小於政府購買（支出）乘數。

6. 平衡預算乘數作用的機理是什麼？

答：平衡預算乘數是指政府收入和支出以相同數量增加或減少時國民收入變動對政府收支變動的比率。在理論上，平衡預算乘數等於 1。也就是說政府增加一元錢開支同時增加一元錢稅收，會使國民收入增加一元錢，原因在於政府的購買支出乘數大於稅收乘數。如果用公式說明，就是 $\Delta t = \Delta g$（假定轉移支付 t_r 不變），而收入的變化是由總支出變化決定的，即 $\Delta y = \Delta c + \Delta i + \Delta g$，假定投資不變，即 $\Delta i = 0$，則 $\Delta y = \Delta c + \Delta g$，而 $\Delta c = \beta \Delta y_d = \beta(\Delta y - \Delta t)$，因此，有 $\Delta y = \beta(\Delta y - \Delta t) + \Delta g = \beta(\Delta y - \Delta g) + \Delta g$（因為 $\Delta t = \Delta g$），移項得到 $\Delta y (1-\beta) = \Delta g (1-\beta)$，即平衡預算乘數（用 k_b 表示）$k_b = 1$。這一結論也可以通過將政府購買支出乘數和稅收乘數直接相加而得。

7. 稅收、政府購買和轉移支付這三者對總需求的影響方式有何區別？

答：總需求由消費支出、投資支出、政府購買支出和淨出口四部分組成。

稅收並不直接影響總需求，它通過改變人們的可支配收入，影響消費支出，再影響總需求。稅收的變化與總需求的變化是反方向的。當稅收增加（稅率上升或稅收基數增加）時，導致人們可支配收入減少，從而消費減少，總需求也減少。總需求的減少量數倍於稅收的增加量，反之亦然。這個倍數就是稅收乘數。

政府購買支出直接影響總需求，兩者的變化是同方向的。總需求的變化量也數倍於政府購買的變化量，這個倍數就是政府購買乘數。

政府轉移支付對總需求的影響方式類似於稅收，是間接影響總需求，也是通過改變人們的可支配收入，從而影響消費支出及總需求。並且政府轉移支付乘數和稅收乘數的絕對值是一樣大的。但與稅收不同的是，政府轉移支付與政府購買總支出是同方向變化的，但政府轉移支付乘數小於政府購買乘數。

三、論述

1. 按照凱恩斯的觀點，增加儲蓄對均衡收入會有什麼影響？什麼是「節約的悖論」？試解釋。

答：增加儲蓄會導致均衡收入下降。增加消費或減少儲蓄會通過增加總需求而引起國民收入增加，經濟繁榮；反之，減少消費或增加儲蓄會通過減少總需求而引起國民收入減少，經濟蕭條。由此得出一個看來是自相矛盾的推論：節制消費、增加儲蓄會增加個人財富，對個人是件好事，但由於會減少國民收入從而引起蕭條，對整個經濟來說卻是壞事；增加消費、減少儲蓄會減少個人財富，對個人是件壞事，但由於會增加國民收入使經濟繁榮，對整個經濟來說卻是好事，這就是「節約的悖論」。

2. 試述兩部門國民收入決定的主要內容。

答：（1）兩部門經濟條件下國民收入的含義：兩部門指家戶和企業。投資為自主投資。國民收入是指與總需求相等的均衡收入總需求，包括消費需求和投資需求。均

衡收入的公式：$y=c+i$。

（2）使用消費函數決定收入：消費是收入的函數，其表達式為：$c=\alpha+\beta y$。依據均衡收入的公式和消費函數得到決定均衡收入模型：$y=(\alpha+i)/(1-\beta)$。如圖2-3。

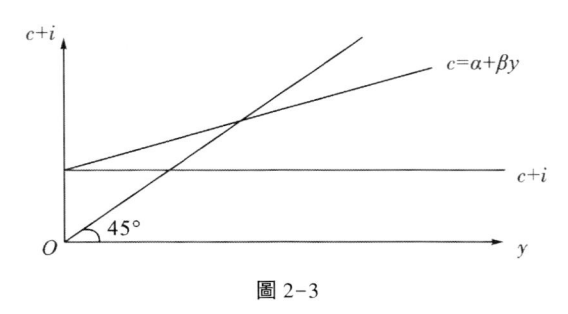

圖 2-3

（3）使用儲蓄函數決定收入：儲蓄也是收入的函數，表達式為：$s=-\alpha+(1-\beta)y$。依據經濟的均衡條件 $i=s$ 和儲蓄函數得出決定均衡收入模型，得 $y=(\alpha+i)/(1-\beta)$。如圖2-4。

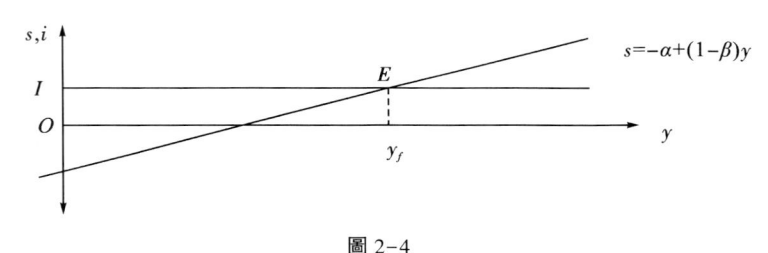

圖 2-4

（4）結論。無論是用消費函數還是儲蓄函數決定收入，其結果都一樣。

四、問題計算

1. 假設某經濟的消費函數為 $c=100+0.8y_d$，投資 $i=50$，政府購買性支出 $g=200$，政府轉移支付 $t_r=62.5$，稅收 $t=250$（單位均為 10 億美元）。假定該社會達到充分就業所需要的國民收入為 1,200。

（1）求均衡收入。
（2）試求投資乘數、政府支出乘數、稅收乘數、轉移支付乘數、平衡預算乘數。
答：（1）由方程組可解得 $y=1,000$（億美元），故均衡收入水平為 1,000 億美元。
（2）我們可直接根據三部門經濟中有關乘數的公式，得到乘數值。

投資乘數：$k_i=1/(1-\beta)=1/(1-0.8)=5$
政府支出乘數：$k_g=5$（與投資乘數相等）
稅收乘數：$k_t=-\beta/(1-\beta)=-0.8/(1-0.8)=-4$
轉移支付乘數：$k_{t_r}=\beta/(1-\beta)=0.8/(1-0.8)=4$
平衡預算乘數等於政府支出（購買）乘數和稅收乘數之和，即
$k_b=k_g+k_t=5+(-4)=1$

2. 假定某經濟社會的消費函數 $c = 30+0.8y_d$，淨稅收即總稅收減去政府轉移支付後的金額 $t_n = 50$，投資 $i = 60$，政府購買性支出 $g = 50$，淨出口即出口減進口以後的餘額為 $nx = 50-0.05y$，求：

(1) 均衡收入；
(2) 在均衡收入水平上的淨出口餘額；
(3) 投資乘數；
(4) 投資從 60 增至 70 時的均衡收入和淨出口餘額；
(5) 當淨出口從 $nx = 50-0.05y$ 變為 $nx = 40-0.05y$ 時的均衡收入和淨出口餘額。

答：(1) 可支配收入：$y_d = y - t_n = y - 50$
消費：$c = 30+0.8(y-50)$
$\qquad = 30+0.8y-40$
$\qquad = 0.8y-10$
均衡收入：$y = c+i+g+nx$
$\qquad\qquad = 0.8y-10+60+50+50-0.05y$
$\qquad\qquad = 0.75y+150$
解得 $y = 150/0.25 = 600$，即均衡收入為 600。

(2) 淨出口餘額：
$nx = 50-0.05y = 50-0.05 \times 600 = 20$

(3) 投資乘數 $k_i = 1/(1-\beta+\gamma) = 1/(1-0.8+0.05) = 4$

(4) 投資從 60 增加到 70 時，有
$y = c+i+g+nx$
$\quad = 0.8y-10+70+50+50-0.05y$
$\quad = 0.75y+160$
解得 $y = 160/0.25 = 640$，即均衡收入為 640。
淨出口餘額：
$nx = 50-0.05y = 50-0.05 \times 640 = 50-32 = 18$

(5) 淨出口函數從 $nx = 50-0.05y$ 變為 $nx = 40-0.05y$ 時的均衡收入：
$y = c+i+g+nx$
$\quad = 0.8y-10+60+50+40-0.05y$
$\quad = 0.75y+140$
解得 $y = 140/0.25 = 560$，即均衡收入為 560。
淨出口餘額：
$nx = 40-0.05y = 40-0.05 \times 560 = 40-28 = 12$

【實訓活動】

實訓活動　驗證均衡國民收入決定理論及乘數論

目的：

1. 理解均衡國民收入決定理論及乘數論。
2. 將經濟數學模型轉化為經濟實驗模型，通過對模型結果的分析深化學生對模型的認識。

內容：

1. 時間：140~150分鐘。
2. 地點：電腦安裝Windows98及以上版本的操作系統，安裝有LSD5.9版本即可。
3. 人數：5~7人構成獨立小組，獨立小組個數4~5組。

步驟：

第一步：利用LSD5.9創建一個新模型。根據基本方程，編寫模型程序。

第二步：在LSD Browser界面中，定義變量和參數的初始值，並設置模型運行的期數。此時，教師可以設定i（投資）= 1，alpha（自發性消費）= 1，beta（邊際消費）= 0.5，運行期數為25。

第三步：運行該實驗模塊，數據記錄和總產出時間序列圖像截圖。

第四步：組織學生進行協作和討論。

問題研討：

1. 隨著國民收入的不斷的動態調整，國民收入最終在何處達到均衡？
2. 在邊際消費傾向β取不同值（beta = 0.2, 0.4, 0.6, 0.8）的時候，國民收入的大小和演變趨勢會產生怎樣的變化？

實訓點評：

1. 總需求變動會引發國民收入進行不斷的動態調整，最終將達到國民收入的均衡值，這一均衡值滿足：$y=(\alpha+i)/(1-\beta)$，而且，邊際消費傾向beta越小，國民收入趨向均衡所需要的時間越短，而邊際消費傾向beta越大，國民收入趨向均衡所需要的時間越長。

2. 邊際消費傾向beta的不同取值將對均衡國民收入產生重要影響，beta值越大，乘數就越大，均衡國民收入就越大；beta值越小，乘數就越小，均衡國民收入就越小。

【案例研究及案例使用指南】

案例1　中國消費函數模型的實證研究及討論

消費函數模型是研究消費者行為理論的基礎，也是研究消費水平與國民收入之間相互關係的重要手段，既是微觀經濟分析的一個重要內容，又是宏觀經濟分析的一個重要範疇。在當前中國有效需求不足的狀況下，深入研究和分析中國的消費函數及其

特點，有助於我們把握消費者的行為特徵及其規律，建立符合中國實際的消費理論；有助於掌控國民經濟宏觀運行狀態，尋求克服需求不足的對策。西方經濟學對消費理論的研究已有近百年歷史，消費理論體系已相當成熟，對中國的消費理論研究有著積極的指導和啓發意義。

一、西方消理及消函模型

（一）凱恩斯絕對收入假說

凱恩斯的絕對收入理論可以概括為短期內消費支出依賴於當前可支配收入。隨著收入的增加，人們的消費也在增加，但消費的增加低於收入的增加，這就是著名的邊際消費遞減規律，並且消費具有「完全可逆性」。在這一理論的假設下，可以得到如下消費函數模型：

$C_t = \alpha + \beta Y_t + \mu_t$

式中，C_t 表示當前的消費額，Y_t 表示當前可支配收入，α、β 為待估參數，從經濟意義上講，α 為自發消費，β 為邊際消費傾向，並且 $0<\beta<1$，$\alpha>0$。

（二）杜森貝利相對收入假說

杜森貝利認為，消費者的消費支出不僅受其自身收入的影響，同時一方面受周圍人群的消費行為、收入水平、消費水平的影響；另一方面，消費者的消費支出也受過去曾達到的收入水平和消費水平的影響，消費者一旦維持過一個較高的消費水平，該消費水平就難以隨收入的減少而降低，這種現象被稱為消費的「不可逆性」，也稱「棘輪效應」。基於杜森貝利相對收入假設的消費函數模型可以表示如下：

$C_t = \alpha_0 Y_t + \alpha_1 Y_{t-1} + \mu_t$

式中，Y_t 表示當前收入，Y_{t-1} 表示前一期收入。

（三）莫迪利安尼生命週期假說

莫迪利安尼認為，消費者是理性的，使用一生的收入，安排一生的消費，受一生中總消費等於總收入的預算約束，追求消費效用的最大化。因此，消費者現期消費不僅與現期收入有關，而且與消費者以後各期收入的期望值、開始時的資產和個人年齡大小有關。依據這一假設，可以得到如下消費函數模型：

$C_t = \alpha_1 Y_t + \alpha_2 A_t + \mu_t$

式中，A_t 為 t 時刻的資產存量，待估參數 $0<\alpha_1<1$，反應當期的邊際消費傾向；$0<\alpha_2<1$，反應消費者已經累積的財富對當前消費的影響。

（四）弗里德曼持久收入假說

弗里德曼認為，消費者的消費支出不是由他現期的收入決定，而是由他的持久收入決定。所謂持久收入是可以預料到的，長久的、帶有常規性的持久收入。弗里德曼假定，持久消費與持久收入之間存在一個固定比例，而暫時消費與暫時收入是不相關的。於是，依據持久收入假定的消費函數模型為：

$C_t = \alpha_0 + \alpha_1 Y_t^p + \alpha_2 Y_t^t + \mu_t$

式中，Y_t^p、Y_t^t 分別表示持久收入、瞬時收入。

二、中消函分析

根據中國統計局每年的政府工作報告列出表2-2、表2-3。

表 2-2　　　　　全國居民人均消費水平及人均收入動態數據

年份	人均消費水平/元			人均收入/元		
	全國居民	農村居民	城鎮居民	全國居民	農村居民	城鎮居民
1995	2,236	1,434	4,874	2,363.3	1,557.7	4,283.0
1996	2,641	1,768	5,430	2,813.9	1,926.1	4,838.9
1997	2,834	1,876	5,796	3,069.8	2,092.1	4,838.9
1998	2,972	1,895	6,217	3,250.2	2,162.0	5,425.1
1999	3,138	1,927	6,796	3,477.6	2,210.3	5,854.0
2000	3,397	2,037	7,402	3,711.8	2,253.4	6,280.0
2001	3,609	2,156	7,761	4,058.5	2,366.4	6,859.6
2002	3,818	2,269	8,047	4,518.9	2,475.6	7,702.8
2003	4,089	2,361	8,473	1,993.2	2,622.2	8,472.8
2004	4,552	2,625	9,105	5,644.6	2,936.4	9,421.6
2005	5,434	2,535	9,126	6,295.0	3,255.0	10,493.0

表 2-3　　　城鄉居民家庭人民幣儲蓄餘額及人均人民幣儲蓄餘額動態數據

年份	總儲蓄餘額/億元	人均儲蓄餘額/億元
1995	29,662.3	2,472.36
1996	38,520.8	3,175.74
1997	46,279.8	3,774.29
1998	53,407.4	4,309.13
1999	59,621.8	4,759.79
2000	64,332.4	5,082.23
2001	73,762.4	5,766.99
2002	86,910.6	6,725.47
2003	103,617.0	7,937.11
2004	119,555.0	9,066.19
2005	141,051.0	10,590.17

(一) 當期消費與當期收入的關係

根據凱恩斯絕對收入假說建立消費函數模型：$C_t = \alpha + \beta Y_t + \mu_t$，利用表 2-2 數據，估計出 3 個消費函數模型（1995—2005）。

全國居民消費函數模型：$C_t = 0.74Y_t + 527.67$（24.16，4.09），$F = 583.9$，$R^2 = 0.98$。

城鎮居民消費函數模型：$C_t = 0.71Y_t + 2,381.81$（10.3，4.9），$F = 583.9$，$R^2 = 0.91$。

農村居民消費函數模型：$C_t = 1.27Y_t - 292.45$（10.79，-1.17），$F = 116.5$，$R^2 = 0.92$。

從以上迴歸結果來看，居民當期消費主要取決於當期收入，在 1995—2005 年全國居民消費函數中，自發性消費為 527.7 元，邊際消費傾向為 0.74，即人們收入增加 1 元，消費增加 0.74 元；在城鎮居民消費函數中，邊際消費傾向為 0.71，自發性消費為 2,381.8 元；3 個模型中，各個系數都通過了 t 檢驗，3 個模型通過了 F 檢驗，R^2 也較高。城鎮居民的自發性消費高於全國居民的自發性消費，而其邊際消費傾向卻低於全國居民的邊際消費傾向，這是由於城鎮居民的收入水平高於全國居民的收入水平，城鎮居民的社會保障水平高於全國居民的保障水平，所以其自發性消費高，但邊際消費較低。農村居民的消費主要還是生存消費，所以農村居民的邊際消費傾向高於城鎮居民，這些與經濟現實都是相吻合的。在農村居民消費函數模型中，邊際消費傾向為 1.27，自發性消費為-292.45 元。也就是說，當農民沒有收入時，不但不動用積蓄或借款來維持生存，反而還會存 292.45 元；當農民收入只有 1 元錢時，反而會消費 1.27 元，這既不符合經濟現實，也違反了絕對收入假說的理論。這說明按照絕對收入假說來模擬中國 1995 年以來的消費存在一定程度的偏差。

（二）當期消費與持久收入的關係

根據弗里德曼持久收入假說建立消費函數模型：$C_t = \alpha_0 + \alpha_1 Y_t^p + \alpha_2 Y_t^t + \mu_t$。利用弗里德曼提出的持久收入估算方法，採用城鎮居民人均可支配收入和農村居民人均純收入 3 年加權平均估算了城鄉居民的持久收入（$Y_t^p = 0.6Y_t + 0.24Y_{t-1} + 0.16Y_{t-2}$，其中，$Y_t$ 為當期收入，Y_{t-1} 和 Y_{t-2} 分別為前一期和前兩期收入），當期收入與持久收入之間的差額為暫時收入。利用表 2-2 數據估計 3 個消費函數模型（1995—2005）。

全國居民消費函數模型：

$C_t = 382.7 + 0.85Y_t^p - 0.53Y_t^t$（1.29，5.97，-0.34），$R^2 = 0.97$，$F = 144.66$。

農村居民消費函數模型：

$C_t = -431.4 + 0.80Y_t^p - 0.86Y_t^t$（-1.71，4.39，-1.38），$R^2 = 0.95$，$F = 71.88$。

城鎮居民消費函數模型：

$C_t = 2,824.7 + 0.72Y_t^p - 0.66Y_t^t$（2.36，1.98，-0.16），$R^2 = 0.89$，$F = 33.6$。

迴歸結果表明：居民消費對持久性收入的敏感性較強，持久收入與暫時收入相比，居民的當期消費主要取決於持久性收入的變化。在沒有收入時，全國居民的自發性消費為 382.7 元，城鎮居民的自發性消費為 2,824.7 元，這 3 個方程的持久性收入的係數都通過了 t 檢驗，但其他係數沒有通過 t 檢驗。3 個模型本身通過了檢驗。在農村居民消費模型中，自發性消費為負數，這與經濟現實是不相符的。

（三）當期消費與資產存量之間的關係

由莫迪利安尼的生命週期假設建立消費函數模型：$C_t = \alpha_1 Y_t + \alpha_2 A_t + \mu_t$，依據表 2-2、表 2-3 的資料估計出消費函數模型（1995—2005）。

全國居民消費函數模型：

$C_t = 626.81 + 0.66Y_t + 0.003,9A_t$（0.633，0.829，0.101），$R^2 = 0.98$，$F = 259.85$。

農村居民消費函數模型：

$C_t = 850.29 + 0.35Y_t + 0.13A_t$ （2.46，1.37，3.72），$R^2 = 0.96$，$F = 148.28$。

城鎮居民消費函數模型：

$C_t = 1,565.07 + 1.07Y_t - 0.29A_t$ （0.54，-0.28，0.83），$R^2 = 0.90$，$F = 47.80$。

從迴歸結果看，3個方程雖然通過了F檢驗，但是各個系數的t檢驗都沒有通過，而且城鎮居民的邊際消費傾向大於1，對資產的敏感性為負，這與客觀經濟是不相符的。農村居民的當期消費對個人資產有較強的敏感性。

（四）當期消費與消費習慣的關係

根據杜森貝利的相對收入假說建立消費函數模型：$C_t = \alpha_0 Y_t + \alpha_1 Y_{t-1} + \mu_t$，利用表2-2的數據估計費函數模型（1995—2005）。

全國居民消費函數模型：

$C_t = 0.47Y_t + 0.31Y_{t-1} + 529$ （1.96，0.69，3.12），$R^2 = 0.97$，$F = 195.96$。

農村居民消費函數模型：

$C_t = 0.51Y_t + 0.75Y_{t-1} - 200$ （1.49，2.46，-0.73），$R^2 = 0.93$，$F = 61.35$。

城鎮居民消費函數模型：

$C_t = -0.30Y_t + 1.11Y_{t-1} + 2,407.94$ （-0.27，0.87，3.09），$R^2 = 0.9$，$F = 43.2$。

從迴歸結果得知，3個方程雖然都通過了F檢驗，但各個系數的t檢驗都沒有通過，當期消費對消費習慣不敏感。而且城鎮居民消費函數的邊際消費傾向為負數，這顯然是與現實不相符的。

三、中消函的思考

從中國消費函數的實證分析（見表2-4）可以看到，依據凱恩斯絕對收入假說的擬合效果較好，建立全國居民消費函數和城鎮居民消費函數對實際數據的擬合效果較好，參數檢驗、迴歸方程的檢驗通過性較好，可決系數揭示的相關程度也很高。最重要的是消費函數所確定的參數（自發性消費、邊際消費傾向）都在合理的範圍內，反應了中國消費的一般狀況。按照莫迪利安尼生命週期假說模型建立的農村居民消費模型的擬合效果比較好，參數、方程的檢驗通過性較好。這說明在中國，城市居民的當期消費主要由其當期收入決定，而農村居民的當期消費由他的當期收入和個人資產決定。

表2-4　　　　　　　　4種消費函數模型在中國實證分析的比較

消費模型	檢驗結果
凱恩斯絕對收入假說模型	全國居民、城鎮居民的消費函數的各系數通過了t檢驗，但農村居民的消費函數沒有經濟意義
弗里德曼持久收入假說模型	各方程系數的t檢驗不顯著
莫迪利安尼生命週期假說模型	農村居民的消費方程模擬較好
杜森貝利的相對收入假說模型	各方程系數的t檢驗不顯著

按照弗里德曼持久收入假說和杜森貝利相對收入假說建立的模型擬合效果較差，t 檢驗、F 檢驗通過性很低，參數所揭示的經濟意義與經濟的實際狀況相去甚遠。

從理論上講，資產存量對消費的影響是不可忽視的，所以考慮了資產存量影響的生命週期理論應該更完善，依據其建立的消費函數也應該有更佳的擬合效果。然而由於資產存量的數據難以取得，建模過程中得用儲蓄餘額對資產存量進行粗略式替代，所以基於1995—2005年度數據的迴歸分析的結果並不理想，如果能夠確立科學的資產存量的計算方法，規範資產存量的統計口徑，並且用於建模的數據足夠準確，那麼依據生命週期理論建立的消費函數模型應該是最適宜反應中國消費實際狀況的計量模型。

模型與現實情況之間存在著矛盾，反應出中國消費函數研究仍然存在不足，因此我們需要注意和重視以下兩個方面的問題。

（一）立足中國消費現狀

中國居民的消費行為及其制度環境完全不同於西方較為成熟、發達的市場經濟環境。20世紀90年代后期，隨著中國市場經濟體制進一步完善，人民生活水平顯著提高，但同時城鄉居民收入分配格局出現了明顯的變化，收入差距在拉大，收入的不確定性因素在增加。並且，隨著經濟增長，居民所持有的金融資產普遍增加，這使得居民資產這一因素對消費的影響也在不斷加強。另外，外生的制度變化特別是社會保障體系改革所帶來的一系列不確定的因素，也使城鄉居民的消費行為存在著較大的不確定性。這些都是分析和建立中國的消費函數模型時所必須考慮的重要方面。

（二）注意數據的可靠程度

成功的經濟模型不僅需要科學的理論支持，也需準確的數據支持。目前，數據的可靠性存在很多問題：①消費數據失真。一方面表現在有些福利性的、在職性的消費項目並沒有包括在消費之中；另一方面，在使用居民消費價格指數消除物價波動的影響時，物價指數本身的計算就存在一定程度的失真現象。②收入數據的失真，在體制轉軌過程中，居民的各種隱性收入，如職務外收入、非法收入等，名目越來越多，同時隱瞞收入涉及人群有擴大趨勢，因此，收入數據的失真程度十分明顯。③居民的資產數據較難獲得，而且對其所應涵蓋的統計範圍也缺少統一認識。本文只是簡單地以居民儲蓄餘額作為資產數據，忽略資產這一因素對現期消費支出的巨大影響，會嚴重降低消費函數模型的現實意義。

基於以上分析，確立消費函數模型，建立中國消費函數理論，必須著眼於對消費者的消費行為的理解和把握，必須著眼於對影響消費者行為的社會、經濟、政策環境的理解和把握，立足中國的實際消費狀況，借鑑西方成熟的消費理論，在不斷的實踐中反覆修正與完善，這樣，建立的消費函數模型才可以有效發揮其表現消費者行為規律、提示數量關聯、為政府決策提供可靠依據的重要作用。

案例來源：田檢. 中國消費函數模型的實證研究 [J]. 廣州大學學報（自然科學版），2008（5）：23-26.

思考題

1. 哪種消費函數模型最適宜反應中國消費實際狀況？
2. 研究消費理論有什麼指導意義？

案例 1 使用指南

第一步：目標設定參考。本案例可以配合本章教學，通過對案例的學習，加強學生對宏觀經濟學消費理論的理解和現實運用能力。

第二步：背景介紹。消費函數模型是研究消費者行為理論的基礎，也是研究消費水平與國民收入之間相互關係的重要手段，既是微觀經濟分析的一個重要內容，又是宏觀經濟分析的一個重要範疇。在當前中國有效需求不足的狀況下，深入研究和分析中國的消費函數及其特點，有助於我們把握消費者的行為特徵及其規律，建立符合中國實際的消費理論，有助於掌控國民經濟宏觀運行狀態，尋求克服需求不足的對策。西方經濟學對消費理論的研究已有近百年歷史，消費理論體系已相當成熟，對中國的消費理論研究有著積極的指導和啓發意義。

第三步：理論學習。可以參考本章知識精要及高鴻業主編《西方經濟學（宏觀部分·第六版）》的第十三章第二節消費函數理論以及第二十章第一節消費理論學習。

第四步：討論思考題目。可以選擇根據思考題分組討論，每組學生輪流發言，組內相互補充發言，各組學生代表相互點評。

第五步：學習總結或教師點評。教師對案例研討中的主要觀點進行梳理、歸納和點評，簡述本案例的基礎理論，在運用基礎理論對案例反應的問題進行深入分析後，輔以適當的框圖進行總結。

案例備註說明：該案例對於初學者存在一定難度，不僅需要學生對宏觀經濟學消費理論進行理論學習，同時需要學生具備一定的計量經濟學分析能力。

案例 2　中國居民的消費特點和消費函數的形成

一、中　居民的消　特

（一）消費市場潛力巨大

中國是一個人口大國，又處於經濟快速增長階段，居民收入持續較快增長，決定了中國消費市場的巨大潛力。自改革開放以來，中國的消費市場持續快速發展，消費結構在不斷升級，這已經成為當前拉動中國經濟快速增長的因素之一。

首先，消費市場的規模在不斷擴大，總體空間巨大，前景廣闊。經過 30 多年的改革開放，中國經濟發展步入新的歷史時期，2010 年中國的人均 GDP 已經達到 2,456 美元。經濟發展帶動了居民收入水平的提高。據統計，從 1978 年改革開放至 2007 年，城鎮居民和農村居民的收入增長分別為 13.6% 和 12.6%，居民的消費能力也隨著收入的大幅度增加而不斷加強，致使中國消費市場的規模不斷擴大。中國的社會消費品零售總額從 1978 年的 1,559 億元增加到了 2007 年的 89,210 億元，增加了約 56 倍。儘管如此，中國的消費率相對於世界平均水平還是偏低的，提升的空間很大。

其次，消費市場發展的速度快。改革開放以來，中國消費市場快速增長，年均增速達 14.4%，約為世界水平的 3 倍，成為世界上消費市場增長最快的國家之一。近年來，隨著中國家庭收入的增長，家庭的消費支出激增。據統計，1990—2000 年，中國家庭消費支出年均增長約 8.9%，比世界平均水平高 5.9 個百分點。而 2000—2005 年，中國家庭消費支出年均增長 6.9%，比世界平均水平高出 4.3 個百分點，比發展中國家平均水平高出 2.4 個百分點，比發達國家平均水平高出 4.6 個百分點。從圖 2-5 中可以看到，自改革開放以來，人均生活消費支出也發生了很大的變化。其中，城鎮居民和農村居民的家庭人均生活消費支出均呈上升趨勢，但是城鎮居民增長速度快於農村居民，使得城鎮和農村居民的家庭人均生活消費支出差距越來越大。2011 年，城鄉居民的人均消費支出分別為 15,161 元和 5,221 元，分別為 1990 年的 11.9 倍和 8.9 倍。

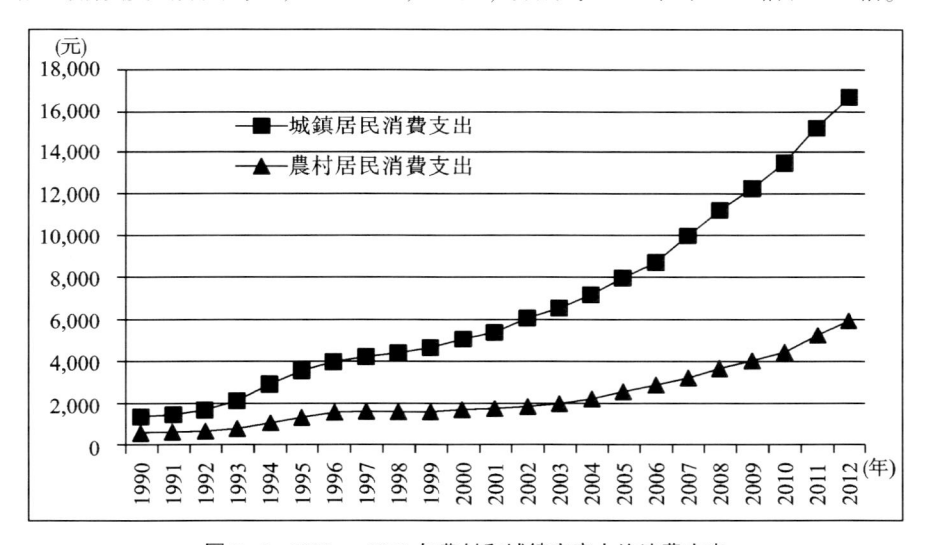

圖 2-5　1990—2012 年農村和城鎮家庭人均消費支出

資料來源：歷年《中國統計年鑒》.

再次，消費結構升級加速。中國居民生活消費結構發生了巨大變化，經歷了數次消費結構升級：第一次始於 20 世紀 80 年代初，在這一階段，隨著居民收入水平的提高，居民消費的重點主要以滿足基本的生活需求（即解決溫飽問題）為目標。食品和衣著等支出約占居民消費支出的 70%～80%，以自行車、手錶、縫紉機為代表的「老三件」成為該時期的標誌性商品。第二次是 20 世紀 80 年代中期至 90 年代初，此時期一般耐用消費品開始普及，以電視機、冰箱、洗衣機「新三大件」為代表，形成了以家用電器普及為代表的耐用消費品熱潮。20 世紀 90 年代初至 2000 年，是主要以居住、家庭設備等為重點的優化生活品質階段。在這一階段，中國正式確立了社會主義市場經濟體制，商品市場化程度迅速提高，勞動力等要素的市場化也逐步展開。隨著居民的收入水平邁上新的臺階，家庭消費結構也在不斷升級，呈現出新的變化：居民的住房消費支出增加，居住條件得到明顯改善；消費產品如手機、電腦等更新換代加快，空調、彩電、健身器材等熱點產品大量進入尋常百姓家庭。除此之外，居民用於通信、

旅遊和保健的支出增加。

自進入21世紀起為新一輪的消費結構升級階段，此階段是以住房、汽車、文化教育、旅遊等為重點的發展型階段。家用汽車、住房等大型耐用消費品成為居民關注和消費的熱點，而教育、文化娛樂、旅遊等服務類消費也大幅攀升。消費結構升級的加速，使得中國居民的生活質量不斷得到改善和提高，恩格爾系數持續下降。從圖2-6中可以看到，1978年，中國城鎮居民的恩格爾系數為57.5，農村居民更是高達67.7，到2012年，城鎮居民恩格爾系數下降至36.2，農村下降至39.3。

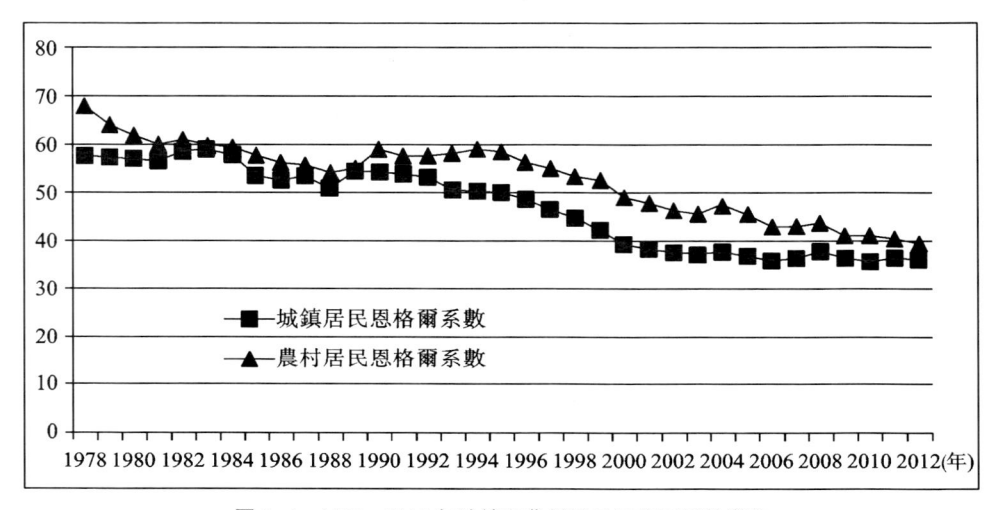

圖2-6　1978—2012年城鎮和農村居民恩格爾系數變化

資料來源：中華人民共和國統計局. 中國統計年鑒2013［M］. 北京：中國統計出版社, 2013.

中國作為一個農業大國，目前中國的消費主要集中在城市，城鄉發展差距很大。據瞭解，2006年，農村居民人均消費支出只有城鎮居民的28%，農村的消費水平相對較低，這也說明農村的消費潛力巨大。2006年中央提出了建設社會主義新農村的戰略，為農村地區的發展開拓了廣闊的前景。隨著社會主義新農村建設步伐的加快，城鄉之間的差距會逐步縮小，農村消費市場的前景也將更加廣闊。

(二) 居民消費傾向呈下降趨勢

隨著國民經濟的發展，近年來中國居民的收入水平大幅增長。然而，在居民收入保持穩定增長的同時，居民的消費傾向出現下降。在改革開放初期，居民以解決溫飽為目標，增加的收入首先是進行消費，平均消費傾向在90%以上。20世紀80年代末90年代初時，中國居民的消費結構又一次發生了變化，進入大規模普及耐用消費品時期。此後，居民的平均消費傾向和邊際消費傾向開始明顯下降，1995年城鎮居民和農村居民的平均消費傾向分別為64%和74%。

居民消費的形成和變動主要是消費者根據自身的經濟收入和消費偏好以及商品價格自主選擇的結果，影響居民消費傾向大小的因素很多，有居民收入、消費者偏好以及消費預期等。

近年來，導致消費傾向下降的因素有很多。首先，是由於預期的不確定性。中國

經濟社會制度處於重大改革時期，國有企業的改革、經濟結構的調整伴隨其中，居民收入中工資性收入的比重減少，非工資性收入比重越來越大。收入結構的變化使得居民的收入變得更加不可預期，而居民在醫療衛生、教育等方面承受著巨大的壓力，除此之外，房價不斷攀升，使得部分有需求的家庭不得不抑制其他消費，對未來預期不穩定，儲蓄意願變得更加強烈。其次，中國正處於全面建設小康社會的階段，城市化進程明顯加快，存在大規模的基礎設施建設。大力發展外向型經濟，增加投資項目以帶動經濟增長都導致了較高的投資率。由於居民的可支配收入中相當一部分以儲蓄的形式在銀行沉澱下來，導致消費傾向下降。再次，收入分配差距越來越大，整個社會消費不均衡越來越大，造成消費斷層以及總體消費不足。消費環境欠佳，例如近年來食品安全方面屢屢出現問題，對居民消費也造成了一定影響。

宏觀經濟學對居民消費行為的研究大體上經歷了三個階段。第一階段是凱恩斯的絕對收入理論，凱恩斯強調消費支出是實際收入的函數，其收入指的是現期絕對收入。第二階段是杜森貝利的相對收入消費理論、莫迪利安尼的生命週期消費理論和弗里德曼的永久收入消費理論。相對收入理論認為消費者會受自己過去的消費習慣以及周圍消費水準的影響，其核心是消費者易於隨收入的提高增加消費，但不易隨收入的降低而減少消費。生命週期理論強調理性消費者會在更長時間範圍內計劃他們的生活開支，以達到他們在整個生命週期內消費的最佳配置。

(三) 消費者收入的決定方式多樣化

首先，國有單位職工的收入中，雖然還存在著由國家規定的基本收入（由國家財政支出），但其所占的比重日益降低，而由獎勵工資等所組成的非基本工資所占的比重不斷上升，對大多數單位來說其已超過基本工資的比重。其次，在非國有經濟中，無論是以利潤形式存在的收入，還是以工資形式存在的收入都有了大幅度的增長，其中非國有經濟的利潤收入中有一部分被用來繼續投資，另外一部分則形成非國有企業所有者或經營者的消費收入。最后，從農民的收入形成來看，隨著農產品價格的放開，農產品的價格主要取決於其他部門對農產品的需求和農產品本身的供給彈性。近年來，農民的收入有了較大的提高，這不僅大大拓寬了農村的消費品市場，同時農民的儲蓄也有較大增加。

由於多種經濟成分並存，居民收入來源千差萬別，收入分配機制較發達國家要複雜得多，政府與市場、國內市場與國際市場、城市與鄉村、東部地區與中西部地區等因素都影響收入分配。如同樣的一份工作，在東南沿海省區和外資企業，可能獲得一筆相當豐厚的報酬，而在中西部省區和中資企業，獲得的報酬可能就要微薄一些了。

(四) 收入分配差距正在逐漸拉大

中國是一個處於經濟快速增長中的發展中國家，由於多種經濟成分並存，存在多種收入分配機制，目前國內居民收入差距總的趨勢是在逐漸拉大。具體表現在，城鄉居民之間、城市內部居民之間、農村內部居民之間、區域間以及行業間等的差距，並且這些差距越來越大。可以預見，這種狀況還將持續較長時間。

二、消　函　形成的特徵

消費函數是研究消費者行為理論的基礎，也是研究消費水平與國民收入之間相互

關係的重要手段。它既是微觀經濟分析的一個重要內容，也是宏觀經濟分析的重要範疇。

中國無論是最終消費率還是居民消費率，都明顯低於國際上相同發展階段國家的消費率水平。消費率過低而儲蓄率過高將可能導致中國經濟增長在今後的一段時間內受到國內場需求的嚴重約束。因此，在當前中國有效需求不足的狀況下，深入研究和分析中國的消費函數及其特點，有助於我們把握消費者的行為特徵及其規律，建立符合中國實際的消費理論，有助於掌握國民經濟宏觀運行狀態，尋求克服需求不足的對策。

（一）居民消費模式複雜多樣

目前，作為一個經濟成長中的發展中國家，中國宏觀經濟整體發展不平衡具體體現在居民個人各方面發展極不平衡，包括個人收入水平、生活地區、民族文化、知識水平等都存在顯著差異，由此導致居民消費模式也千差萬別。如有的人由於收入水平過低，為了養家糊口，不得不舉債消費；有的人處於溫飽邊緣，幾乎全部收入都用於消費，很少儲蓄；有的人收入略為寬裕，但心頭仍拂不去以往家計艱難的陰影，因而有錢盡量省著花；有的人收入雖高，但考慮到未來的前景，其中相當一部分收入用於投資，生活消費仍然相當節儉；也有的人，收入提高以後，以往長期壓抑的消費慾望一下子爆發出來，將增加的收入幾乎統統用於改善生活消費；等等。

（二）多種消費函數並存

在中國，消費者對於消費的決策受到很多因素的影響，對於一些非必需品和非高檔奢侈品的消費，基本還是依賴於其當前的可支配收入（凱恩斯的絕對收入理論）。隨著收入的增加，消費也會增加，但是消費的增加不及收入增加得多，即邊際消費傾向是遞減的。

有些消費者在做消費決策時，還受其過去的消費習慣以及周圍的消費水準的影響，從而消費是相對決定的。消費者對於高檔耐用消費品的決策，通常會表現出這一特點。對於這一消費行為，增加消費容易，減少消費難。一向過著相對高的生活水準的人，即使收入降低，多半不會馬上因此而降低消費水準，而會繼續維持相對較高的消費（杜森貝利相對收入理論）。

對於消費者，我們認為他們都是理性的，會在較長時間範圍內計劃其消費，以達到他們在整個生命週期內消費的最佳配置。因此，消費者現期消費不僅與現期收入有關，而且與消費者以後各期收入的期望值、其初始資產和個人年齡以及下一代子女等有關。中國廣大消費者大都有自己捨不得吃捨不得穿，而對子女則非常闊綽的消費表現，這體現了一種代際替代，符合莫迪利安尼的生命週期理論。

隨著中國市場化改革和對外開放的不斷深入，中國經濟面臨的國內外的不確定性越來越大，消費者越來越從更長的時間來考慮其消費，因此消費決策不再是由現期收入所決定，而是由其持久收入決定的。持久收入是其可以預料到的、長久的收入。弗里德曼認為，持久消費與持久收入之間存在一個固定比例，而暫時消費與暫時收入是不相關的。中國消費者的上述特點符合弗里德曼的持久收入假說。

總之，多種居民消費模式的存在，也就決定了目前國內多種消費函數並存的格局，

絕對收入假說、相對收入假說、永久收入假說、生命週期假說等都能在現實生活中找到其適用的平臺。對於貧困地區和低收入階層，以解決溫飽為目標，消費容易隨著收入的增加而增加，絕對收入假說可能比較適用，而小康階層則可能比較適用相對收入假說，大多數工薪人員可能都比較適用永久收入假說和生命週期假說。

（三）多種消費函數模式需要多種消費調節手段

目前，消費日益成為拉動國民經濟增長的一個極其重要的因素，如何有效地調控消費，值得重視。一般來說，與多種消費函數模式相適應，調節消費的政策手段也要多樣化。如經濟增長政策、收入分配政策、社會保障政策、教育科技和文化政策，以及公共安全政策等，都可能影響居民的消費觀念和消費預期，並進而影響居民的消費傾向。具體來說，擴大內需的鼓勵性措施主要有：

調整收入分配格局，努力提高城鄉居民的收入水平。對於城鎮居民，應根據不同消費群體的特點，採取不同的措施和手段。對於低收入群體，進一步加強城鎮社會保障體系建設；對於中等收入群體，在提高其收入的同時，擴大中等收入者的比重；對於高收入群體，保護其合法收入。而對於農村居民，要採取各種有效措施，努力提高農村居民的收入水平，包括調整農村經濟結構，加大農村稅費改革力度，加快農村醫療保障體系的建設，減輕農民的負擔，促進農村剩餘勞動力的轉移，合理引導農民進城務工和就業，等等。

加快建立社會保障新制度，增強消費者信心。首先，努力擴大就業，改善就業機制，不斷提高城鄉居民的收入，穩定居民收入預期。其次，對於涉及城鄉居民切身利益的改革，要建立公眾參與機制，提高改革的透明度，加大宣傳力度，獲得民眾的理解和支持，從而降低人們對未來支出預期的不確定性。

切實改善消費環境，保障居民消費的有效增長。首先，取消抑制消費的政策，拓展新的消費領域；其次，加強社會信用體系建設，優化社會信用環境，積極發展消費信貸；最後，進一步加強公共基礎設施建設，尤其要積極改善和營造好農村的消費環境，鼓勵農村流通網路，增加適銷對路的產品，方便農民消費，以促進農民消費結構升級。

本案例適用於凱恩斯消費函數以及其他相關消費函數理論的學習。

案例來源：武拉平，等．宏觀經濟學案例集［M］．北京：中國人民大學出版社，2013：68-73．

思考題

1. 根據中國城鄉居民的消費特點，說明市場細分在中國消費領域的重要性。
2. 為什麼中國市場上銷售的汽車即使是同一品牌也會有五花八門的規格？
3. 城鄉收入差距的拉大有利於刺激消費嗎？

案例2 使用指南

第一步：目標設定參考。本案例可以配合本章教學，通過對案例的學習，加強學生對宏觀經濟學消費理論的理解和現實運用。

第二步：背景介紹。消費函數模型是研究消費者行為理論的基礎，也是研究消費

水平與國民收入之間相互關係的重要手段,既是微觀經濟分析的一個重要內容,又是宏觀經濟分析的一個重要範疇。在當前中國有效需求不足的狀況下,深入研究和分析中國的消費函數及其特點,有助於我們把握消費者的行為特徵及其規律,建立符合中國實際的消費理論,有助於掌控國民經濟宏觀運行狀態,尋求克服需求不足的對策。

中國是一個有幾千年傳統文化的發展中國家,擁有世界上人數最多的消費者群體,且處於經濟轉型時期。這就使得中國居民的消費特點以及消費函數的形成與西方資本主義發達國家相比,具有一些自己獨有的特徵。本案例主要分析中國居民的消費特點,探討消費占 GDP 比重較低的主要原因。

第三步:理論學習。可以參考本章知識精要及高鴻業主編《西方經濟學(宏觀部分·第六版)》的本章第二節消費函數理論以及第二十章第一節消費理論學習。

第四步:討論思考題目。可以選擇根據思考題分組討論,每組學生輪流發言,組內相互補充發言,各組學生代表相互點評。

第五步:學習總結或教師點評。教師對案例研討中的主要觀點進行梳理、歸納和點評,簡述本案例的基礎理論,在運用基礎理論對案例反應的問題進行深入分析后,輔以適當的框圖進行總結。

案例備註說明:該案例可以配合案例 1——《中國消費函數模型的實證研究及討論》一同使用,可以從實證與規範分析兩個角度去理解消費理論。該案例相對簡單,可以供初學者理解消費理論與中國實際消費狀態。

第三章　國民收入的決定：IS–LM 模型

【案例導入】

案例導入一：如何評價凱恩斯理論？

　　凱恩斯主義經濟學或凱恩斯主義是在凱恩斯的著作《就業、利息和貨幣通論》（凱恩斯，1936）的思想基礎上的經濟理論，主張國家採用擴張性的經濟政策，通過增加需求促進經濟增長。

　　凱恩斯的經濟理論認為，宏觀的經濟趨向會制約個人的特定行為。18 世紀晚期以來的「政治經濟學」或者「經濟學」建立在不斷發展生產從而增加經濟產出，而凱恩斯則認為對商品總需求的減少是經濟衰退的主要原因。由此出發，他認為維持整體經濟活動數據平衡的措施可以在宏觀上平衡供給和需求。因此，凱恩斯的和其他建立在凱恩斯理論基礎上的經濟學理論被稱為宏觀經濟學，以與註重研究個人行為的微觀經濟學相區別。

　　凱恩斯經濟理論的主要結論是經濟中不存在生產和就業向完全就業方向發展的強大的自動機制。這與新古典主義經濟學所謂的薩伊法則相對，後者認為價格和利息率的自動調整會趨向於創造完全就業。試圖將宏觀經濟學和微觀經濟學聯繫起來的努力成了凱恩斯《就業、利息和貨幣通論》以後經濟學研究中最富有成果的領域。一方面微觀經濟學家試圖找出他們思想的宏觀表達；另一方面，例如貨幣主義和凱恩斯主義經濟學家試圖為凱恩斯經濟理論找到紮實的微觀基礎。二戰以後，這一趨勢發展成為新古典主義綜合。

　　「1883 年是一個十分重要的年份。這一年，馬克思去世，凱恩斯出生，熊彼特也是這一年出生的。他們都是影響深遠的大經濟學家。最近，美國好幾次進行民意調查並發布消息，認為世界上最偉大的學者，即貢獻最大、影響最大的學者，如果談兩個偉大人物就是馬克思、愛因斯坦，有時是馬克思擺在前面，有時是愛因斯坦擺在前面，反正是他們兩人。如果說四個最負盛名的經濟學家，那就如同西方暢銷的經濟學教科書上所列示的，除了亞當·斯密、馬克思、馬歇爾之外，還包括凱恩斯。」如何對馬克思和凱恩斯進行比較，張培剛先生在 1948 年發表過一篇文章《從「新經濟學」談到凱恩斯和馬克思》，對兩人的經濟思想、分析方法和產生的影響及作用進行過比較。文中寫道：「就反抗死硬的正統學派而言，馬克思和凱恩斯是站在同一條線上；但是對於資本主義的前途和歸宿，則兩人的看法，根本異趣。」馬克思和凱恩斯都批判資本主義，

但批判的目的不同。馬克思預言資本主義必然滅亡，馬克思的《資本論》是一部資本主義成長、發展、衰退及轉型的理論。在其分析裡，資本主義制度只是經濟發展史上的一個必然的過程，終究是必然崩潰。凱恩斯則不同，他是要挽救資本主義。凱恩斯的代表作《就業、利息和貨幣通論》，揭示了資本主義的經濟危機，分析資本主義自由放任的弊端和病象，但卻力圖去把它治好。這就是他們的根本不同點。張培剛先生認為，馬克思首先是一個偉大的人道主義者。他所處的時代是資本主義發展的初、中期，他所看到的是資本原始累積帶來的血與火的慘景，農民從土地上被趕走，失業的人流落街頭；看到的是資本私人佔有和對勞工的血淋淋的剝削。因而他要揭露資本主義，並預言資本主義內在矛盾的加劇必將加速資本主義的崩潰和滅亡。在今天看來，馬克思的預言不能說沒有完全實現，也不能說已完全實現。總而言之是在往這個方向走。資本主義也是在不斷變化。學習馬克思主義，張培剛先生認為最根本的是要以馬克思主義為指導，至於他的具體結論，要根據時代、地點、條件不同而有所改進和發展。這本身是符合馬克思自己的認識論和方法論的，世界上哪有一成不變的東西呢？一切事物都是在不斷發展、不斷變化的，理論也必然會隨著客觀實際的變化而向前發展。比如勞動價值論，未必就是只有活勞動創造價值，而物化勞動只轉移價值。如果你承認非活勞動，包括資本等對創造價值有幫助，讓這些要素參與生產與分紅，事實上也就承認這些非活勞動因素能創造價值。對這個問題爭論很多，但現在我們國家實行多種分配形式，讓生產要素參與分配，事實上已經承認了。所以，一定要用發展的眼光看問題。張培剛先生稱凱恩斯的經濟學為「蕭條經濟學」或「衰落經濟學」，他認為凱恩斯在政策上主張提高消費，擴大投資，減少失業，增加收入。比如政府投資基礎設施建設，建橋修路，甚至是建了又拆，拆了再建，修了又挖，挖了再修，用這種辦法來擴大就業。凱恩斯的主張當然是要在資本主義處在危機時挽救資本主義。但如撇開這一目的，凱恩斯的學說和主張對其他國家解決經濟緊縮問題是有借鑑意義的。張培剛先生說：「中國在亞洲金融危機之後，為擴大內需而採取的政府擴大投資，促進消費的政策，特別是發行國債，投資基礎設施建設，就是借用的這種辦法。從1936年凱恩斯的代表作《就業、利息和貨幣通論》問世，到今天他的學說在發展中國家還發揮一定的作用，就足以說明凱恩斯是一個有深遠影響的經濟學家。」

案例來源：http://wenda.so.com/q/1386000246067589.

問題：如何客觀評價凱恩斯理論分析框架？

案例導入二：關注宏觀經濟現象

關注以下與產品市場和貨幣市場的一般均衡有關的現象：
（1）利率提高，投資減少。
（2）投資增加，國民收入增加。
（3）國民收入增加，貨幣需求增加。
（4）貨幣供給增加，利率下降。
這些情況反應了產品市場與貨幣市場之間的關係。

本章引入 IS 曲線和 LM 曲線這兩個分析工具，構建 IS-LM 模型。IS-LM 模型是說明產品市場和貨幣市場同時達到均衡時國民收入與利率被如何決定的模型。在這裡，I 是指投資，L 是指貨幣需求，M 是指貨幣供給。這一模型在理論上是對總需求分析的全面高度概括，在政策上可以用來解釋財政政策和貨幣政策。

案例來源：塞令香，李東兵. 宏觀經濟學［M］. 2 版. 北京：北京大學出版社，2013：75.

問題：IS-LM 模型構造條件過程分別是怎樣的？其模型的優缺點何在？

【學習目標】

1. 瞭解市場均衡時國民收入與利率之間的關係。
2. 理解 IS-LM 模型。
3. 理解投資需求曲線。
4. 運用所學知識解讀宏觀經濟政策。

【關鍵術語】

資本邊際效率（MEC）　　IS-LM 模型

【知識精要】

1. 投資量與影響因素之間的對應關係的表達式被稱為投資函數。假定其他因素不變，投資與利率的反方向依存關係即稱為投資需求函數。描述投資需求的曲線稱為投資邊際效率曲線，它從資本邊際效率曲線引申出來。

2. IS 曲線是表示產品市場均衡時國民收入與利率之間成反方向變化的曲線。IS 曲線斜率既取決於邊際消費傾向（MPC），也取決於投資需求對於利率的敏感程度（d）。

3. 利率決定於貨幣需求和供給。貨幣供給是一個存量概念，指一個國家在某一時點上所保持的不屬於政府和銀行的所有的硬幣、紙幣和銀行存款的總和。貨幣需求按凱恩斯理論取決於交易、謹慎和投機三大動機；相應地，貨幣的交易需求、預防需求和投機需求的總和構成貨幣需求，貨幣的交易需求和預防需求取決於收入，而投機需求取決於利率。當貨幣供給和貨幣需求相等時，貨幣市場達到均衡，從而也決定了利率的均衡水平。

4. LM 曲線是表示貨幣市場均衡時國民收入與利率之間成同方向變化的曲線。LM 曲線斜率既取決於貨幣投機需求的利率系數（h），也取決於貨幣交易和預防需求對實際收入的反應系數（k）。

5. IS 曲線和 LM 曲線交點的利率和收入就是產品市場和貨幣市場同時達到均衡的利率和收入。任何不在均衡水平上的利率和收入在兩個市場充分自由條件下總會有走向均衡的趨勢。

【實訓作業】

一、名詞解釋

1. 資本邊際效率（MEC）
2. 凱恩斯陷阱
3. IS 曲線
4. LM 曲線
5. 貨幣需求
6. 「貨幣失蹤」之謎
7. 流動性偏好

二、簡要回答

1. 什麼是貨幣需求？人們需要貨幣的動機有哪些？
2. 簡述 IS–LM 模型。
3. 運用 IS–LM 模型分析產品市場和貨幣市場失衡的調整過程。
4. IS 曲線向右下傾斜的假定條件是什麼？
5. LM 曲線向右上傾斜的假定條件是什麼？
6. 分析研究 IS 曲線和 LM 曲線的斜率及其決定因素有什麼意義？
7. 為什麼要討論 IS 曲線和 LM 曲線的移動？
8. 什麼是投資需求的利率彈性？假定投資需求函數為 $i=e-dr$，則 d 是不是投資的利率彈性？

三、論述

1. 怎樣理解 IS–LM 模型是凱恩斯主義宏觀經濟學的核心？
2. 運用 IS–LM 模型分析均衡國民收入與利率的決定與變動。

四、問題計算

1. 假設一個只有家庭和企業的二部門經濟中，消費 $c=100+0.8y$，投資 $i=150-6r$，貨幣供給 $M=150$，貨幣需求 $L=0.2y-4r$（單位：億美元）。

（1）求 IS 和 LM 曲線；

（2）求商品市場和貨幣市場同時均衡時的利率和收入；

（3）若上述二部門經濟為三部門經濟，其中稅收 $T=0.25y$，政府支出 $G=100$ 億美元，貨幣需求為 $L=0.2y-2r$，實際貨幣供給為 150 億美元，求 IS、LM 曲線以及均衡利率和收入。

2. 已知 IS 方程為 $y=550-1,000r$，邊際儲蓄傾向 $MPS=0.2$，利率 $r=0.05$。

（1）如果政府購買性支出增加 5 單位，新舊均衡收入分別為多少？

（2） IS 曲線如何移動？

3. 假定國民經濟是由四部門構成，且 $y=c+i+g+nx$，消費函數為 $c=300+0.8y_d$，投資函數為 $i=200-1,500r$，淨出口函數為 $nx=100+0.04y-500r$，貨幣需求 $L=0.5y-2,000r$，其政府支 $G=200$，稅率 $t=0.2$，名義貨幣供給 $M=550$，價格水平 $P=1$。試求：

（1） IS 曲線；

（2） LM 曲線；

（3） 產品市場和貨幣市場同時均衡時的利率和收入。

4. 一個預期長期實際利率是 3％的廠商正在考慮一個投資項目清單，每個項目都需要花費 100 萬美元，這些項目在回收期長短和回收數量上不同，第一個項目將在兩年內回收 120 萬美元，第二個項目將在三年內回收 125 萬美元，第三個項目將在四年內回收 130 萬美元。哪個項目值得投資？如果利率是 5％，答案有變化嗎？（假定價格穩定）

【實訓作業答案】

一、名詞解釋

1. 資本邊際效率（MEC）：是一種貼現率，這種貼現率正好是一項資本品在使用期限內與其收益的現值等於這項資本品的重置成本或供給價格。在實踐中，資本的邊際效率也被稱為預期利潤率。資本邊際效率之值隨資本存量的增加而下降。

2. 凱恩斯陷阱：是凱恩斯在分析人們對貨幣的流動偏好時提出的。它指這樣一種現象：當利息率極低時，人們預計利息率不大可能再下降，或者說人們預計有價證券的市場價格已經接近最高點，因而將所持有的有價證券全部換成貨幣，以至於人們對貨幣的投機需求趨向於無窮大。

3. IS 曲線：表示產品市場均衡時，國民收入和利率的方向變化關係。IS 曲線向右下方傾斜。

4. LM 曲線：是指使得貨幣市場處於均衡的收入與均衡利息率的不同組合描述出來的一條曲線。LM 曲線向右上方傾斜。

5. 貨幣需求：是指人們在手邊保存一定數量貨幣的願望。它是人們對貨幣的流動性偏好引起的，因此，貨幣需求又被稱為流動偏好。與其他資產相比，貨幣具有很強的流動性，人們用貨幣很容易與其他資產進行交換。正是這種流動性，使人們對貨幣產生偏好。產生流動偏好的動機主要有三種：一是交易動機，二是預防動機，三是投機動機。

6. 「貨幣失蹤」之謎：指實際的貨幣需求量小於根據傳統的貨幣需求函數計算出的貨幣需求量，這意味著實際貨幣需求的下降，被認為是金融制度創新引起的，傳統的貨幣需求是利率水平和國民收入的函數，並不包括這種因素。

7. 流動性偏好：又稱靈活偏好，指人們願意以貨幣形式或存款形式保持某一部分財富，而不願以股票、債券等資本形式保持財富的一種心理動機。引起流動性偏好的心理動機有三個，即交易動機、預防動機和投機動機。流動偏好的強弱程度，取決於

保持貨幣所得的效用和放棄貨幣得到的利益的比較。流動偏好規律使人們必須得到利息才肯放棄貨幣，因而使利率總維持在較高的水平，這會妨礙投資的增加。

二、簡要回答

1. 什麼是貨幣需求？人們需要貨幣的動機有哪些？

答：貨幣需求是指人們在不同條件下出於各種考慮對貨幣的需要，或者說是個人、企業和政府對執行流通手段（或支付手段）和價值貯藏手段的貨幣的需求。

按凱恩斯的說法，對貨幣的需求是出於以下三種動機：

一是對貨幣的交易需求動機，指家庭或廠商為交易的目的而形成的對貨幣的需求。它產生於人們收入和支出的非同步性。出於交易動機的貨幣需求量主要決定於收入，收入越高，交易數量就越大。

二是對貨幣的預防性需求動機，指人們為應付意外事故而形成的對貨幣的需求。它產生於未來收入和支出的不確定性。從全社會來看，這一貨幣需求量也和收入成正比。

三是對貨幣的投機需求動機，它產生於未來利率的不確定，人們為避免資產損失或增加資本收入而及時調整資產結構而形成的對貨幣的需求。例如，人們預期債券價格會上升時，需要及時買進債券，以便以後賣出時得到收益，這樣就產生了對貨幣的投機需求。這一需求與利率成反方向變化。

2. 簡述 IS-LM 模型。

答：IS 曲線表示產品市場均衡時，國民收入和利率的方向變化關係。IS 曲線向右下方傾斜。LM 曲線是指使貨幣市場處於均衡的收入與均衡利息率的不同組合描述出來的一條曲線。LM 曲線向右上方傾斜。

如果把 IS 曲線和 LM 曲線結合在一起，就可得到產品市場和貨幣市場同時均衡時利息率與均衡國民收入之間的關係，這就是 IS-LM 模型。產品市場和貨幣市場在同一收入水平和利率水平上同時達到均衡時均衡利息率與均衡國民收入的值，可以通過求解 IS、LM 曲線的聯立方程而得。

3. 運用 IS-LM 模型分析產品市場和貨幣市場失衡的調整過程。

答：按照 IS-LM 模型的解釋，當產品市場和貨幣市場同時達到均衡時，其均衡點正好處於 IS 曲線和 LM 曲線的交點上。任何偏離 IS 曲線和 LM 曲線交點的利息率和國民收入的組合，都不能達到產品市場和貨幣市場的同時均衡。

在實際中，若出現國民收入與利息率的組合在 IS 曲線的左下方，有 $I>S$，即存在對產品的超額需求；在 IS 曲線的右上方，有 $S>I$，即存在對產品的超額供給。若出現國民收入與利息率的組合點在 LM 曲線的左上方，有 $M>L$，即存在貨幣的超額供給；在 LM 曲線的右下方，有 $L>M$，即存在貨幣的超額需求。

當實際經濟中出現以上失衡狀態時，市場經濟本身的力量將使失衡向均衡狀況調整，直至恢復到均衡。$I>S$ 時，國民收入會增加；$I<S$ 時，國民收入會減少；$L>M$ 時，利息率會上升；$L<M$ 時，利息率會下降。調整結果會使兩個市場同時達到均衡。

4. IS 曲線向右下傾斜的假定條件是什麼？

答：IS 曲線向右下傾斜的假定條件是投資需求是利率的減函數，以及儲蓄是收入的增函數。即利率上升時，投資要減少，利率下降時，投資要增加，以及收入增加時，儲蓄要隨之增加，收入減少時，儲蓄要隨之減少。如果這些條件成立，那麼，當利率下降時，投資必然增加，為了達到產品市場的均衡，或者說儲蓄和投資相等，則儲蓄必須增加，而儲蓄又只有在收入增加時才能增加。這樣，較低的利率必須和較高的收入配合，才能保證產品市場上總供給和總需求相等。於是當坐標圖形上縱軸表示利率，橫軸表示收入時，IS 曲線就必然向右下傾斜。如果上述前提條件不存在，則 IS 曲線就不會向右下傾斜。例如，當投資需求的利率彈性無限大時，即投資需求曲線為水平狀時，則 IS 曲線將成為一條水平線。再如，如果儲蓄不隨收入而增加，即邊際消費傾向如果等於 1，則 IS 曲線也成為水平狀。由於西方學者一般認為投資隨利率下降而增加，儲蓄隨收入下降而減少，因此一般可假定 IS 曲線為向右下傾斜的。

5. LM 曲線向右上傾斜的假定條件是什麼？

答：LM 曲線向右上傾斜的假定條件是貨幣需求隨利率上升而減少，隨收入上升而增加。如果這些條件成立，則當貨幣供給既定時，若利率上升，貨幣投機需求量減少（即人們認為債券價格下降時，購買債券從投機角度看風險變小，因而願意買進債券而減少持幣需要），為保持貨幣市場上供求平衡，貨幣交易需求量必須相應增加，而貨幣交易需求又只有在收入增加時才會增加。於是，較高的利率必須和較高的收入相結合，才能使貨幣市場均衡。如果這些條件不成立，則 LM 曲線不可能向右上傾斜。例如，古典學派認為，人們需要貨幣，只是為了交易，並不存在投機需求，即貨幣投機需求為零，在這樣的情況下，LM 曲線就是一條垂直線。反之，凱恩斯認為，當利率下降到足夠低的水平時，人們的貨幣投機需求將是無限大（即認為這時債券價格太高，只會下降，不會再升，從而買債券風險太大，因而人們手頭不管有多少貨幣，都不願再去買債券），從而進入流動性陷阱，使 LM 曲線呈水平狀。由於西方學者認為，人們對貨幣的投機需求一般既不可能是零，也不可能是無限大，是介於零和無限大之間，因此，LM 曲線一般是向右上傾斜的。

6. 分析研究 IS 曲線和 LM 曲線的斜率及其決定因素有什麼意義？

答：分析研究 IS 曲線和 LM 曲線的斜率及其決定因素，主要是為了分析有哪些因素會影響財政政策和貨幣政策效果。在分析財政政策效果時，比方說分析一項增加政府支出的擴張性財政政策效果時，如果增加一筆政府支出會使利率上升很多（這在 LM 曲線比較陡峭時就會這樣），或利率上升一定幅度會使私人部門投資下降很多（這在 IS 曲線比較平坦時就會是這樣），則政府支出的「擠出效應」就大，從而擴張性財政政策效果較小，反之則反是。可見，通過分析 IS 和 LM 曲線的斜率以及它們的決定因素就可以比較直觀地瞭解財政政策效果的決定因素：使 IS 曲線斜率較小的因素（如投資對利率較敏感，邊際消費傾向較大從而支出乘數較大，邊際稅率較小從而也使支出乘數較大），以及使 LM 曲線斜率較大的因素（如貨幣需求對利率較不敏感以及貨幣需求對收入較為敏感），都是使財政政策效果較小的因素。在分析貨幣政策效果時，比方說分析一項增加貨幣供給的擴張性貨幣政策效果時，如果增加一筆貨幣供給會使利率下降

很多（這在 LM 曲線陡峭時就會是這樣），或利率上升一定幅度會使私人部門投資增加很多（這在 IS 曲線比較平坦時就會是這樣），則貨幣政策效果就會很明顯，反之則反是。可見，通過分析 IS 和 LM 曲線的斜率以及它們的決定因素就可以比較直觀地瞭解貨幣政策效果的決定因素：使 IS 曲線斜率較小的因素以及使 LM 曲線斜率較大的因素，都是使貨幣政策效果較大的因素。

7. 為什麼要討論 IS 曲線和 LM 曲線的移動？

答：在 IS-LM 框架中，引起 IS 和 LM 曲線移動的因素很多，如政府購買、轉移支付、稅收、進出口等的變動都會使 IS 移動，而實際貨幣供給和貨幣需求變動都會使 LM 移動，這些移動都會引起均衡收入和利率的變動。例如，政府減稅使人們可支配收入增加，在其他情況不變時，消費支出水平就會上升。再如，匯率變動，比方說本國貨幣貶值在其他情況不變時會使出口增加，進口減小，從而使淨出口增加，IS 曲線也會向右上方移動。同樣，在價格水平不變時增加名義貨幣供給或減少名義貨幣需求，或者在貨幣名義供求不變時價格水平下降，都會使 LM 曲線向右下方移動。在諸多使 IS 曲線和 LM 曲線移動的因素中，西方學者特別重視財政政策和貨幣政策的變動。政府實行擴張性財政政策，IS 曲線向右上方移動，收入和利率同時上升，並且通過與不同斜率的 IS 和 LM 曲線相交可清楚表現出財政政策的效果。同樣，政府實行擴張性貨幣政策，LM 曲線向右下方移動，利率下降，收入增加，並且通過與不同斜率的 IS 和 LM 曲線相交可清楚表現出貨幣政策的效果。因此，西方學者常常用 IS-LM 模型作為分析財政政策和貨幣政策及其效果的簡明而直觀的工具。這也可以說是西方學者討論 IS 曲線和 LM 曲線移動的主要目的之一。

8. 什麼是投資需求的利率彈性？假定投資需求函數為 $i=e-dr$，則 d 是不是投資的利率彈性？

答：投資需求的利率彈性是指投資需求量對利率變動的反應程度，用投資需求量變動的百分比和利率變動的百分比來表示。可用公式表示為：$\sum d=$ 投資變動的百分比/利率變動的百分比 $=(\Delta i/i)/(\Delta r/r)=(\Delta i/\Delta r)(r/i)$。假定投資需求函數為 $i=e-dr$，則投資需求的利率彈性可表示為：$\sum d=-dr/i$。例如，若投資需求函數為 $i=6,000-900r$，當 $r=5$（通常，$r=5$，表示利率為 5%）時的投資需求的利率彈性 $\sum d=-900\times 5/1,500=-3$（當 $r=5$ 時，$i=6,000-900\times 5=1,500$）。它表示，在這一利率水平上（$r=5\%$），投資增加或減少的百分比為利率下降或提高的百分比的 3 倍，可見，在這裡，d 並不是投資的利率彈性，而是指投資對利率變動的敏感程度。在這一投資函數中，當利率為不同水平時，其彈性是不同的。當 $r=6$ 時，其彈性為：$\sum d=-900\times 6/600=-9$（$i=6,000-900\times 6=600$）。它表示，在利率 $r=6\%$ 時，投資增加或減少的百分比為利率下降或提高的百分比的 9 倍。可是，d 的含義則不同。它表示不管利率處於何種水平，利率每上升或下降一個百分點，則投資需求量總減少或增加 900。若 d 不是 900，而是 1,000，則表示利率每變動一個百分點時，投資總反方向地變動 1,000 的量值。

三、論述

1. 怎樣理解 IS-LM 模型是凱恩斯主義宏觀經濟學的核心？

答：凱恩斯理論的核心是有效需求原理，認為國民收入決定於有效需求，而有效需求原理的支柱又是邊際消費傾向遞減、資本邊際效率遞減以及心理上的流動偏好這三個心理規律的作用。這三個心理規律涉及四個變量：邊際消費傾向、資本邊際效率、貨幣需求和貨幣供給。在這裡，凱恩斯通過利率把貨幣經濟和實物經濟聯繫起來，打破了新古典學派把實物經濟和貨幣經濟分開的兩分法，認為貨幣不是中性的，貨幣市場上的均衡利率要影響投資和收入，而產品市場上的均衡收入又會影響貨幣需求和利率，這就是產品市場和貨幣市場的相互聯繫和作用。但凱恩斯本人並沒有用一種模型把上述四個變量聯繫在一起。漢森、希克斯這兩位經濟學家則用 IS-LM 模型把這四個變量放在一起，構成一個產品市場和貨幣市場之間相互作用、共同決定國民收入與利率的理論框架，從而使凱恩斯的有效需求理論得到比較完善的表述。不僅如此，凱恩斯主義的經濟政策即財政政策和貨幣政策的分析，也是圍繞 IS-LM 模型而展開的。因此可以說，IS-LM 模型是凱恩斯主義宏觀經濟學的核心。

2. 運用 IS-LM 模型分析均衡國民收入與利率的決定與變動。

答：IS 曲線和 LM 曲線的交點決定了均衡的國民收入和均衡的利息率，所有引起 IS 曲線和 LM 曲線變動的因素都會引起均衡收入和均衡利息率的變動。

影響 IS 曲線移動的因素有：投資、政府購買、儲蓄（消費）、稅收。如果投資增加、政府購買增加、儲蓄減少（從而消費增加）、稅收減少，則 IS 曲線向右上方移動，若 LM 曲線位置不變，均衡國民收入量增加，均衡利息率提高。相反，如果投資減少、政府購買減少、儲蓄增加（從而消費減少）、稅收增加，則 IS 曲線向左下方移動，若 LM 曲線位置不變，均衡國民收入量減少，均衡利息率升高。

影響 LM 曲線移動的因素有：貨幣需求、貨幣供給。如果貨幣需求減少、貨幣供給增加，則 LM 曲線向右下方移動，假定 IS 曲線的位置保持不變，均衡國民收入增加，均衡利息率下降。反之，如果貨幣需求增加、貨幣供給減少，則 LM 曲線向左上方移動，在 IS 曲線位置不變條件下，均衡國民收入減少，均衡利息率升高。

此外，IS 曲線和 LM 曲線同時變動也會使得均衡國民收入和均衡利息率發生變動。均衡國民收入和均衡利息率變動的結果要取決於 IS 曲線和 LM 曲線變動的方向和幅度。

四、問題計算

1. 假設一個只有家庭和企業的二部門經濟中，消費 $c=100+0.8y$，投資 $i=150-6r$，貨幣供給 $M=150$，貨幣需求 $L=0.2y-4r$（單位：億美元）。

（1）求 IS 和 LM 曲線；

（2）求商品市場和貨幣市場同時均衡時的利率和收入；

（3）若上述二部門經濟為三部門經濟，其中稅收 $T=0.25y$，政府支出 $G=100$ 億美元，貨幣需求為 $L=0.2y-2r$，實際貨幣供給為 150 億美元，求 IS、LM 曲線以及均衡利率和收入。

答：（1）由 $y=c+i$ 知 IS 曲線為 $y=100+0.8y+150-6r$，即 $y=1,250-30r$。

由 $L=0.2y-4r=M=150$，

得 $y=750+20r$，即 LM 曲線為 $y=750+20r$。

（2）當商品市場與貨幣市場同時均衡時，LM 和 IS 相交於一點，該點上收入和利率可通過求解 IS、LM 方程得：$y=1,250-30r$；$y=750+20r$。均衡利率 $r=10$，均衡收入 $y=950$。

（3）由三部門經濟 $y=c+i+g=100+0.8(y-0.25y)+150-6r+100=0.6y+350-6r$ 得 IS 方程：$y=875-15r$ ①

由 $L=M=0.2y-2r=150$ 得貨幣市場的 LM 曲線方程：$y=750+10r$ ②

解①②得 $r=5$，均衡收入 $y=800$。

2. 已知 IS 方程為 $y=550-1,000r$，邊際儲蓄傾向 $MPS=0.2$，利率 $r=0.05$。

（1）如果政府購買性支出增加 5 單位，新舊均衡收入分別為多少？

（2）IS 曲線如何移動？

答：（1）$r=0.05$ 時，$y=550-50=500$

由 $MPS=0.2$，則 $MPC=0.8$，因此政府支出乘數 $k_g=1/(1-0.8)=5$，政府支出增加 $\Delta g=5$，則 $\Delta y=5\times5=25$，故新的均衡收入為：$y_1=500+25=525$。

（2）IS 曲線水平右移 $\Delta y=k_g\times\Delta g=5\times5=25$，故新的 IS 曲線為：$y_1=550-1,000r+25=575-1,000r$。

3. 假定國民經濟是由四部門構成，且 $y=c+i+g+nx$，消費函數為 $c=300+0.8y_d$，投資函數為 $i=200-1,500r$，淨出口函數為 $nx=100+0.04y-500r$，貨幣需求 $L=0.5y-2,000r$，其政府支 $G=200$，稅率 $t=0.2$，名義貨幣供給 $M=550$，價格水平 $P=1$。試求：

（1）IS 曲線；

（2）LM 曲線；

（3）產品市場和貨幣市場同時均衡時的利率和收入。

答：（1）$y=300+0.8(y-0.2y)+200+200-1,500r+100+0.4y-500r$

即 $y=20,000-50,000r$。

（2）在名義貨幣供給為 550 和價格為 1 的情況下，實際貨幣供給為 550，由貨幣供給與貨幣需求相等得 LM 曲線為：

$550=0.5y-2,000r$

即 $y=1,100+4,000r$

（3）由 IS 和 LM 方程聯立得：

$y=20,000-50,000r$ ①；$y=1,100+4,000r$ ②，

解此兩方程得 $r=35\%$，均衡收入 $y=2,500$。

4. 一個預期長期實際利率是 3% 的廠商正在考慮一個投資項目清單，每個項目都需要花費 100 萬美元，這些項目在回收期長短和回收數量上不同，第一個項目將在兩年內回收 120 萬美元，第二個項目將在三年內回收 125 萬美元，第三個項目將在四年內回收 130 萬美元。哪個項目值得投資？如果利率是 5%，答案有變化嗎？（假定價格穩定）

答：第一個項目兩年內回收 120 萬美元，實際利率是 3%，項目回收值的現值約為

113.11 萬美元，大於 100 萬美元，故值得投資。

同理可計得第二個項目回收值的現值約為 114.39 萬美元，大於 100 萬美元，故值得投資。

第三個項目回收值的現值約為 115.50 萬美元，也值得投資。

如果利率是 5%，第一個項目回收值的現值約為 108.84 萬美元，第二個項目回收值的現值約為 107.98 萬美元，第三個項目回收值的現值約為 106.95 萬美元，均高於 100 萬美元。因此，三個項目都值得投資。

【實訓活動】

實訓活動　財政收入、支出對國民收入的影響

目的：

1. 將 IS-LM 模型運用於經濟實踐。
2. 驗證分析財政政策變化對宏觀經濟運行的影響。

內容：

1. 時間：180 分鐘。
2. 地點：任意（最好統一在機房）。
3. 人數：3~6 人構成獨立小組。
4. 工具：利用 Eviews、Stata 等計量分析軟件均可。

步驟：

第一步：選取實訓材料。收集模型中所涉及變量 1978—2015 年期間的數據資料。

第二步：實訓要求。以三部門經濟 IS-LM 理論為基礎，考察財政政策宏觀運行的影響。在模型中，刻畫產品市場均衡的 IS 曲線由國民收入均衡條件 $c+i+g=c+s+t$ 推導而來，因此，i、g、s、t 中任何一個因素變動都會引起 IS 曲線移動，進而引起國民收入變動。

財政收入、支出變動對 IS 曲線的影響，可以借助以下公式來分析：

$$\begin{cases} i+g=s+t \\ i=e-dr \\ s=-\alpha+(1-\beta)y_d \\ y_d=y-t \\ t=t_0-t_r \end{cases} \Rightarrow \begin{aligned} r &= \frac{\alpha+e+g-\beta t_0+\beta t_r}{d} - \frac{1-\beta}{d}y \\ y &= \frac{\alpha+e+g-\beta t_0+\beta t_r}{1-\beta} - \frac{d}{1-\beta}r \end{aligned}$$

由上述公式可以知道，當政府購買性支出 g 變動時，IS 曲線移動的水平距離變動公式如下：$\Delta y=\Delta g/(1-\beta)$，同一利率水平下的國民收入與 g 同方向變動；當稅收 t 變動時，IS 曲線移動的水平距離為 $\Delta y=-\beta\Delta t/(1-\beta)$，均衡國民收入與稅收反向變動；當政府的轉移支付 t_r 變動時，IS 曲線移動的水平距離為 $\Delta y=\beta\Delta t_r/(1-\beta)$，均衡國民收入與 t_r 同方向變化。其中，$1/(1-\beta)$ 為政府支出乘數，$-\beta/(1-\beta)$ 為稅收乘數，$\beta/(1-\beta)$ 為轉移支付乘數。

借以上理論原理，選取某國 GDP 增長率為被解釋變量，選取該國財政收入增長率和財政支出增長率為解釋變量建立普通線性模型和雙對數模型。

第三步：實訓操作。對數據進行處理，對各變量的時間序列進行平穩性檢驗；採用軟件對計量經濟模型進行估計。最后對實驗結果進行分析、解釋。

問題研討：

1. 不同階段，財政政策效果有何異同？
2. 每個小組對於實際量和名義量的處理如何？

實訓點評：

本次實訓可以比較不同經濟背景下財政政策選擇方案和政策效果，本章所學習的理論模型運用於經濟實踐，可以提升參與者認識經濟現象、發現經濟問題、解決經濟問題的能力。同時本實訓需要結合學習高鴻業主編《西方經濟學（宏觀部分·第六版）》第十七章宏觀經濟政策的相關內容。

資料來源：孫麗欣，高伶. 宏觀經濟學 [M]. 北京：經濟科學出版社，2014：129-130.

【案例研究及案例使用指南】

案例1　中國 IS-LM 模型及其政策含義

IS-LM 模型在宏觀經濟學中佔有重要地位，常被用來分析宏觀經濟運行和宏觀經濟政策的作用。該模型是以凱恩斯「蕭條經濟學」為基礎的，因此，在經濟低迷、需求不振時，人們就會更多地想到它。

IS-LM 模型的基本假定是需求決定產出。也就是說，社會需要多少產品，廠商就願意生產多少。所以改革開放前，IS-LM 模型不能用來刻畫中國經濟。隨著經濟體制改革的深入和市場經濟的發展，中國宏觀經濟逐漸顯示出需求約束型的特徵。同時，政府也日益重視以宏觀調控手段管理國民經濟，因此，建立中國的 IS-LM 模型成為可能。

利用中國 1978 年以來的經濟發展的原始數據，建立了消費函數、投資函數、進口函數、匯率函數和貨幣需求函數，已經具備了建立 IS-LM 模型所需的框架和參數。

中國的宏觀經濟當時可以由下列方程組近似描述：

收入恒等式：$y=c+i+g+x-m$

消費方程：$c=583.872,5+0.439,8y$

投資方程：$i=670.423,6+0.412,7y-27.924r$

進口方程：$M=670.423,6+0.142,5y-2,301.396,4E(P/P_f)$

匯率方程：$E(P/P_f)=0.250+0.022r$

貨幣市場均衡方程：$M_1/P=0.508,3y-126.061,3r$

由此可以整理出中國的 IS-LM 曲線。需要說明的是，中國現階段的匯率對進出口的影響不顯著，且匯率和利率的關係也極其微弱，所以，根據經濟計量學中的約化理論，在整理 IS-LM 曲線時，可以忽略匯率對進口的影響，即把進口只看作收入的函數。

這樣處理以後，可以得到中國的 IS-LM 曲線如下：

IS：$y = 3.448,3(g+x-702.773,5)-96.289,7r$

LM：$y = 1.984,9(M_1/P)+250.220,9r$

這兩個線性方程簡略地描述了中國改革開放以來幾個宏觀經濟變量之間的關係。根據實際利率和名義利率之間的關係 $r=i-p$（r 表示實際利率，i 表示名義利率，p 為通貨膨脹率），可以在 $r-y$ 平面上畫出 IS-LM 曲線。圖3-1是它們的相對位置示意圖。

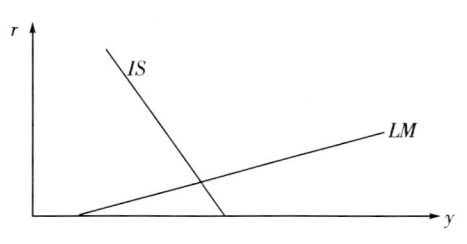

圖 3-1　中國 IS-LM 曲線的相對位置示意圖

IS 曲線和 LM 曲線與坐標軸的相對位置是由描述產品市場和貨幣市場的參數決定的。而這些參數反應了宏觀經濟政策的作用特點。從圖3-1可以看出，中國 IS 曲線較陡，而 LM 曲線較平。可以從兩者相對於橫軸的傾角大小看出這一點。這種相對位置表明，財政政策比貨幣政策在影響總產出（GDP）方面具有更顯著的效果。因為當 LM 曲線較平時，財政政策的擠出效應較小，而採用貨幣政策則會出現即使利率變化較大而總產出變化不大的現象。

上述實證結果也與近年來中國宏觀經濟政策的演變軌跡相符合。自從1996年至今，中國宏觀經濟政策大致經歷了3個階段的重大調整。第一階段是從1996年5月到1998年4月，主要採用貨幣政策進行微調，措施包括4次降低商業銀行的存貸款利率和法定準備金率等。但貨幣供給增長依然乏力，經濟增長一直處於「軟著陸」結束後的下滑中。第二階段從1998年下半年到該年結束，開始啟用財政政策，加大基礎設施建設的投資力度，同時又連續兩次下調利率。在財政大規模投入的推動下，GDP 累計增速從年中的7% 提高到年末的7.8%。第三階段從1999年初開始，繼續加大財政投入，同時擴大貨幣政策的配合力度，實施「積極的財政政策和穩健的貨幣政策」。2000年繼續執行這一方針，從上述政策調整過程可清楚地看出，當局在僅用貨幣政策未取得預期效果（貨幣政策並非失靈）時，把注意力轉向了財政政策，且力度不斷加大。這種政策轉向是得到本文實證結果支撐的。

案例來源：司春林、王安宇，等. 中國 IS-LM 模型及其政策含義［J］. 管理科學學報，2002（2）：46-53.

思考題

1. 如何準確理解理論模型中的變量類型？

2. 如何理解1978—1999年中國 IS-LM 模型特點？現階段宏觀經濟政策的作用基礎是否存在？

案例 1 使用指南

第一步：目標設定參考。本案例可以配合本章教學及高鴻業主編《西方經濟學（宏觀部分·第六版）》的第十四章學習使用。使學生通過該案例的學習，可以應用 IS-LM 模型分析宏觀經濟運行和宏觀經濟政策的作用。

第二步：背景介紹。應當指出，IS-LM 模型適用的是市場經濟。因此，首先有必要判斷中國經濟的市場化程度。自 1978 年以來，隨著經濟體制改革的不斷深入和層層推進，中國各類市場都有了長足發展。在產品市場方面，早在 20 世紀 80 年代，困擾中國多年的生活必需品短缺現象基本消失；20 世紀 90 年代，逐漸出現了生產能力過剩、最終需求相對不足的情形，同時，市場化程度已經較高。在資本市場方面，20 世紀 80 年代開始發行國債，中期恢復股份制和外匯交易，20 世紀 80 年代末 90 年代初股票、基金和期貨市場開始運作。此后，中國資本市場發展迅速，金融創新活動日益頻繁。目前，資本市場雖不很成熟，但在資源配置中的作用日益得到加強。另外，政府近幾年來也以更多的經濟手段和法律手段來管理宏觀經濟。所有這些，都使中國經濟運行越來越具有一般市場經濟的特徵。在此背景下，IS-LM 模型對於分析中國經濟的適用性就大大增強了。

中國宏觀經濟增速自「軟著陸」結束后就一直處在緩慢下滑中，內需不振成了經濟發展的障礙。進入 2000 年后，從有關媒體的報導看，中國消費市場似有復甦的跡象。這個結論準確與否，尚待專業人士確定。不管怎樣，經過近 20 年的發展，中國市場結構已發生了深刻變化，刺激內需可能會成為一個在較長時期內的政策選擇。在這種情況下，用 IS-LM 模型在分析中國經濟方面做一些嘗試，應當是有意義的。然而，到目前為止，有關中國 IS-LM 模型的文獻尚不多見。基於上述分析，建立中國的 IS-LM 模型，這要用到經濟計量方法。由此引出實證分析時常會遇到的幾個問題。一是如何準確理解理論模型中的變量類型，如真實變量和名義變量之分。二是怎樣為理論變量找到合適的實證數據。三是計量技術問題，比如宏觀經濟數據常有時間趨勢，若直接用來做迴歸，易導致「偽迴歸」。諸如此類的問題要求在建模之前對數據進行恰當處理。當然，還有其他許多需注意的方面。凡是涉及建模的關鍵問題，都應盡量交代清楚。

第三步：理論學習。可以參考本章知識精要及高鴻業主編《西方經濟學（宏觀部分·第六版）》的第十四章。

第四步：討論思考題目。可以選擇根據思考題分組討論，每組學生輪流發言，組內相互補充發言，各組學生代表相互點評。

第五步：學習總結或教師點評。教師對案例研討中的主要觀點進行梳理、歸納和點評，簡述本案例的基礎理論，在運用基礎理論對案例反應的問題進行深入分析后，適當進行總結如下（供參考）：

中國的經濟制度在樣本期內（1978—1999）經歷了若幹重大變化，這種頻繁的制度變革也增加了模型中參數的時變性，因為頻繁的制度變革會使公眾的預期也處於頻繁變動之中。

中國 IS-LM 模型中的參數欠常數性說明了頻繁地改變制度會增加宏觀經濟政策作用大小的不確定性。這使我們不能用它精確計算宏觀經濟政策對關注變量（如 GDP

等）的影響程度。

財政政策和貨幣政策正常作用的基礎是存在的。需要說明的是，計量分析結果參數估計值雖然不穩定，但其符號卻是大致穩定的，並不隨著樣本期的改變而變化。系數的正負代表著變量間的作用方向。這也就是說，系數估計值雖不具絕對意義，不能用來計算變量間相互影響的具體數值，卻可以用來推測變量間的影響方向。

從計量分析結果看出，除了進口與匯率的關係反常、匯率與利率的關係微弱外，其他變量之間的關係基本上是正常的、合乎理論預期的。這一方面說明，中國雖是經濟大國，但開放度還不高，尚未融入全球經濟一體化的潮流中去；另一方面說明，就國內經濟而言，各宏觀經濟變量之間的關係已基本上具有市場經濟的特徵。這一結論具有很強的政策含義。它表明，中國 IS-LM 模型是基本正常的。因此，宏觀經濟政策的作用基礎已經具備。

所以，針對近幾年出現的需求不足的困境，當局實施的一系列積極的宏觀經濟政策對阻止經濟增長進一步下滑應是有作用的。如果不採取這些措施，今天的經濟形勢將不會是這樣的。誠然，一些政策在某些情況下沒有達到預期效果。這有多方面的原因。首先是中國的市場機制還處在發育和發展過程中，宏觀經濟政策的制定和執行都需要累積經驗。在不具備足夠經驗的情況下，政策反應滯后、政策力度不夠、政策間的配合性弱以及部分政策的微觀基礎較差等若幹缺憾是難以避免的。因此，對現階段宏觀經濟政策的作用抱有過高期望是不現實的。但這並不意味著政策未起作用或沒有作用基礎。

案例 2　基於 IS-LM 模型的宏觀經濟政策細化研究

一、IS-LM 模型的　　含

IS-LM 模型最早是由英國經濟學家希克斯在為凱恩斯《就業、利息和貨幣通論》一書寫的一篇評論文章——《凱恩斯先生和「古典學派」》中提出來的。而傳播該模型的是美國經濟學家漢森，所以一般稱「希克斯-漢森綜合」。后來美國新古典綜合派的主要代表人物薩繆爾森也以此作為分析宏觀經濟和政策運用的重要工具，認為 IS-LM 模型分析簡要地概括了現代主流宏觀經濟學的要點。

IS 曲線反應了當產品市場達到均衡，即計劃的總需求等於總產出或計劃的投資等於儲蓄時，利率與國民收入之間反方向變動的關係。也就是說，如果利率上升，投資因利息成本提高而減少，而儲蓄卻因利息收入提高而增加，這樣一來，必然使總需求不足從而導致國民收入下降。低利息率意味著高投資，而高投資則意味著高國民收入水平。

IS 曲線會因為投資、儲蓄、政府支出、稅收、出口、進口等因素的變動而發生變動。而上述六大因素的變動又主要與政府的財政政策有關。一般來說，擴張性的財政政策會使 IS 曲線向上移動，意味著利率水平和國民收入水平同時提高。這是因為擴張性的財政政策如減稅會增加社會總需求從而提高國民收入，但是，社會總需求的增加無疑會使投資增加、儲蓄減少（人們會因為經濟越來越寬松而增加消費比例），因此必

然會出現對貨幣的需求大於供給從而提高利率水平。

  LM 曲線則反應了當貨幣市場達到均衡，即貨幣需求等於貨幣供給時，利率與國民收入之間同方向變動關係的曲線。也就是說，如果利率上升，投機性的貨幣需求（對以債券為代表的金融投機需求）會因債券價格下降而大量購入，從而相應減少其貨幣持有，在貨幣總需求總額不變的情況下，必然會使交易性的貨幣需求增加，因而使國民收入也相應得到增加。

  LM 曲線會因為投機性的貨幣需求、交易性的貨幣需求和貨幣供給量的變動而發生變動。上述三大因素的變動又主要與政府的貨幣政策有關。在使 *LM* 曲線移動的三個因素中，應特別重視貨幣供給量的變動這個因素。因為貨幣供給量的變動正是貨幣政策調節的結果，而貨幣政策效應的研究是宏觀經濟學的重要課題。一般來說，擴張性的貨幣政策會使 *LM* 曲線向下移動，意味著要增加國民收入必須以低利率為條件。這是因為擴張性的貨幣政策如增加貨幣供給量會降低貨幣供給的價格——利率，而利率水平的降低必然會對投資產生吸引力，從而通過投資的增加而增加國民收入。

 二、*IS-LM* 模型　　失衡分析

  IS 和 *LM* 曲線的交點意味著產品市場和貨幣市場同時實現了均衡，當然，這種情況在現實經濟中幾乎是不存在的，絕大多數情況下兩個市場處於非均衡狀況。一般來講，如圖 3-2 所示，非均衡狀況可以細分為 12 種：

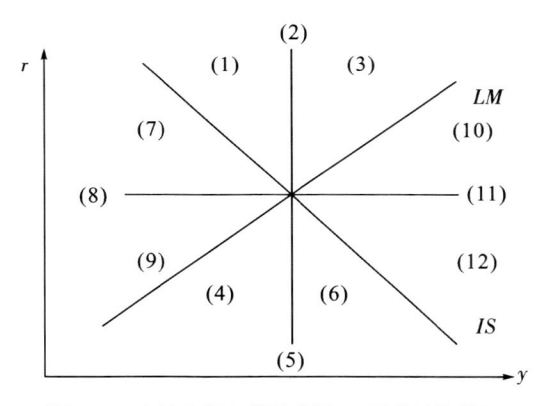

圖 3-2　產品市場和貨幣市場 12 種非均衡狀況

  （1）均衡點上方左區域：投資小於儲蓄和貨幣需求小於貨幣供給，所對應的是偏高利率和偏低國民收入。一般來說，這種情況發生在政府利用抬高利率治理通貨膨脹的后期階段，也即通貨緊縮前期。一方面，為了治理通貨膨脹，政府往往採用最快的方法即通過提高利率來減少貨幣供給和降低需求，以此來拉低日益上漲的價格。但是，另一方面，經濟必然會受到打壓而出現國民收入下降的情況。由於政府在通貨膨脹前期通過抬高利率打壓膨脹的經濟因而在通貨膨脹後期反而出現通貨緊縮，國民收入由於政策的滯后效應和乘數的倍數效應出現偏低態勢。中國在 20 世紀 90 年代中期出現的經濟萎縮和利率偏高的態勢就屬於這種狀況。對於這種情況，政府應該主要通過擴張性的貨幣政策來使利率水平盡快下降，從而使投資和消費盡快上升。通貨膨脹對總

支出從而對均衡產出的影響，極度依賴於貨幣政策。財政政策此時作用並不明顯，如果是增加財政支出，則其影響不可能是全面的；如果是減稅，雖然其影響是全面的但是減稅的效果不可能抵銷高利率對經濟的負面衝擊。

（2）均衡點上方中區域：投資小於儲蓄和貨幣需求小於貨幣供給，所對應的是偏高利率和均衡國民收入。這種情況往往出現在政府通過抬高利率治理通貨膨脹的中期。由於利率水平上升經過一段時間后國民收入回到均衡水平，但是由於政策效應的滯后性總是會使已經拉低到均衡水平的國民收入繼續減少，從而這一區域只是一條經過均衡點並垂直於橫軸的直線。對於這種情況，政府應該著重使用使利率水平下降的貨幣政策。

（3）均衡點上方右區域：投資小於儲蓄和貨幣需求小於貨幣供給，所對應的是偏高利率和偏高國民收入。這種情況一般發生在政府通過抬高利率治理通貨膨脹的前期階段。政府希望通過抬高利率的方法來緊縮經濟，但由於政策的「滯后」效應，往往抬高利率後並不會很快拉低國民收入，因此會出現這種「雙高」態勢。對於這種情況，政府應該主要依靠緊縮性的財政政策來打壓經濟，如減少政府支出、增稅等。

（4）均衡點下方左區域：投資大於儲蓄和貨幣需求大於貨幣供給，所對應的是偏低利率和偏低國民收入。這種情況一般發生於政府通過降低利率治理通貨緊縮的前期。中國人民銀行雖在 1998 年多次降低利率，但是宏觀經濟指標並未立刻出現明顯好轉。雖然利率水平已經降低，但對投資和需求的刺激作用還沒有得到體現，因而國民收入還處於偏低水平。雖然政府為了刺激經濟不斷地降低利率水平，但是由於政策的滯后效應，偏低的國民收入依然如故。對於這種情況，政府不應該一味地依賴貨幣政策來拉動經濟，而是應該適當輔以財政政策來拉高偏低的國民收入。中國從 20 世紀末期到 21 世紀初就屬於該種情況。

（5）均衡點下方中區域：投資大於儲蓄和貨幣需求大於貨幣供給，所對應的是偏低利率和均衡國民收入。這種情況出現在政府通過降低利率治理通貨緊縮的中期。由於利率水平下降經過一段時間后國民收入回到均衡水平，但是由於政策效應的滯后性總是會使已經拉高到均衡水平的國民收入繼續增加，從而這一區域也只是一條經過均衡點並垂直於橫軸的直線。對於這種情況，政府應該著重使用使利率水平上升的貨幣政策。

（6）均衡點下方右區域：投資大於儲蓄和貨幣需求大於貨幣供給，所對應的是偏低利率和偏高國民收入。這種情況一般出現在政府通過降低利率治理通貨緊縮的后期。由於利率的降低不會很快產生效應，因此到通貨緊縮的后期才得以顯現出來，所以出現國民收入水平的提高。又由於政府急於要在短期內企圖通過利率的降低實現均衡的國民收入，因此在短期內不斷地、持續地一再降低利率，造成利率下降的累積效應過大，從而使國民收入的增加超過了均衡的國民收入水平。對於這種狀況，政府應該主要通過緊縮性的財政政策來限制國民收入的超量。政府財政政策是一種作用與投資十分相似的高能支出，因此，適當發揮財政政策的作用是極其必要的。

（7）均衡點左方上區域：投資大於儲蓄和貨幣需求小於貨幣供給，所對應的是偏高利率和偏低國民收入。其原因同第（1）種情況。

（8）均衡點左方中區域：投資大於儲蓄和貨幣需求小於貨幣供給，所對應的是均衡利率和偏低國民收入。這種情況發生於通貨緊縮中期。政府通過降低利率來治理通貨膨脹，已經使利率達到均衡水平但是國民收入水平依然處於偏低態勢。對於這種情況，最好的辦法不是繼續降息，而是輔以財政政策來拉高經濟。

（9）均衡點左方下區域：投資大於儲蓄和貨幣需求小於貨幣供給，所對應的是偏低利率和偏低國民收入。這種情況一般發生於政府通過降低利率治理通貨緊縮的前期。其原因同第（4）種情況。

（10）均衡點右方上區域：投資小於儲蓄和貨幣需求大於貨幣供給，所對應的是偏高利率和偏高國民收入。其原因同第（3）種情況。

（11）均衡點右方中區域：投資小於儲蓄和貨幣需求大於貨幣供給，所對應的是均衡利率和偏高國民收入。這種情況發生於通貨膨脹中期。說明利率水平已經得到很好的控制，但是因政策的滯后效應以及難以估算的乘數效應，通貨膨脹還沒有受到明顯遏制，國民收入水平依然處於偏高水平。對於這種情況，政府應該主要通過財政政策來拉低國民收入，如減少政府支出。政府不要輕易用增稅的辦法來拉低國民收入，因為稅收政策一經實施就必須固定較長的時間，這樣做容易使經濟越過均衡水平出現通貨緊縮。

（12）均衡點右方下區域：投資小於儲蓄和貨幣需求大於貨幣供給，所對應的是偏低利率和偏高國民收入。這種情況一般出現在政府通過降低利率治理通貨緊縮的后期。其原因同第（6）種情況。

三、IS 曲　和 LM 曲　均衡　　后的不同　合及其相　政策的　化

財政政策和貨幣政策的變動會引起產品市場和貨幣市場的均衡點發生變動，從而必然引起現實經濟的利率水平和國民收入水平的變動。分析這種變動有利於政府充分利用財政和貨幣工具來有效調控經濟的運行。

如果綜合考察財政政策和貨幣政策的變動也即 IS 曲線和 LM 曲線的變動，則可以如圖 3-3 所示將其變動細分為 3 類 16 種情況。

LM 曲線不變，IS 曲線移動

有 2 種情況。

（1）IS 曲線右移。IS 曲線右移意味著政府只是實施了擴張性的財政政策來調控經濟，如財政支出的增加、減稅等。並且，消費和投資的增長以及淨出口的增加也會使 IS 曲線右移。這些因素都會使總需求增加，相應地會促使國民收入水平上升。而且，隨著總需求的增加，尤其是消費和投資的增加，又會抬升利率水平，因而出現利率和國民收入同時上升的狀況。這種政策搭配適合於偏低利率和偏低國民收入的經濟狀況，即上述提到的（4）和（9）兩種情況。

（2）IS 曲線左移。與 IS 曲線右移同理，只是方向相反，利率和國民收入同時下降。這種政策搭配適合於偏高利率和偏高國民收入的經濟狀況，即上述提到的（3）和（10）兩種情況。

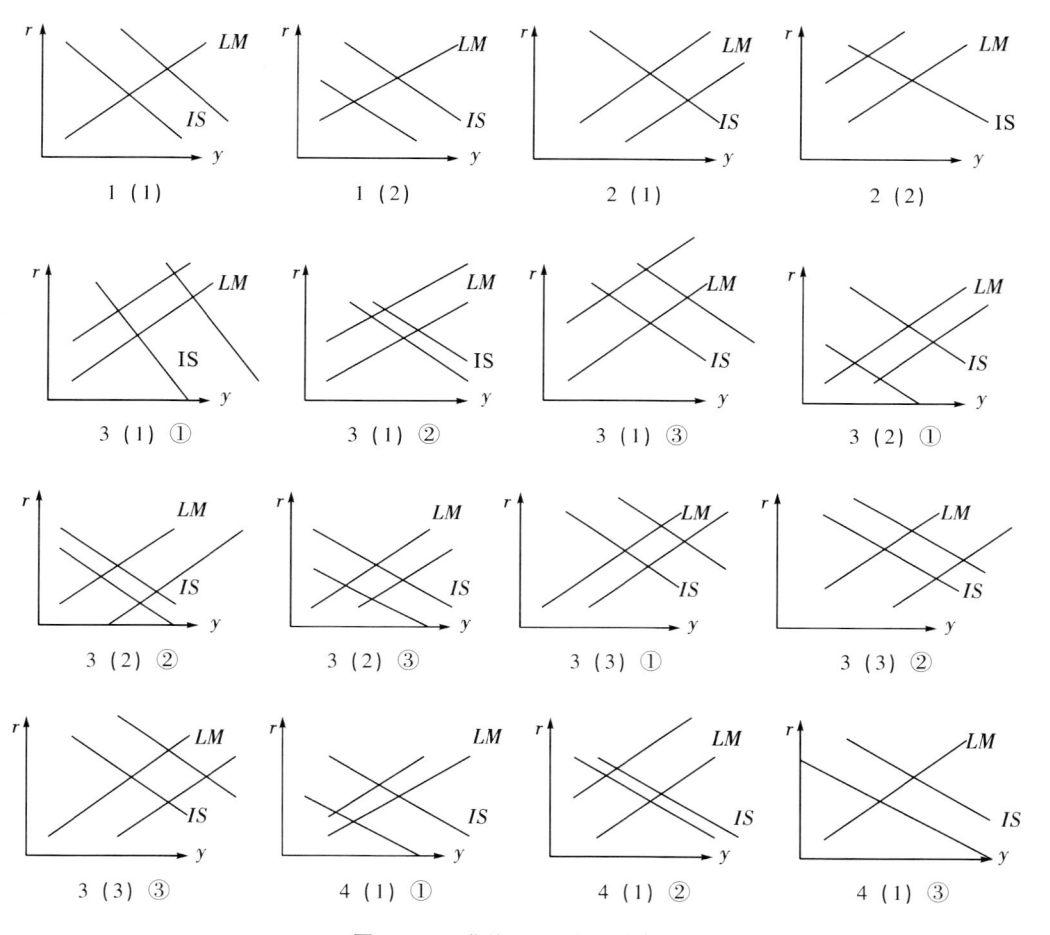

圖 3-3 IS 曲線和 LM 曲線的變動

IS 曲線不變，LM 曲線移動

有 2 種情況。

（1）LM 曲線右移。LM 曲線右移意味著政府只是實施了擴張性的貨幣政策來調控經濟，如增加貨幣供給量。由於貨幣供給量的增加會使人們獲得貨幣更加容易，相應地，利率水平會下降。而且，貨幣供給量的增加會通過增加人們的交易需求來增加國民收入水平。此外，利率水平的下降會帶來投資需求的增加從而也會使國民收入增加。因此，在這種情況下會出現利率下降國民收入上升的狀況。

這種政策搭配適合於偏高利率和偏低國民收入的經濟狀況，即上述提到的（1）和（7）兩種情況。

（2）LM 曲線左移。與 LM 曲線右移同理，只是方向相反，利率上升國民收入下降。這種政策搭配適合於偏低利率和偏高國民收入的經濟狀況，即上述提到的（6）和（12）兩種情況。

IS 和 *LM* 曲線同時移動

有 4 類 12 種情況。

1. *IS* 曲線右移，*LM* 曲線左移

政府同時實施擴張性的財政政策和緊縮性的貨幣政策就會出現這種情況。根據兩種政策實施的力度不同又可以將其細分為 3 種情況。

（1）*IS* 右移的幅度大於 *LM* 左移的幅度。財政擴張和貨幣緊縮的雙重力量都會使利率大幅上升，但由於受到貨幣緊縮的影響，國民收入增加得較少。這種政策搭配適合於利率偏低幅度較大而國民收入偏低幅度較小的情況。

（2）*IS* 右移的幅度小於 *LM* 左移的幅度。財政擴張和貨幣緊縮的雙重力量都會使利率上升，但由於受到財政擴張的影響國民收入減少得要少些。這種政策搭配適合於利率偏低幅度較大而國民收入偏高幅度較小的情況。

（3）*IS* 右移的幅度等於 *LM* 左移的幅度。由於財政擴張的力度等於貨幣緊縮的力度，因此這種情況不會影響國民收入水平，但會大幅提高利率水平，因為財政擴張和貨幣緊縮都會使利率上升。這種政策搭配適合於利率偏低幅度較大而國民收入已經處於均衡的狀況。

2. *IS* 曲線左移，*LM* 曲線右移

政府同時實施緊縮性的財政政策和擴張性的貨幣政策就會出現這種情況。根據兩種政策實施的力度不同又可以將其細分為 3 種情況。

（1）*IS* 左移的幅度大於 *LM* 右移的幅度。由於財政緊縮和貨幣擴張都會使利率下降，因而利率大幅度降低，而國民收入卻因為貨幣擴張的影響下降得要少些。這種政策搭配適合於利率偏高幅度較大和國民收入偏高幅度較小的情況。

（2）*IS* 左移的幅度小於 *LM* 右移的幅度。由於財政緊縮和貨幣擴張的雙重力量都會使利率下降，因而利率被大幅拉低。與此相反，國民收入卻因此有所增加，只是由於財政緊縮的影響，國民收入的增量放緩。這種政策搭配適合於利率偏高幅度較大而國民收入偏低幅度較小的情況。

（3）*IS* 左移的幅度等於 *LM* 右移的幅度。由於財政緊縮和貨幣擴張兩種力量相當，因此國民收入不會變化，但是這兩種力量都會使利率下降，因而利率下降幅度顯得很大。這種政策搭配適合於利率偏高幅度較大而國民收入已經處於均衡的狀況。

3. *IS* 和 *LM* 曲線同時右移

政府同時實施擴張性的財政政策和擴張性的貨幣政策就會出現這種情況。根據兩種政策實施的力度不同又可以將其細分為 3 種情況。

（1）*IS* 右移的幅度大於 *LM* 右移的幅度。由於財政擴張和貨幣擴張都會使國民收入增加，因而表現為國民收入大幅增加，而利率卻因為財政擴張力度更大而有所上升，但由於貨幣擴張的影響抵消了部分上升的力量因而其上升幅度不大。這種政策搭配適合於利率偏低幅度較小而國民收入偏低幅度較大的情況。

（2）*IS* 右移的幅度小於 *LM* 右移的幅度。由於財政擴張和貨幣擴張都會使國民收入增加，因而表現為國民收入大幅增加，而利率卻因為貨幣擴張力度更大而有所下降，但由於財政擴張的影響抵消了部分下降的力量因而其下降幅度不大。這種政策搭配適

合於利率偏高幅度較小而國民收入偏低幅度較大的情況。

(3) IS 右移的幅度等於 LM 右移的幅度。由於財政擴張和貨幣擴張的雙重力量必然使國民收入大幅增加，但是利率卻因為兩種力量相互抵消而沒有變化。這種政策搭配適合於利率已經處於均衡水平而國民收入偏低幅度較大的情況。如果在實行擴張性財政政策的同時配合實行擴張性的貨幣政策，使利率保持在原來的水平上，就能避免乘數效應的漏損，國民收入就會增加。

4. IS 和 LM 曲線同時左移

政府同時實施緊縮性的財政政策和緊縮性的貨幣政策就會出現這種情況。根據兩種政策實施的力度不同又可以將其細分為 3 種情況。

(1) IS 左移的幅度大於 LM 左移的幅度。由於財政緊縮和貨幣緊縮的雙重力量必然使國民收入大幅減少，而利率因為財政緊縮力度大於貨幣緊縮力度而有所下降，只是其下降幅度因貨幣緊縮力度的制約而顯得較小。這種政策搭配適合於利率偏高幅度較小而國民收入偏高幅度較大的情況。

(2) IS 左移的幅度小於 LM 左移的幅度。由於財政緊縮和貨幣緊縮的雙重力量必然使國民收入大幅減少，而利率因為財政緊縮力度小於貨幣緊縮力度而有所上升，只是其上升幅度因財政緊縮的制約而顯得較小。這種政策搭配適合於利率偏低幅度較小而國民收入偏高幅度較大的情況。

(3) IS 左移的幅度等於 LM 左移的幅度。由於財政緊縮和貨幣緊縮兩種力量相當，因而在大幅減少國民收入的同時其利率水平卻保持不變。這種政策搭配適合於利率已經處於均衡水平而國民收入偏高幅度較大的情況。

案例來源：嚴梅. 基於 IS-LM 模型的宏觀經濟政策細化研究 [J]. 統計與決策，2013（5）：158－162.

思考題

如何準確理解基於 IS-LM 模型的宏觀經濟政策細化研究？

案例 2 使用指南

第一步：目標設定參考。本案例可以配合本章教學及高鴻業主編《西方經濟學（宏觀部分·第六版）》的第十四章學習使用。通過該案例的學習，使學生可以應用 IS-LM 模型分析宏觀經濟運行和宏觀經濟政策的作用，同時加深對於 IS-LM 模型的細化研究。

第二步：背景介紹。中國在利用財政政策和貨幣政策進行宏觀調控方面表現得比較粗化，對兩種政策的力度和效果以及二者的有效搭配重視不夠。理論界也只是停留於「雙松」「雙緊」「一松一緊」和「一緊一松」這四種較為籠統的搭配上。現實經濟是複雜的，不同的經濟發展階段應該適用不同的政策調控。傳統的經濟發展階段即危機、蕭條、復甦、高漲應進一步細化，唯有如此，才能使中國經濟真正在穩定的基礎上實現高速發展。

第三步：理論學習。可以參考本章知識精要及高鴻業主編《西方經濟學（宏觀部

分·第六版）》的第十四章。

第四步：討論思考題目。可以選擇根據思考題分組討論，每組學生輪流發言，組內相互補充發言，各組學生代表相互點評。

第五步：學習總結或教師點評。教師對案例研討中的主要觀點進行梳理、歸納和點評，簡述本案例的基礎理論，在運用基礎理論對案例反應的問題進行深入分析后，適當進行總結如下（供參考）：

財政政策和貨幣政策的靈活搭配關係著經濟波動的幅度和頻率，在很大程度上影響著企業和居民的投資、就業和消費行為，而后者往往又反作用於國民經濟。過於籠統的雙松或雙緊政策已經不能很好地為政府決策提供合理化建議，而且也不利於民生的穩定有序。政策的細化研究有助於決策的細化和經濟運行的穩定發展，有助於企業和居民投資、就業和消費的穩定發展。為宏觀經濟的穩定運行著想，政府在制定政策時要結合宏觀經濟運行狀況來細化搭配。

（1）通貨膨脹時期。

通貨膨脹前期，經濟表現尚不夠踴躍，此階段不適合緊縮的貨幣政策來遏制經濟，適宜用較緊的財政政策來約束，如減少政府支出、增加國債發行等；通貨膨脹中期，經濟表現比較活躍，此階段適合採取較為緊縮的貨幣政策來遏制經濟，而財政政策則相應寬松一些為宜，如適度提高存款準備金率、適度增加政府支出、減少國債發行等；通貨膨脹后期，經濟表現極為活躍，此階段在採用較為緊縮的貨幣政策的同時，相應採取較為緊縮的財政政策為宜。

（2）通貨緊縮時期。

通貨緊縮前期，投資和消費開始縮減，此階段適合採取較為寬松的貨幣政策來刺激經濟，相應配之以適度較緊的財政政策來略加約束，如降低存款準備金率、減少政府支出、增加國債發行等；通貨緊縮中期，投資和消費明顯下降，此階段適合採取較為寬松的貨幣政策以及較為寬松的財政政策為宜，如降低存款準備金率、適度增加政府支出、減少國債發行等；通貨緊縮后期，投資和消費極度萎縮，此階段在採用寬松的貨幣政策的同時，相應採取寬松的財政政策為宜。

第四章　國民收入的決定：
總需求－總供給模型

【案例導入】

案例導入一：中國總供求的波動

在 20 世紀 80 年代中期以前，中國經濟基本上屬於短期經濟，總供給不足是影響中國經濟增長的主要因素。這一時期的宏觀經濟調控，側重於增加供給，而抑制過快的消費增長是該時期在需求管理方面的中心內容。在 20 世紀 80 年代末期至 90 年代初，中國基本生活用品短缺的局面基本上消失，供給方面的約束主要體現在若幹基礎設施的「瓶頸」制約上。這一時期需求變化對短期經濟增長的影響也明顯表現出來，如 1989—1991 年，消費需求的增幅減緩；同時，由於國家提出了「治理整頓」的方針，實行宏觀緊縮，固定資產投資的增長也明顯放慢。需求增長的緩慢使總需求低於經濟供給能力。經濟發展速度明顯放慢，市場疲軟，企業開工不足。雖然這一時期出口需求的增長較快，但是出口增長主要是內需不足的反應，不能改變總需求不足的狀態。而 1991—1993 年，以鄧小平談話為契機，固定資產投資迅速擴張，成為帶動需求增加和整個經濟增長的主要動力。

供給和需求的變化，要求在宏觀經濟管理方面做出相應的調整，而在需求管理方面缺乏經驗，往往導致經濟波動的加劇，如 1989—1991 年，宏觀緊縮力度過大，造成投資壓縮過多。而 1992—1993 年，對於旺盛的投資需求沒有及早實行緊縮的貨幣政策，導致高通貨膨脹和部分虛假的經濟繁榮，中國經濟自 1993 年以來，進入一個新的發展階段，由於實行適度從緊的宏觀調控政策，自 1993 年起，經濟增長速度逐年回落，GDP 增長速度從 1993 年的 13.5% 降至 1997 年的 8.8%；同時，通貨膨脹由 1993 年的 14.7% 和 1994 年的 24.1%，降至 1997 年的 2.8%，成功地實現了經濟的「軟著陸」。

案例來源：孫麗欣，等. 宏觀經濟學［M］. 北京：經濟科學出版社，2014：161-162.

問題： 如何運用 $AD-AS$ 模型分析解釋 1997 年的「軟著陸」？

案例導入二：戰爭與經濟

「大炮一響，黃金萬兩。」震驚世界的「9·11」事件之后，美英兩國對阿富汗發動了軍事打擊。戰爭對經濟產生了一些積極影響：不少人希望美國軍火商能得到大量的坦克和飛機訂單，通過軍事支出的增加，引起總需求的增加，就業情況也會因許多人

應徵上前線而得到緩解，美國股市乃至經濟借此一掃晦氣。

專家分析認為，此次戰爭對美國經濟的影響與越戰和海灣戰爭不同。20 世紀 60 年代末期，聯邦政府的巨額國防開支和非國防開支，使本來已很強勁的私營部門總需求進一步增強，並積聚了很大的通貨膨脹壓力，這種壓力在整個 70 年代也未能得到充分緩解。此後一直到 20 世紀 80 年代末期，大部分經濟決策的主要任務就是抑制通貨膨脹。相反，海灣戰爭卻引發了一次經濟衰退，這是「沙漠盾牌」行動初期消費者信心急遽下降所導致的結果。但由於當時軍隊所需的大部分物資並不是依靠投資在未來實現的，所以並沒有產生通貨膨脹。

但阿富汗戰爭同以往迥異。首先，它不太可能像海灣戰爭那樣動用大規模地面部隊。更重要的是，這場對抗隱蔽敵人的戰爭主要通過非常規手段進行，與此相關的國防資源大多是軍備庫存中所沒有的，需要新的開支計劃，這對經濟中的總需求產生積極的影響。

案例來源：http://www.doc88.com/p-6746770355121.html。

問題：
1. 解釋一國的總需求主要是由哪幾部分構成的？
2. 軍費支出的增加對總需求會產生什麼影響？影響總需求變動的因素主要有哪些？

案例導入三：石油對總供給的衝擊

石油是現代經濟社會中的一種重要的投入品，而世界上大部分石油來自沙特阿拉伯、科威特和其他中東國家。當某個事件導致中東地區的石油供給減少時，世界石油價格上升，各國生產汽油、輪胎和許多其他產品的企業的成本迅速上升，但產品的價格不能同步迅速做出反應，所以這些企業都大量減少產量，或者乾脆停業或破產，進而引起滯脹。

第一起這種事件發生在 20 世紀 70 年代。當時，有大量石油儲藏的國家作為 OPEC（石油輸出國組織）成員走到了一起，OPEC 是一個卡特爾組織，它企圖通過減少生產提高石油價格，從 1973 年到 1975 年，石油價格幾乎翻了一番。石油輸入國都經歷了同時出現的通貨膨脹和經濟衰退。在美國，按 CPI 衡量的通貨膨脹率幾十年來第一次超過 10%，失業率從 1973 年的 4.9% 上升到 1975 年的 8.5%。幾年後，幾乎完全相同的事又發生了。在 20 世紀 70 年代末期，OPEC 國家再一次限制石油的供給以提高價格。從 1978 年到 1981 年，石油價格翻了一番多，結果又是滯脹。第一次 OPEC 事件之後，通貨膨脹已有點平息，但當時每年的通貨膨脹率又上升到 10% 以上。

當然，世界石油市場也可以對經濟產生有利影響。1986 年 OPEC 成員之間發生爭執，成員國違背了限制石油生產的協議，石油價格下降了一半左右。石油價格的下降減少了各國企業的成本，結果，美國經濟經歷了滯脹的反面：產量迅速增長，失業減少，而通貨膨脹率達到了多年來的最低水平。

案例來源：孫麗欣，等．宏觀經濟學 [M]．北京：經濟科學出版社，2014：160-161．

問題：
1. 解釋什麼是總供給曲線，說明影響總供給曲線變動的各種因素。
2. 說明上述石油價格變動對總供給的影響機制。

【學習目標】

1. 瞭解總需求函數及總需求曲線。
2. 瞭解總供給函數及總供給曲線。
3. 理解總需求–總供給模型。
4. 運用總需求–總供給模型解讀現實中的宏觀經濟問題。

【關鍵術語】

總需求函數　總供給函數　AD–AS 模型

【知識精要】

1. 總需求函數指社會需求量與價格水平之間的關係。這一關係來自於假設價格不變的 IS-LM 模型。當放松價格假設時，可以得到價格變動與社會需求產量之間的函數關係，總需求曲線向右下方傾斜。

2. 總供給函數是指廠商願意提供的實際產出與價格水平之間的關係，這一關係來自於生產函數和勞動市場。短期總供給曲線是根據生產函數、加成定價函數以及菲利普斯曲線推導得到的。

3. 總供給曲線的斜率取決於貨幣工資（W）和價格水平（P）之間的調整速度。凱恩斯認為，價格和工資具有剛性，故而凱恩斯供給曲線呈水平狀態。古典學派認為，價格和工資具有完全的靈活性，故而古典供給曲線是垂直的。一般情況下認為，供給曲線位於凱恩斯和古典之間，常規情況下總供給曲線向右上方傾斜，但是其傾斜程度至今仍存在爭議。

【實訓作業】

一、名詞解釋

1. 總需求
2. 總需求函數
3. 宏觀生產函數
4. 短期宏觀生產函數
5. 長期宏觀生產函數

6. 古典總供給曲線
7. 凱恩斯總供給曲線
8. 常規總供給曲線
9. 凱恩斯的 AD-AS 模型
10. 古典的 AD-AS 模型

二、簡要回答

1. 說明總需求曲線為什麼向右下方傾斜。
2. 降低工資對總需求和總供給有何影響？
3. 導致總供給曲線移動的主要因素有哪些？
4. 試比較 IS-LM 模型與 AD-AS 模型。
5. 總支出和總需求曲線有什麼不同？

三、論述

1. 在何種情況下，AS 曲線是水平的、垂直的或向右上斜的？政府政策對經濟產出是否有效？
2. 試比較古典 AD-AS 模型和修正的凱恩斯 AD-AS 模型。

四、問題計算

1. 已知消費 $c=90+0.8y_d$、投資 $i=150-6r$、稅收 $T=100$。政府購買 $g=100$、名義貨幣供給 $M=160$、貨幣需求 $L=0.2y-4r$。試求當價格水平分別為 1 和 1.25 時，產品市場和貨幣市場同時均衡時的收入水平和利率水平。

2. 如總供給曲線為 $AS=250$、總需求曲線為 $AD=300-25P$。試求：

（1）供求均衡點的價格水平和收入水平為多少？

（2）如總需求上升 10%，其他條件不變，新的供求均衡點的價格水平和收入水平為多少？

（3）如總供給上升 10%，其他條件不變，新的供求均衡點的價格水平和收入水平為多少？

3. 設消費 $c=150+0.75y_d$、稅收 $T=80$、政府支出 $g=60$、投資 $i=100-5r$、名義貨幣供給 $M=100$、貨幣需求 $L=0.2y-4r$。試求在價格水平 P 為 1、1.25、2 時，使產品市場和貨幣市場同時達到均衡時的收入水平和價格水平。

4. 經濟的充分就業產出水平為 800，在 $P=1.25$ 時，$AD=AS$。已知 $c=120+0.75y_d$、$i=140-10r$、$T=80$、$g=100$、名義貨幣供給 $M=150$、$P=1.25$。貨幣需求 $L=0.25y-8r$。試求：

（1）政府購買增加 25、價格水平上升至 1.5 前後的 IS、LM 方程。

（2）$P=1.25$ 和 1.5 時的利率水平、c 和 i。

（3）政府購買支出增加對產出的影響。

5. 已知短期總供給函數為 $y = 15N - 0.05N^2$、勞動需求函數 $N_d = 155 - 11(W/P)$。勞動供給函數 $N_s = 75 + 5W$，勞動者預期 $P = 1$ 的價格水平會持續下去。如此時的經濟活動處於充分就業產出水平 1,000，價格水平為 1，名義工資 $W = 5$，就業量 $N = 100$。試求：

（1）當政府支出增加導致 AD 曲線右移，且價格水平上升 10% 時，名義工資、實際工資、就業量、總產出水平有何變化？

（2）因價格水平上升 10%，工人要求相應增加 10% 的名義工資由此導致總供給曲線左移，價格水平上升 15% 時，名義工資、實際工資、就業量、總產出水平有何變化？

6. 假定消費 $c = 1,000 + 0.75y_d$、投資 $i = 250 - 20r$、稅收 $T = ty = 0.2y$、政府購買 $g = 150$、名義貨幣供給 $M = 600$、貨幣需求 $L = 0.5y - 100r$。試求：

（1）總需求函數。

（2）價格水平為 1 時的收入水平和利率水平。

7. 設 IS 曲線的方程為 $r = 0.415 - 0.000,018,5y + 0.000,05g$，LM 曲線的方程為 $r = 0.000,016,25y - 0.000,1 \times M/P$。式中，$r$ 為利率，y 為收入，g 為政府支出，P 為價格水平，M 為名義貨幣量。試推導出總需求曲線，並說明名義貨幣量和政府支出對總需求曲線的影響。

【實訓作業答案】

一、名詞解釋

1. 總需求：經濟社會對產品和勞務的需求總量。

2. 總需求函數：產量（收入）和價格水平之間的關係。它表示在某個特定的價格水平下，經濟社會需要多高水平的收入。

3. 宏觀生產函數：指整個國民經濟的生產函數。它表示總投入和總產出之間的關係。

4. 短期宏觀生產函數：表示在一定的技術水平和資本存量條件下，經濟社會生產的產出 y 取決於就業量 N，即總產量是經濟中就業量的函數，隨總就業量的變化而變化。

5. 長期宏觀生產函數：指經濟社會生產的產出 y 取決於生產的技術水平、就業量和資本的存量。

6. 古典總供給曲線：指總供給曲線是一條位於經濟的潛在產量或充分就業水平上的垂直線。

7. 凱恩斯總供給曲線：指在貨幣工資和價格均具有剛性的假設條件下，總供給曲線應該為一條水平的直線。

8. 常規總供給曲線：指短期總供給曲線為向右上方傾斜。

9. 凱恩斯的 AD-AS 模型：一條由向右下方傾斜的總需求曲線 AD 和一條由水平段和垂直段構成的總供給曲線（AS 即反 L 型總供給曲線）所構成的模型。此模型的含義是在總供給曲線的水平階段，總需求曲線向右上方移動時，不會引起價格水平的提高，只會引起產量增加。

10. 古典的 AD-AS 模型：一條由向右下方傾斜的總需求曲線 AD 和一條由垂直線構成的總供給曲線所構成的模型。古典學派認為貨幣工資和價格可以迅速自我調節，並且總供給曲線是一條位於經濟的潛在產量或充分就業產量水平上的垂直線。此模型的含義是在總供給曲線的垂直階段，總需求曲線向右上方移動時，不會引起產量增加，只會引起物價水平提高。

二、簡要回答

1. 說明總需求曲線為什麼向右下方傾斜。

答：所謂總需求是指整個經濟社會在每一個價格水平下對產品和勞務的需求總量，它由消費需求、投資需求、政府支出需求和國外需求構成。在其他條件不變的情況下，當價格水平提高時，國民收入水平就下降；當價格水平下降時，國民收入水平就上升。總需求曲線向右下傾斜的機制在於：當價格水平上升時，將會同時打破產品市場和貨幣市場的均衡。在貨幣市場上，價格水平上升導致實際貨幣供給下降，從而使 LM 曲線向左移動，均衡利率水平上升，國民收入水平下降。在產品市場上，一方面由於利率水平上升造成投資需求下降，總需求隨之下降；另一方面，價格水平的上升還導致人們的財富和勞動工作實際收入水平下降以及本國出口產品相對價格的提高，從而使人們的消費需求下降，本國的出口也會減少，國外需求減少，進口增加。這樣，隨著價格水平的上升，總需求水平會下降。

2. 降低工資對總需求和總供給有何影響？

答：（1）降低工資會使總供給曲線向右移動，因為工資較低時，對於任一給定的價格水平，廠商願意提供更多的產品（產品價格既定，工資低即成本低，從而利潤高）。

（2）降低工資就是降低人們收入進而降低消費需求，從而會使總需求曲線左移。

3. 導致總供給曲線移動的主要因素有哪些？

答：導致總供給曲線移動的主要因素有以下幾點：

（1）自然的和人為的災禍。總供給曲線最急遽的變動產生於天災人禍，它會極大地減少經濟的總供給，即使得總供給曲線向左上方移動。

（2）技術變動。技術變動通常是正向的影響，即技術水平提高，總供給增加，所以技術變動的影響一般使得總供給曲線向右移動。

（3）工資率等要素價格的變動。當工資下降時，對於任一給定的價格總水平，廠商願意供給更多的產品，因而降低工資將使總供給曲線向右下方移動；反之，工資上升，總供給曲線向左上方移動。

4. 試比較 IS-LM 模型與 AD-AS 模型。

答：（1）兩個模型的相同點：都能夠說明財政政策和貨幣政策對產出的影響，即能夠說明總需求變動對產出的影響。

①在 IS-LM 模型中，擴張性的財政政策會使 IS 曲線向右上方移動，收入和利率同時上升；反之，緊縮性的財政政策效果相反。同樣，擴張性的貨幣政策會使 LM 曲線向右下方移動，利率下降，收入增加；反之，緊縮性的貨幣政策效果相反。

②在 AD-AS 模型中，擴張性的財政政策或貨幣政策會使 AD 曲線向右上方移動，

收入和價格上升；反之則相反。

（2）不同點：$AD-AS$ 模型還能說明總供給變動的情況。由於技術改進（或由於企業設備增加）造成的生產能力提高會使 AS 曲線向右移動，收入增加而價格下降；反之由於從國外購買的投入品價格上漲會使 AS 曲線向左移動，收入下降而價格上升。

5. 總支出和總需求曲線有什麼不同？

答：總支出曲線表示在每一收入水平上的總支出量 AE，如圖 4-1 示，AE 線與 45°線的交點表示總支出等於總收入。AE_0 線表示其他情況不變時，價格水平為 P_0 時的總支出曲線，有 $AE=C+I+G+NX$，AE_0 線與 45°線的交點決定的收入水平為 Y_0；AE_1 線表示價格水平上升為 P_1 時的總支出曲線，AE_1 線與 45°線的交點決定的收入水平為 Y_1。

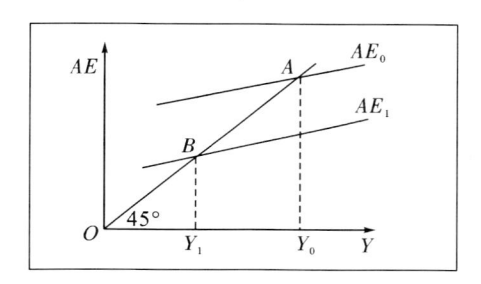

圖 4-1

總需求曲線表示與不同的價格水平所對應的需求量之間的關係，如圖 4-2 所示。由圖 4-1 可導出圖 4-2。將不同價格和相應的均衡產量或收入（也等於總支出）的組合點連接起來，就得到總需求曲線 AD。價格水平越高，總需求量或者說均衡總支出量越小；反之亦然。也即價格水平與總需求量之間存在反向變化的關係。這是由於：①價格水平上升時，人們就需要更多的貨幣從事交易活動。如果貨幣供給沒有增加，貨幣交易需求增加，利率上升，這將使投資和收入水平下降。②價格水平上升，用貨幣表示的資產（如現金、存款）的購買力下降。人們實際所有的財富減少了，消費和投資水平就會下降。③價格水平上升，導致名義收入水平增加，由於稅率的累進性，消費者稅收負擔增加，實際可支配收入下降，消費和投資水平會因此而下降。④國內物價水平上升，本國公民購買外國貨增加，外國公民購買本國（指物價水平上升的國家）貨減少，因而淨出口減少。

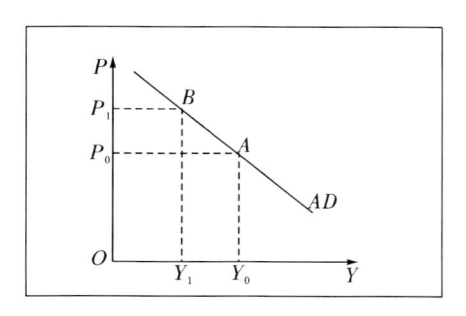

圖 4-2

75

三、論述

1. 在何種情況下，AS 曲線是水平的、垂直的或向右上斜的？政府政策對經濟產出是否有效？

答：在凱恩斯極端的情況下，AS 曲線是水平的。因為當物價上升時，名義工資水平還沒有變化。實際工資下降，就業量會迅速擴大，因而產出可迅速擴大，即產出對物價的敏感度無窮大。相反，物價對產出的敏感度無窮小，即價格水平不隨產量發生變化，也即總需求曲線的移動將導致產出水平的變動而不會導致物價水平的變動。按凱恩斯主義理論，政府宏觀經濟政策是有效的。按照古典主義理論，即價格是完全靈活的情況下，總供給曲線是一條垂直線。因為工資和物價可以自由變化，就業量的決定就完全獨立於價格的變化。當物價上升時，名義工資水平就會同比例上升，勞動力市場恢復到原來的均衡，就業量也恢復到原來的均衡，就業量不隨物價水平變動。因而總產出也不隨物價水平變動。即總供給曲線是一條垂直線，即政府宏觀經濟政策是無效的，需求管理無法影響經濟的供給方面；當考慮名義工資剛性時，可以推導出向上傾斜的供給曲線，政府宏觀經濟政策也是有一定的效力的，即此時政府政策也影響經濟的供給方。

2. 試比較古典 AD-AS 模型和修正的凱恩斯 AD-AS 模型。

答：（1）對資本主義經濟社會正常狀態的看法。傳統理論堅持薩伊定律，供給能創造自己的需求，在資本主義經濟中生產出來的商品都能全部銷售出去，不會有生產剩餘，不會出現大量的失業，資本主義經濟正常狀態是市場出清、充分就業。凱恩斯經濟學批判了薩伊定律，認為供給不能自動創造自己的需求，由於三個基本心理規律的作用，造成社會的有效需求（總需求等於總供給時的需求）不足，必然會出現生產過剩和大量失業，資本主義經濟的正常狀態是低於充分就業的，薩伊定律所說的狀況只是一個特例，而不是一般狀態。這是兩個模型區別的根本前提。

（2）關於總供給曲線。在總供給模型中，二者是基本一致的，都承認產量是就業量的函數，在勞動市場上勞動需求和勞動供給都是實際工資的函數。古典 AD-AS 模型是假定貨幣工資具有完全的伸縮性，得到的總供給曲線是一條在充分就業產量水平上的垂直線。而凱恩斯認為，貨幣工資具有下降的剛性，得到的總供給曲線是反 L 型或向左傾斜的曲線。由於總供給曲線的假設不同而導致具有不同的形狀。

（3）關於總需求線。在兩個模型中，總需求曲線都是向右下方傾斜的曲線，但二者的解釋不同。古典模型的總需求以貨幣數量論為基礎，只強調貨幣數量為滿足交易要求，與收入無關；而凱恩斯的總需求是由消費需求與投資需求構成的。凱恩斯提出流動偏好規律，強調貨幣需求由收入和利息率決定，即 $L = L_1 + L_2 = L_1(y) + L_2(r)$。

（4）關於經濟政策思想。按照古典模型，總供給和總需求決定的均衡產量必然是充分就業的產量，國家不必干預和調節，資本主義經濟有自動調節的能力。國家只需掌握好貨幣政策，防止通貨膨脹。而修正的凱恩斯模型認為，總需求和總供給決定的均衡產量一般是低於充分就業的產量，需要國家採用擴張性的財政政策或貨幣政策實現充分就業；在達到充分就業後，社會總需求提高會引起通貨膨脹，需要國家採用緊

第四章　國民收入的決定：總需求-總供給模型

縮性的財政或貨幣政策進行壓縮，消除通貨膨脹。因此，在凱恩斯經濟理論中，不論社會經濟處於低於充分就業狀態，還是達到充分就業狀態，國家經濟生活的干預和調節都是必要的。

四、問題計算

1. 已知消費 $c=90+0.8y_d$、投資 $i=150-6r$、稅收 $T=100$。政府購買 $g=100$、名義貨幣供給 $M=160$、貨幣需求 $L=0.2y-4r$。試求當價格水平分別為 1 和 1.25 時，產品市場和貨幣市場同時均衡時的收入水平和利率水平。

答：當 $P=1$ 時，均衡收入為 1,000，利率為 10%。當 $P=1.25$ 時，均衡收入為 904，利率為 13.2%。

2. 如總供給曲線為 $AS=250$、總需求曲線為 $AD=300-25P$。試求：
(1) 供求均衡點的價格水平和收入水平為多少？
(2) 如總需求上升 10%，其他條件不變，新的供求均衡點的價格水平和收入水平為多少？
(3) 如總供給上升 10%，其他條件不變，新的供求均衡點的價格水平和收入水平為多少？

答：(1) $P=2$，$y=250$
(2) $P=2.91$，$y=250$
(3) $P=1$，$y=275$

3. 設消費 $c=150+0.75y_d$、稅收 $T=80$、政府支出 $g=60$、投資 $i=100-5r$、名義貨幣供給 $M=100$、貨幣需求 $L=0.2y-4r$。試求在價格水平 P 為 1、1.25、2 時，使產品市場和貨幣市場同時達到均衡時的收入水平和價格水平。

答：$P=1$ 時，$y=750$，$r=12.5\%$；$P=1.25$ 時，$r=15\%$，$y=700$；$P=2$ 時，$y=625$，$r=18.75\%$

4. 經濟的充分就業產出水平為 800，在 $P=1.25$ 時，$AD=AS$。已知 $c=120+0.75y_d$、$i=140-10r$、$T=80$、$g=100$、名義貨幣供給 $M=150$、$P=1.25$。貨幣需求 $L=0.25y-8r$。試求：
(1) 政府購買增加 25、價格水平上升至 1.5 前後的 IS、LM 方程。
(2) $P=1.25$ 和 1.5 時的利率水平、c 和 i。
(3) 政府購買支出增加對產出的影響。

答：(1) 原來的 IS 方程為 $y=1,200-40r$；LM 方程 $y=480+32r$
現在的 IS 方程為 $y=1,300-40r$；LM 方程 $y=400+32r$
(2) $P=1.25$ 時，$r=10\%$，$c=540$，$i=40$
$P=1.5$ 時，$r=12.5\%$，$c=540$，$i=15$
(3) g 增加 25 導致 i 減少 25，即產生了擠出效應。

5. 已知短期總供給函數為 $y=15N-0.05N^2$、勞動需求函數 $N_d=155-11(W/P)$。勞動供給函數 $Ns=75+5W$，勞動者預期 $P=1$ 的價格水平會持續下去。如此時的經濟活動處於充分就業產出水平 1,000，價格水平為 1，名義工資 $W=5$，就業量 $N=100$。試求：

77

（1）當政府支出增加導致 AD 曲線右移，且價格水平上升 10%時，名義工資、實際工資、就業量、總產出水平有何變化？

（2）因價格水平上升 10%，工人要求相應增加 10%的名義工資由此導致總供給曲線左移，價格水平上升 15%時，名義工資、實際工資、就業量、總產出水平有何變化？

答：（1）名義工資 = 5.33；就業量 = 101.67；實際工資 = 4.85；產出水平 = 1,008.21

（2）名義工資 = 5.67；就業量 = 100.77；實際工資 = 4.93；產出水平 = 1,003.82

6. 假定消費 $c = 1,000 + 0.75y_d$、投資 $i = 250 - 20r$、稅收 $T = ty = 0.2y$、政府購買 $g = 150$、名義貨幣供給 $M = 600$、貨幣需求 $L = 0.5y - 100r$。試求：

（1）總需求函數。

（2）價格水平為 1 時的收入水平和利率水平。

答：（1）AD 方程：$y = 240/P + 2,800$

（2）$P = 1$ 時，$y = 3,040$，$r = 9.2\%$

7. 設 IS 曲線的方程為 $r = 0.415 - 0.000,018,5y + 0.000,05g$，LM 曲線的方程為 $r = 0.000,016,25y - 0.000,1 \times M/P$。式中，$r$ 為利率，y 為收入，g 為政府支出，P 為價格水平，M 為名義貨幣量。試推導出總需求曲線，並說明名義貨幣量和政府支出對總需求曲線的影響。

答：由 $r = 0.415 - 0.000,018,5y + 0.000,05g$，$r = 0.000,016,25y - 0.000,1 \times M/P$，聯立解得總需求曲線為 $347.5y = 1,000M/P + 500g + 4,150,000$。政府支出的變化會導致總需求曲線的平行移動，名義貨幣的變化則會帶來總需求函數的曲率變化而不是簡單的平行移動。

【實訓活動】

實訓活動 1　新聞解讀

目的：

1. 運用本章所學知識解讀宏觀經濟新聞報導。
2. 瞭解宏觀經濟現實運行狀況。

內容：

1. 時間：25~30 分鐘。
2. 地點：任意。
3. 人數：3~6 人構成獨立小組。

步驟：

第一步：選取實訓解讀材料。

實訓解讀材料：

政府採購規模首次突破兩萬億元

本報北京 8 月 13 日電（記者楊亮）財政部日前公布最新統計數據，2015 年全國政

府採購規模為 21,070.5 億元，首次突破兩萬億元，比上年增加 3,765.2 億元，增長 21.8%；占全國財政支出和 GDP 的比重分別達到 12% 和 3.1%。

材料來源：楊亮. 政府採購規模首次突破兩萬億元［N］. 光明日報，2016-08-14（02）.

第二步：小組成員可以人手一份，在 15 分鐘之內研讀材料。

第三步：請組內各個成員進行解讀討論。

問題研討：

1. 本新聞報導體現了宏觀經濟學哪些專業概念？
2. 本報導中涉及總需求的哪一部分，其在中國宏觀經濟中的作用如何？
3. 延伸追述 5 年、10 年甚至更長時間的相關數據進行縱向比較分析（選做）。

實訓點評：

結合總需求、政府購買、乘數效應、財政支出規模指數等概念進行思考討論。

實訓活動 2　新聞解讀

目的：

1. 運用本章所學知識解讀宏觀經濟新聞報導。
2. 瞭解宏觀經濟現實運行狀況。

內容：

1. 時間：25～30 分鐘。
2. 地點：任意。
3. 人數：3～6 人構成獨立小組。

步驟：

第一步：選取實訓解讀材料。

實訓解讀材料：

所有這些節儉正在製造由消費者引發的衰退。因而，我們應該需要一些刺激消費需求的政策行動，從而使經濟走出當前這種疲軟的狀態。消費者態度調查顯示，這一行動的機會已經成熟，而且近些年的高儲蓄率已經使許多經濟觀察家預測經濟將會出現好轉。

材料來源：Peter Kennedy. Macroeconomic Essentials Understanding Economics in the News.

第二步：小組成員可以人手一份，在 15 分鐘之內研讀材料。

第三步：請組內各個成員進行解讀討論。

問題研討：

1. 消費者引發的衰退指的是什麼？
2. 何種政策行動可能會刺激消費需求？
3. 刺激消費需求如何把經濟從當前的疲軟狀態中拉出來？
4. 消費者態度調查與此有何關係？
5. 為什麼近些年的高儲蓄率會導致經濟好轉的預測結果？

實訓點評：

結合總需求、乘數效應、減稅等政策及消費者信心指數等概念進行思考討論。

消費需求下降會減少總需求，通過乘數的收縮效應引發衰退。減稅政策可以增加消費需求。刺激消費需求會增加總需求，通過乘數效應，更大的需求會把經濟推向一個更高的收入水平。如果消費者對消費的態度是消極的，那麼增加消費需求的政策行動，伴隨著依賴高收入增加消費需求的乘數效應，就難以發揮作用。而高儲蓄率會增加人民的財富。由於感到富裕，消費者可能會增加他們的支出。

【案例研究及案例使用指南】

案例1 蜜蜂的寓言與總需求決定理論

18世紀初，一個名叫孟迪維爾的英國醫生寫了一首《蜜蜂的寓言》的諷喻詩。這首詩敘述了一個蜂群的興衰史。最初，蜜蜂們追求奢侈的生活，大肆揮霍浪費，整個蜂群興旺發達。后來它們改變了原有的習慣，崇尚節儉，結果蜂群凋敝，終於被敵手打敗而逃散。

這首詩所宣揚的「浪費有功」在當時受到指責。英國中塞克斯郡大陪審團委員們就曾宣判它為「有礙公眾視聽的敗類作品」。但在200多年之后，這部當時聲名狼藉的作品卻啓發凱恩斯發動了一場經濟學上的「凱恩斯革命」，建立了現代宏觀經濟學和總需求決定理論。

在20世紀30年代之前，經濟學家信奉的是薩伊定理。薩伊是18世紀法國經濟學家，他提出供給決定需求，有供給就必然創造出需求，所以，不會存在生產過剩性經濟危機。這種觀點被稱為薩伊定理。但20世紀20年代英國經濟停滯和30年代全世界普遍的生產過剩和嚴重失業打破了薩伊定理的神話。凱恩斯在批判薩伊定理中建立了以總需求分析為中心的宏觀經濟學。

凱恩斯認為，在短期中決定經濟狀況的是總需求而不是總供給。這就是說，由勞動、資本和技術所決定的總供給，在短期中是既定的，這樣，決定經濟的就是總需求。總需求決定了短期中國民收入的水平。總需求增加，國民收入增加；總需求減少，國民收入減少。引起20世紀30年代大危機的正是總需求不足，或者用凱恩斯的話來說是有效需求不足。凱恩斯把有效需求不足歸咎於邊際消費傾向下降引起的消費需求不足和資本邊際效率（預期利潤率）下降與利率下降有限度引起的投資需求不足。解決的方法則是政府用經濟政策刺激總需求。包括增加政府支出的財政政策和降低利率的貨幣政策，凱恩斯強調的是財政政策。

在凱恩斯主義經濟學中，總需求分析是中心。總需求包括消費、投資、政府購買和淨出口（出口減進口）。短期中，國民收入水平由總需求決定。通貨膨脹、失業、經濟週期都是由總需求的變動所引起的。當總需求不足時就出現失業與衰退。當總需求過大時就出現通貨膨脹與擴張。從這種理論中得出的政策主張稱為需求管理，其政策工具是財政政策與貨幣政策。當總需求不足時，採用擴張性財政政策（增加政府各種

支出和減稅）與貨幣政策（增加貨幣供給量降低利率）來刺激總需求。當總需求過大時，採用緊縮性財政政策（減少政府各種支出和增稅）與貨幣政策（減少貨幣供給量提高利率）來抑制總需求。這樣就可以實現既無通貨膨脹又無失業的經濟穩定。

總需求理論的提出在經濟學中被稱為一場「革命」（凱恩斯革命）。它改變了人們的傳統觀念。例如，如何看待節儉。在傳統觀念中，節儉是一種美德。但根據總需求理論，節儉就是減少消費。消費是總需求的一個重要組成部分，消費減少就是總需求減少。總需求減少則使國民收入減少，經濟衰退。由此看來，對個人是美德的節儉，對社會卻是惡行。這就是經濟學家經常說的「節約的悖論」。「蜜蜂的寓言」所講的也是這個道理。

凱恩斯重視消費的增加。1933 年當英國經濟處於蕭條時，凱恩斯曾在英國 BBC 電臺號召家庭主婦多購物，稱她們此舉是在「拯救英國」。在《通論》中他甚至還開玩笑地建議，如果實在沒有支出的方法，可以把錢埋入廢棄的礦井中，然后讓人去挖出來。已故的北京大學經濟系教授陳岱孫曾說過，凱恩斯只是用幽默的方式鼓勵人們多消費，並非真的讓你這樣做。但增加需求支出以刺激經濟則是凱恩斯本人和凱恩斯主義者的一貫思想。

那麼，這種對傳統節儉思想的否定正確與否呢？還是要具體問題具體分析。生產的目的是消費，消費對生產有促進作用，這是人人都承認的。凱恩斯主義的總需求分析是針對短期內總需求不足的情況。在這種情況下刺激總需求當然是正確的。一味提倡節儉，穿衣服都「新三年、舊三年、縫縫補補又三年」，紡織工業還有活路嗎？這些年，當中國經濟面臨需求不足時政府也在努力尋求新的消費熱點，說明這種理論不無道理。

當然，這種刺激總需求的理論與政策並不是普遍真理。起碼在兩種情況下，這種理論並不適用。其一是短期中當總供給已等於甚至大於總需求時，再增加總需求會引發需求拉動的通貨膨脹。其二是在長期中，資本累積是經濟增長的基本條件，資本來自儲蓄，要儲蓄就要減少消費，並把儲蓄變為另一種需求——投資需求。這時提倡節儉就有意義了。

凱恩斯主義總需求理論的另一個意義是打破了市場機制調節完善的神話，肯定了政府干預在穩定經濟中的重要作用。戰後各國政府在對經濟的宏觀調控上儘管犯過一些錯誤，但總體上還是起到了穩定經濟的作用。戰後經濟週期性波動程度比戰前小，而且沒有出現 20 世紀 30 年代那樣的大蕭條就充分證明了這一點。

世界上沒有什麼放之四海而皆準的真理。一切真理都是具體的、相對的、有條件的。只有從這個角度去認識凱恩斯主義的總需求理論才能得出正確的結論。其實就連「蜜蜂的寓言」這樣看似荒唐的故事中不也包含了真理的成分嗎？

案例來源：http://jingji.100xuexi.com/view/specdata/20130423/47b8a1c9－0199－4d01－b5a1－1847a7c7ff53.html。

思考題

1. 怎樣看待節儉與浪費？
2. 總需求調節和政府有什麼關係？

案例1 使用指南

第一步：目標設定參考。本案例可以配合本章教學及高鴻業主編《西方經濟學（宏觀部分·第六版）》的第十四章學習使用。該案例的學習使學生可以應用總需求和總供給理論知識，同時使學生對拉動經濟增長的因素也有深刻的理解和認識。

第二步：背景介紹。一直以來，投資、消費和出口被稱為拉動經濟增長的「三駕馬車」。在發達國家的經濟增長中，消費發揮著重要的作用，平均消費在70%以上。而多年來，中國一直依靠投資和出口拉動經濟增長，投資所占GDP的比重達40%左右。居民消費率從1991年的48.8%下降到2010年的35%左右，處於世界偏低水平，由此可看出中國內需嚴重不足。因此，當面對兩次金融危機時，中國採取了拉動內需的經濟增長政策。

1997年7月亞洲金融危機爆發，2008年9月全球金融危機爆發。在兩次經濟危機中，中國都採取了擴大內需的政策。1997年7月亞洲金融危機爆發時，中國剛實現經濟「軟著陸」，經濟形勢一片大好，當時採取了適度從緊的經濟政策。由於經濟危機是區域性的，開始並未對中國造成多大影響。但是隨著1998年亞洲金融危機對中國經濟的影響越來越明顯，中國政府開始實行擴大投資、啟動內需的調控政策。財政政策方面，1998年中國發行了1,000億元長期建設國債，1999年發行了1,100億元，2000年到2003年分別發行了1,500億元；稅收方面也有調整，停徵固定資產投資方向調節稅，提高出口退稅率，從1999年11月份開始徵收利息稅。執行穩健的貨幣政策，為了拉動消費需求，1997年3月、7月、12月三次下調人民幣存貸款利率。

2008年由美國次貸危機演化而來的金融危機來勢洶洶，迅速蔓延到世界各個國家。中國經濟增速驟然下滑，成為進入21世紀以來最為困難的一年。面對金融危機的嚴峻挑戰，2008年11月5日黨中央、國務院把保持經濟平穩較快發展作為經濟工作的首要任務，及時出抬了擴大內需促進經濟增長的十項措施。落實這些措施的投資額達到4萬億元。同時實行適度寬鬆的貨幣政策，2008年9月、10月、12月三次下調人民幣存款準備金率，9月、10月、11月、12月連續四次下調人民幣存貸款基準利率，以期達到拉動經濟增長的目的。

隨著中國拉動內需的政策逐漸發揮作用，2009年和2010年中國經濟運行總體平穩，尤其是2010年逐步擺脫國際金融危機的影響，經濟運行步入常規的增長渠道。與應對金融危機初期相比，中國經濟增長的動力結構發生了明顯變化，形成了市場推動的投資、消費和出口共同拉動的良好局面。消費增長強勁，政府實施的多項刺激消費的政策效果顯著。在汽車、家具、家電和旅遊的帶動下，2009年社會消費品零售總額增長幅度達到15.5%，2010年進一步提高到18.3%，這可以證明中國採取的擴內需政策促進了中國經濟的發展。

第三步：理論學習。可以參考本章知識精要及高鴻業主編《西方經濟學（宏觀部分·第六版）》的第十四章。

第四步：討論思考題目。可以選擇根據思考題分組討論，每組學生輪流發言，組內相互補充發言，各組學生代表相互點評。

第五步：學習總結或教師點評。教師對案例研討中的主要觀點進行梳理、歸納和

點評，簡述本案例的基礎理論，在運用基礎理論對案例反應的問題進行深入分析後，適當進行總結如下（供參考）：

從理論上看，由古典和新古典經濟學傳承而來的主流經濟學認為，消費是最重要的，從而無論是對經濟危機的解釋，還是對經濟繁榮的分析，都是以消費需求為中心。消費需求不足是經濟危機的根本原因，消費需求過剩則是經濟過熱的根本原因。從實際中中國應對兩次經濟危機的政策來看，消費確實拉動了中國經濟的增長，那麼我們不禁要問：消費是拉動經濟增長的唯一要素嗎？

從理論上來講，這種刺激總需求的理論與政策並不是普遍真理。至少在兩種情況下不適用。其一是短期中總需求等於甚至大於總供給時再增加總需求會引發需求拉動的通貨膨脹。其二是長期中，資本累積是經濟增長的基本條件，資本來自儲蓄，要儲蓄就要減少消費，並且把儲蓄變為投資需求，這時提倡節儉就是有意義的。

世界上沒有放之四海而皆準的真理。一切真理都是具體的、相對的、有條件的。只有從這個角度去認識凱恩斯主義的總需求理論才能得出正確的結論。

在實際生活中，能夠令大多數人信服的觀點是：經濟增長是多因素共同作用的結果，只是在一定條件下某個因素起到了主要作用而已。概括地講，拉動經濟增長包括需求拉動和供給推動。需求拉動，就是我們熟知的「三駕馬車」，包括消費、投資和出口。供給推動，包括要素供給、制度供給和供給結構，因此我們也要關注供給對經濟的推動和間接拉動作用。

案例 2　銀行惜貸是由於貨幣需求不足嗎？

一、　行惜　的背景及　程

1996 年中國經濟開始實現「軟著陸」，這標誌著中國經濟開始由供給短缺型經濟向供給過剩型經濟轉變，儘管這種過剩並不是絕對過剩，但是，總供給大於總需求的矛盾對社會經濟的各個方面都產生了深刻影響。絕大多數商品供求飽和或供給過剩，商品價格持續下降。

1997 年亞洲金融危機爆發，造成了世界經濟的普遍不景氣。中國受到亞洲金融危機的影響，對東南亞市場的出口成交額下降，東南亞國家利用匯率貶值之機抓緊對中國進行傾銷，亞洲金融危機使人民幣實際匯率上升，從而也使一直以低價格作為競爭優勢的中國產品在一定程度上失去了競爭力，這是造成企業經濟效益急遽下滑的重要原因。國有企業財務狀況不佳，導致其最大的債權人——國有商業銀行不良資產大幅增加。在中央銀行要求商業銀行防範和化解金融風險的大背景下，國有商業銀行減少了對不景氣的國有企業的貸款，以保全信貸資產，因此，防範信貸風險自然就成為合理的選擇。

自 1998 年 1 月 1 日起，中國商業銀行貸款取消了規模控制制，在全面推行資產負債比例管理的基礎上，實行「計劃指導、自求平衡、比例管理、間接調控」的信貸管理制度。國有商業銀行深化改革，不斷加強內控管理，在實現商業化經營的要求下，為了降低不良貸款的比例，提高國有銀行的資產質量，銀行經營嚴格遵循「安全性、

流動性、盈利性」的原則，其中，安全性居首位。各商業銀行實行了一級法人制度下的信貸授權授信管理。商業銀行高度的「信貸集中」以及加強信貸風險的防範措施，使貸款權限向上收縮，信貸投向朝「大」傾斜，主要表現在以下四個方面：一是信貸發放審批權統收過緊；二是上級行授信品種條件嚴、操作難度大；三是新增貸款准入嚴，需報商業銀行一級分行審批；四是在系統內強化信貸管理，推行「貸款第一責任人」「貸款終身責任制」等管理辦法，制約了信貸人員的工作積極性。

由表 4-1 可以看出，1996—2000 年各項貸款餘額雖然在逐年遞增，但增幅是逐年下降的。

表 4-1　　　　　　　　　　1996—2000 年信貸餘額變動表

年份	各項貸款餘額（億元）	各項貸款餘額年增長速度（億元）
1996	61,156.6	55.25
1997	74,914.1	22.50
1998	86,524.1	15.50
1999	93,734.3	8.33
2000	99,371.1	6.01

資料來源：根據相關年份《中國統計年鑒》整理而得。

二、行惜　的原因

導致商業銀行惜貸的原因是多方面的，下面列出了四個主要原因。

第一，為了降低不良貸款比率而實行嚴格的信貸責任制度，這是導致銀行惜貸的一個直接原因。為了降低不良貸款比率，各行都加強了信貸責任約束機制，實行嚴格的信貸考核制度，推出「貸款終身責任制」，一旦出現不良貸款，立即採取嚴格的懲罰措施，對負有壞帳責任的有關人員給予扣發工資、降職或免職等處分；相應地，各行都沒有對放款的數量給出硬性指標，也缺乏對於發放優質貸款的獎勵措施，信貸人員的激勵約束機制不對稱，發放貸款的收益與風險不相稱。在此背景下，信貸人員的理性選擇就是為了防止貸款無法收回而不貿然放貸，其結果必然是銀行新增壞帳率降低的同時伴隨著銀行惜貸。

第二，企業對信貸的有效需求減少。1997 年以前，中國經濟長期處於短缺經濟條件下，加上銀行和企業雙方都具有軟約束的制度特徵，企業投資需求和信貸需求強勁且無限膨脹所面臨的最大約束是資源約束。從 1997 年開始，中國首次出現了買方市場，大部分產品供過於求，加上亞洲金融危機的衝擊，導致出口大幅回落，國內需求疲軟。1997 年以後，國有企業改革進入攻堅階段，投資擴張的速度和規模取決於市場需求和未來的預期收益。同時，市場需求急遽萎縮，經濟由短缺轉為過剩，企業對未來的預期降低，投融資需求及有效信貸需求減少。具體分析，其原因可概括為以下三個方面：首先，國有企業制度突變，導致預算約束硬化，投融資需求減少。國有企業產權不明晰、政企不分以及企業辦社會等問題是企業形成軟預算約束機制和剛性生存特徵的基礎，也是長期以來國有企業曾經採取多種形式的改革探索但一直難以取得實

質性突破的根源。1997年以后，政府先后推出就業、醫療、社會保障等多項改革措施，國有企業改革進入攻堅階段，有效率的企業轉換機制，低效率的企業破產或重組，企業辦社會、軟約束以及投資饑渴等現象消失，投融資需求基於對未來預期收益的不樂觀而相應減少。其次，由於國有企業歷經多年低水平的重複建設、投資擴張，虧損日益嚴重，進一步投資擴張的能力也大大減弱，早已失去了貸款的申請資格。最后，產品市場需求不足，投資熱點缺乏，使得上述問題更加突出。

第三，直接融資的發展也是造成銀行惜貸的原因之一。從20世紀90年代至今，企業融資結構發生了非常明顯的變化，即間接融資的比重逐年下降，而直接融資的比重逐年上升，雖然此時中國金融體系中間接融資的比重仍居主導地位，但是已呈逐年下降的趨勢，而以股票市場為主的直接融資比重已呈逐年上升的態勢，證券市場籌資額從1993年的993億元增加到2003年的12,516億元。證券市場籌資額與信貸餘額的比例從1993年的0.03∶1上升到2003年的0.08∶1。直接融資比例的上升，減輕了商業銀行體系提供信貸資金的壓力，有利於降低金融風險，維護國家的金融安全和經濟安全。

第四，眾多中小企業自身存在問題，導致國有商業銀行不願意為其提供信貸服務。在中國，為數眾多的中小企業管理不善，經營狀況參差不齊，既無足夠的抵押資產，又無信用記錄，銀行很難鑑別中小企業的資信狀況。更何況中小企業還缺乏穩定性，每年都有許多中小企業登記註冊，同時也有大量的中小企業破產倒閉。如果銀行給這些企業貸款，就有形成壞帳的可能。而且對於銀行來講，向中小企業貸款的交易成本和監控成本較高，銀行不願對中小企業放貸。

案例來源：李曉西. 宏觀經濟學案例［M］. 北京：中國人民大學出版社，2007：27-32.

思考題

1. 影響中國有效信貸需求的因素主要有哪些？
2. 你認為銀行惜貸是貨幣需求問題還是貨幣供給問題？

案例2 使用指南

第一步：目標設定參考。本案例可以配合本章教學及高鴻業主編《西方經濟學（宏觀部分·第六版）》的第十四章學習使用。對20世紀90年代后期銀行惜貸這一典型案例的分析，使讀者更深入地瞭解中國轉型時期貨幣供求的矛盾及成因。

第二步：背景介紹。從1997年開始的銀行惜貸，是在1996年中國宏觀經濟實現「軟著陸」、1997年亞洲金融危機爆發以及1998年開始實施國有商業銀行體制改革的背景下發生的。本案例分析了信貸需求與貨幣需求的關係，以及銀行惜貸的原因和它對經濟的影響。

第三步：理論學習。可以參考本章知識精要及高鴻業主編《西方經濟學（宏觀部分·第六版）》的第十四章。

第四步：討論思考題目。可以選擇根據思考題分組討論，每組學生輪流發言，組內相互補充發言，各組學生代表相互點評。

第五步：學習總結或教師點評。教師對案例研討中的主要觀點進行梳理、歸納和點評，簡述本案例的基礎理論，在運用基礎理論對案例反應的問題進行深入分析後，適當進行總結如下（供參考）：

1. 銀行惜貸反應了貨幣供求主體活力不足

1997年之後出現的國民經濟活力不足和銀行惜貸現象，不是貨幣數量多少的問題，也不是貨幣政策緊鬆的問題，而是貨幣流動渠道不暢的問題。

在中國整個貨幣政策傳導機制中，金融機構存在活力不足的問題。這表現在兩方面：一是「大銀行病」和「動脈硬化」。中國90%以上的存款向大銀行集中，使得投資環境不佳，貸款風險大，資金很難貸出。因此，曾經有一段時間，大銀行不僅不用央行的再貸款，反而向央行歸還再貸款；大量購買國債卻又不願賣給央行，最終導致「肚子脹」「消化不良」。基礎貨幣投放萎縮，集中反應為大銀行「上不能吐，下不能瀉」。結匯渠道和貸款渠道兩條「大動脈」出現體制性萎縮，貨幣供應自然就下降了。從國民經濟的角度來看，就是儲蓄持續增長，而投資長期不振，形成了資金的負缺口。二是「小機構病」。基層金融機構困難重重，活力不足，可稱之為「毛細血管大片潰爛導致過量失血」。導致出現這種現象既有大商業銀行將省、市分支機構的貸款權力回收，信貸活動越在基層越顯單薄的原因，又有一大批城鄉金融機構，如城市銀行、農村信用社、各種基金會，正在清理整頓，自身問題不少的原因。實是「毛細血管失血」，使縣及縣以下的經濟活動缺乏活力，忙於「救火」，金融支持和服務很難真正有效地開展。

傳導機制的客體即企業存在活力不足的問題。由於整體經濟尚未走出供大於求的困境，因此，相當多的企業缺乏生機，甚至不少企業奄奄一息，需要重組或者關閉、破產。現在在金融界有一種普遍的說法，認為國有企業的信用等級呈走低趨勢，貸款存在「資金陷阱」問題。客觀來講，企業尤其是國有企業，在轉軌中面臨的各種困難，並不完全是自己的過失，但也並不能因此而不付出改革的成本。為了支持國有企業的發展，國家要求國有專業銀行對國有企業給予貸款支持。雖然《中華人民共和國商業銀行法》的出抬和金融風險的加大，迫使政府的行政性干預有較大的收斂，但以各種名義進行的政策性傾斜貸款，仍然不可能從根本上杜絕。而且，越是大型企業，越是貸款大戶，就越難拒絕行政性干預。其中，相當一部分企業用貸款去維持和解決生存問題，比如發工資，或者還貸款。這種情況使金融機構的行為出現變異，也使貨幣政策效果很少達到預期目標。

2. 銀行惜貸反應了社會總供求兩方面的問題

20世紀90年代中期以來，中國的市場供求關係發生了較大變化，市場需求成為經濟增長的制約因素，也成為企業發展和經濟效益提高的關鍵因素。由於對未來經濟的預期悲觀，居民和企業對貨幣政策所發出的信號缺乏敏感度，主要表現在以下幾方面：

（1）中國由供給短缺型經濟向供給過剩型經濟轉變，加大了國有商業銀行的貸款風險。1996年中國經濟成功實現「軟著陸」，這標誌著中國短缺經濟時代已經結束。但是，長期的重複建設和過度投資造成了生產能力的相對過剩。大量過剩的生產能力難以伴隨經濟增長速度的下降而及時壓縮，絕大多數商品出現供求飽和或供給過剩，

導致商品價格持續下降。亞洲金融危機結束后，中國出口拉動需求受阻，加劇了供大於求的矛盾。國有企業本來就步履維艱，在這種經濟環境下，其經營狀況更是雪上加霜，企業的虧損面不斷擴大。作為國有企業最大的債權人，國有商業銀行不良資產大幅增加。出於防範和化解金融風險的考慮，國有商業銀行減少了對不景氣的國有企業的貸款。

（2）大量普遍的下崗和失業，使公眾對支出的預期（包括購買住房支出、社會保險支出、教育支出等）增加，對收入的預期下降，強化了對經濟形勢發展的悲觀看法，增加了貨幣存儲行為，減少了投資和消費，使投資需求和消費需求均不足，也使貨幣流通速度下降，這又進一步導致了價格的下降。這也是一種體制性的原因。

（3）企業經營困難，對經濟前景缺乏信心，因此，其對貨幣政策的變化表現為不反應，或不正常反應。隨著1996年以來央行連續8次下調利率，企業投資的直接成本的確明顯降低了，企業的負擔大大減輕，但由於產品銷售不暢，企業之間價格競爭激烈，大多數企業生產經營的利潤十分微薄，加上企業背負的各種負擔仍然很沉重，造成社會平均利潤率持續下降，投資收益明顯減少。在企業對未來投資收益信心不足的情況下，即便利率進一步下調，銀行願意貸款，也未必能刺激企業的投資意願。因此，在產業結構不合理、生產能力過剩、新的消費升級和產業升級尚未形成、投資找不到好項目和投資熱點的背景下，各經濟主體對於信貸由主動的吸納型變成了被動的中央銀行驅動型，這種被動性無疑會給貨幣政策的傳導帶來一定的阻滯。

第五章 失業與通貨膨脹

【案例導入】

案例導入一：青年農民工需警惕潛在風險

和很多來北京打工的年輕人一樣，河南小伙劉偉（化名）一下班就鑽進網吧打游戲。20 歲出頭的他，初中畢業就出來「混社會」，做過餐廳服務員、擺過地攤、送過快遞。劉偉並不知道，一些專家學者已經開始擔憂包括他在內的青年農民工未來面臨的失業風險。

中國社會科學院人口與勞動經濟研究所和社會科學文獻出版社近日發布的《人口與勞動綠皮書：中國人口與勞動問題報告 No.16》（以下簡稱《綠皮書》）指出，農民工的人力資本水平和就業結構特徵決定了他們在產業升級過程中不可避免地要遭受衝擊，甚至可能會出現比較嚴峻的失業風險。相對於同齡的城市青年，青年農民工的適應能力明顯更弱，有可能在結構轉型中加入長期失業大軍。

產業升級　農民工面臨失業風險

實際上，從目前來看，隨著調結構、穩增長等一系列措施的落地以及服務業的快速發展，農民工群體的整體就業形勢呈現良好局面。《工人日報》記者今年以來在江蘇、浙江、安徽等多地採訪瞭解到，在企業紛紛「搶工」的背景下，一些農民工說：「找個工作並不難。」在一些專家看來，農民工當下就業形勢良好，一個重要原因是勞動力短缺。《綠皮書》指出，2004 年以來，中國勞動力市場已經發生很大的轉變，出現了劉易斯轉折點，勞動供給從無限供給轉向了有限供給。而人力資源和社會保障部的數據則顯示，中國農民工的增速從 2010 年起已連續 4 年出現下滑。對比 2010 年 1,245 萬的增長量，2014 年中國農民工僅增加 501 萬。隨著勞動力短缺的全局性發展，農民工在勞動力市場上的議價能力逐步增強。《綠皮書》提供的數據顯示，2011—2013 年農民工實際工資水平年均上漲接近 12%。不過，儘管農民工工資上漲較快，社會上「用工荒」現象有愈演愈烈之勢。但是，《綠皮書》認為，農民工在產業升級中遭受的潛在風險被當前良好的就業形勢所掩蓋。

低技能勞動力不可避免被淘汰

《綠皮書》提供的數據顯示，商業服務和生產運輸是農民工主要的職業類型。大多數農民工從事低端或普通的工作，大約 60% 為商業服務人員，約 30% 屬於生產運輸工人和有關人員，專業技術人員不到 5%。「隨著產業升級，勞動力市場對於技能的要求越來越高。」上海交通大學特聘教授陸銘在接受《工人日報》記者專訪時表示，在農民

工就業集中的製造業領域，對勞動力的素質、技能的要求提高。「勞動力市場對高技能勞動者的需求逐漸增加，對低技能勞動者的需求逐漸減少，是客觀趨勢。」而較高的職業技能正是青年農民工的短板。

根據國家統計局公布的數據，目前全國外出農民工總量達到1.6億人，30歲以下的青年農民工約占60%，但是，他們的平均受教育年限為9.8年，過早地進入勞動力市場，導致其缺乏必要的職業技能。「在這種背景下，農民工職業技能培訓的投入卻遠遠不足。」陸銘認為，一方面戶籍制度改革還有一段路要走，農民工未見得會在城市落地生根，未來的職業前景不穩定，沒有動力接受技能培訓。另一方面，由於農民工流動性強，企業也沒有動力對農民工進行技能培訓。除了自身技能水平低以外，鋼領工人則可能給農民工當頭一棒。所謂鋼領工人，是指代替工人勞動的機器人。在勞動力短缺、人力成本上升的背景下，不少企業已經開始用機器換人。

記者近日在義烏舉行的第五屆中國智能博覽會上看到，不少機器人生產企業的展位背景板上都打出「機器換人」的口號。杭州、嘉興、東莞等地也出抬了「機器換人」的行動計劃。「我們從國外引進關鍵設備，自主研發全自動連續化被服絎縫生產流水線，實現了床品的自動化生產，在節約80%勞動力的基礎上，生產效率提高5倍，45秒可生產一條被子。」江蘇一家家紡企業負責人告訴記者，採用自動化生產流水線，一方面是因為招工難，另一方面則是轉型升級的需要。東莞一家科技型企業負責人在接受媒體採訪時表示，原來他的車間需要300位工人，如果採用機器人，車間的人數就可以降低到150人，僅一年就能節約資金900餘萬元。目前發布的《中國智能機器人白皮書》指出，鋼領工人大規模出現後，將會有一部分工人和技術人員可能把自己的工作讓給機器人，他們則面臨下崗和再就業，甚至是失業。此外，中國社會科學院人口與勞動經濟研究所人力資源研究室主任高文書認為，隨著中國經濟將逐漸轉變成為服務業主導的經濟形態，依靠土地、房地產、基礎設施等大規模投資的增長模式將失去動力，依靠廉價勞動力、資源等的粗放型產業將被加快淘汰，經濟結構和產業結構的變化也將帶來就業結構的轉變，在這一結構調整過程中部分勞動力將因不適應而不可避免地被淘汰。著名經濟學家宋清輝告訴記者，近兩年房地產市場的不景氣已經拖累了建築建材等關聯的上下游企業。「我曾跟不少建築工人聊過，從今年年初，建築工地上的活就越來越少，工資也在下降，跟2014年相差30%左右。」

勞動力並沒有絕對數量上的短缺

「儘管農民工存在失業風險，但是問題沒有那麼悲觀。」陸銘認為，推高農民工工資上漲的短缺問題，很大程度上是由於勞動力自由流動受阻造成的。戶籍、社會公共服務等問題，將部分農民工擋在了城市之外。「從這個角度來說，所謂的勞動力短缺，並非真正意義上的絕對數量短缺。」中國社會科學院人口與勞動經濟研究所研究員都陽也表示，應該通過全面深化戶籍制度改革，進一步提高勞動參與率，為經濟結構調整和經濟增長方式轉變贏得時間。在一些專家看來，在就業政策制定上，政府應該著重考慮如何適應經濟形勢的變化，充分利用和消化吸收現有的勞動力資源。中國社會科學院人口與勞動經濟研究所所長張車偉建議，從供給端看，既要培養更多的市場需要的高素質技能型勞動者，也需要為已離開學校的勞動者學習新技能提供渠道。從需求端

看，應關注就業創造的模式變化。隨著中國經濟進入新常態，服務業中的中小企業將是就業創造的主體。應扶持成長性好的中小企業發展，降低他們在社保繳費、員工招聘和培訓等方面的成本，更好地發揮這些企業吸納勞動力的作用，提高就業質量和市場需求彈性。宋清輝則表示，應該打通農民工返鄉的路。「一方面，可從雙創方面切入，例如為農民工營造『一站式』創業准入環境。另一方面，可從『互聯網+』方面切入，通過發力農村信息、交通、物流等基礎設施網路建設，鼓勵和支持農民工網上創業。」

提早應對失業隱憂

最近幾年伴隨著「用工荒」新聞出現的多半是「農民工就業難」。為何這看似矛盾的主題，總是結伴出現？目前一些地方出現的農民工「就業難」，多半集中在建築、傳統製造業、煤礦等行業；且多數農民工文化不高、缺乏技能，其從事的也多是技術性不強、靠體力吃飯的工種。這在中國產業化升級、新型工業化推進的大背景下，顯得並不意外。企業對職工的文化知識、職業技能等要求勢必會越來越高。而知識水平不高，職業技能缺乏的農民工群體不可避免面臨「就業難題」。儘管這個問題不可避免，卻不容小覷。目前，農村的主要勞動力有七八成外出打工或經商，農民的收入也多半是非農收入。農民工的就業難題還對鞏固脫貧產生壓力。一些已經越過貧困線的農戶多數是因為家裡有人在外打工掙錢，如果這些人「失業」返鄉，家庭可能重新陷入貧困。

當前，對於農民工可能面臨的大量失業問題，中國早已密切關注，並制定出抬了一系列應對措施。各地勞動保障部門也結合本地實際和失業人員特點，組織培訓，幫助農民工群體技能升級。這是應對農民工失業問題的有效途徑之一。事實上，我們應該積極面對農民工「失業」以及可能帶來的隱憂，提早積極應對，把它當作區域經濟發展的機遇。加快發展區域經濟產業項目，吸引並幫助農民工，給他們提供在家門口就業的機會，提供平臺幫助他們實現穩定、持久的就業和增收。同時，大多數農民工也應當增強自身危機意識，努力提高自身勞動技能，力爭在轉型升級和社會發展中找到自身的定位。

案例來源：杜鑫. 青年農民工需警惕潛在風險［N］. 工人日報，2015-12-17（6）.

問題：

1. 破解農民工就業難的手段有哪些？
2. 如何認識中國最近幾年出現的「用工荒」與「就業難」並存的局面？

案例導入二：關於通膨：中國20世紀80年代的兩次通貨膨脹

第一次通貨膨脹

1978年12月十一屆三中全會，黨把工作的著重點轉移到經濟建設上來的時候，仍面臨重大比例關係失調的現實。因此1979年4月召開的中央工作會議決定，用三年時間進行國民經濟調整，實行新八字方針，即調整、改革、整頓、提高。隨之，進行了一系列的價格改革。

從 1979 年起，政府提高了糧食、棉花等 18 種主要農產品的收購價格；其中，糧食收購價提高 30.5%，棉花提高 25%，油脂油料提高 38.7%。並對糧、棉、油等主要農副產品實行超購加價政策，擴大議價收購範圍。但是在提高農產品收購價格的同時，沒有相應調整其銷售價格，致使與農產品相關的副食生產銷售嚴重虧損。繼而在 1979 年 11 月，國家又提高了畜產品、水產品和蔬菜等 8 種副食品的價格，並相應給予城鎮居民每人每月 5 元的價格補貼。

同年 4 月，政府有計劃地提高了煤炭、鐵礦石、生鐵、鋼錠、鋼坯和有色金屬、水泥等產品的出廠價格；其中，原煤提價 30.5%，生鐵提價 30%，鋼材提價 20%。而燃料、原料價格的提高，致使與此密切相關的下游產品和高附加值的卷菸、釀酒業等成本上升，利潤逐年減少，直接影響到國家稅收。在此情況下，於 1981 年 11 月，適當提高了菸、酒、竹木製品、鐵製品、陶瓷製品和皮革製品的價格。此外，針對第三產業產品價格偏低的問題，從 1983 年 12 月起，提高了鐵路貨運價格和水運客運價格。其中，鐵路運價提高幅度達 21.6%。

同期，中國農村改革在全國推進，包括降低農業稅收、提高農產品價格、允許農民承包土地、開放集市貿易等。不僅如此，經濟體制改革還從農村向城市擴展，在全國範圍內展開。

在以上多種措施的影響下，1984—1986 年中國經濟再次進入高漲階段，1984 年 GDP 增長率已高達 15.2%。與此同時，物價水平也開始大幅攀升，零售物價指數從 1984 年的 2.8% 躍升至 1985 年的 8.8%。歸結這次通貨膨脹的原因，主要是源於成本推動，即價格改革的因素。這也是中國引入市場手段的制度成本。

第一次宏觀調控

在集中進行價格改革的時期，如果不能控制總需求，成本推動和需求拉動兩種因素同時推動物價上升，就會出現嚴重通貨膨脹。而且在總需求持續擴張下，價格改革必然因「比價復歸」而失敗。在 1986 年以後，中國就出現了各種價格之間的輪番上升，價格與工資的輪番上升，國內物價上升迫使匯率貶值，人民幣貶值則提高進口品價格，以成本推動方式推動國內通貨膨脹，出口大幅度增加則是總需求擴張的一部分。投資需求和消費需求雙膨脹，社會總需求超過總供給，中央不能控制地方政府的盲目攀比。

儘管 20 世紀 80 年代全社會對於改革是有共識的，但是對於改革的宏觀環境卻一直缺乏共識，地方政府和企業總是傾向於高速度發展，無論在計劃經濟和市場經濟下都是如此；理論界的主流「經濟自由主義」熱衷於以發展促改革，忽視穩定的宏觀經濟環境。尤其是 20 世紀 80 年代前期改革的成功，經濟的高速發展，中國出現的初步繁榮，大大鼓舞了改革派的信心。而在引進西方經濟學的初期，對於市場經濟的知識也只是鳳毛麟角。當時我們所知道的，也僅僅是「總需求，總供給」而已，現在想起來，如果早知道什麼叫「通貨膨脹預期」，也許就不會有后來那種「長痛不如短痛」「價格闖關」的社會動員，搶購風或許就可以避免。

1986 年 3 月，「七五」計劃決定前兩年調整。但 1986 年第一季度工業生產回落，許多人認為經濟滑坡，強烈要求放鬆銀根刺激經濟。五年計劃第一年經濟總是要漲，這是當時中國的政治經濟學。綜上原因，1985—1986 年宏觀調控無法到位。

二次通貨膨脹與「價格闖關」

由於宏觀調控不到位，1987年中國經濟繼續過熱，增長率達11.6%，1988年為11.3%，預算外投資膨脹無法控制。1988年7月份，物價上升幅度已達19.3%，創歷史最高紀錄，各階層群眾產生通貨膨脹預期。但此時，仍準備進行全面的價格改革。結果成為新中國成立以來最大的一場搶購風潮的導火索。

8月19日清晨，中央人民廣播電臺播發「價格闖關」的消息。當天就出現搶購。有的人一下子買200千克食鹽，買500盒火柴，商店被搶購一空。銀行發生擠兌，有的地方銀行因不能及時支付，群眾在憤怒之下把櫃臺推倒。大家誤以為9月1日物價要全面放開，新一輪大漲價即將開始，在各大中城市掀起凶猛的搶購風潮，在幾個方面都堪稱共和國歷史之最：第一，波及面廣。8月中旬始大城市突起搶購風，席捲全國城市和部分鄉村。第二，涉及50個大類500多種商品，部分地區搶購糧食、食油。大到幾千元的高檔商品，小到易消耗的便宜貨，均在搶購之列。第三，盲目性大。消費者不是為消費，而是為保值，購物時不管品種、不管牌號、不問質量、不講價格，很多商場積壓多年的殘次商品，也被一搶而空。第四，各階層群眾普遍產生購物保值心理。第五，零售商品總額增幅高。8月份社會商品零售總額636.2億元，比上年同期增加38.6%，扣除物價上漲因素增加13%。糧食增銷30.9%，棉布增銷41.2%，綢緞增銷35.5%，洗衣機增銷130%，電冰箱增銷82.8%，電視機增銷56%。第六，商品搶購風潮伴隨擠兌銀行儲蓄存款風潮。不僅擠兌活期存款，且擠兌未到期的定期存款。8月份城鄉儲蓄存款減少26.1億元。其中定期減少27.8億元，活期增加1.7億元。

8月30日，國務院第20次常務會議召開，重提出「穩定經濟，深化改革」的方針，原來政治局會議提出的「5年左右時間」已修訂為「5年或者更長一點的時間」。會議保證國務院採取有力措施，確保明年的社會商品零售物價上漲幅度明顯低於今年。價格改革這一關非闖不可已達成共識，然而對於深化改革的條件認識並不一致。其實，1988年9月份，居民存款只有3,000億元，並不構成搶購的原因。

再次調整

1988年9月，十三屆三中全會提出，以后兩年改革建設重點突出地放到治理經濟環境、整頓經濟秩序上來。1989年11月共產黨十三屆五中全會通過《中共中央關於進一步治理整頓和深化改革的決定》，提出用3年或更長一些時間基本完成治理整頓任務。1989年增長率降至4.1%，1990年增長率降至3.8%。這次週期共4年，波動幅度7.8個百分點，上升1年下降3年。實際上這是改革開放10年以來，三次調整的總結果，終於結束了10年以來屢禁不止、愈演愈烈的經濟過熱與通貨膨脹，但必然導致經濟過度緊縮和理論上「計劃經濟原教旨主義」的回潮。

1990—1992年中央進行全面的經濟緊縮，經濟增長率下降到4%左右，而價格改革就是在總需求高度緊縮時自動成功的。其機制十分簡單，動機十分樸素，就是經濟緊縮了，企業效益不好了，地方政府財政困難，在中央政府同意下，取消了許多價格補貼，於是計劃價格就變成了市場價格。到1991年底，中國80%以上的物價放開，基本上實現了物價市場化。此時價格並沒有引起通貨膨脹，而是部分轉化為企業虧損，大家所擔心的居民儲蓄，在3,000億存款規模的時候成為搶購的「籠中猛虎」，以後增加

到 10 萬億，也沒有再出過籠。

案例來源：http://www.ieforex.com/2011/zhshi_0125/963.html.

問題：

成本推動型通貨膨脹的含義是什麼？

【學習目標】

1. 瞭解失業的類型。
2. 理解失業的影響與奧肯定律。
3. 掌握通貨膨脹的原因和類型。
4. 理解菲利普斯曲線的政策含義、附加預期的菲利普斯曲線、長期菲利普斯曲線。

【關鍵術語】

失業率　自然失業率　週期性失業　結構性失業　奧肯定律　通貨膨脹
需求拉動的通貨膨脹　成本推動的通貨膨脹　菜單成本　菲利普斯曲線

【知識精要】

1. 失業分為摩擦性失業、結構性失業和週期性失業。
2. 失業率是指勞動力中願意工作而沒有工作，並在尋找工作的人所占的比率。失業率的波動反應了就業的波動情況。自然失業率是經濟在穩定狀態下的失業率，也是經濟在正常時期的失業率，它取決於離職率和就職率。
3. 奧肯定律描述了失業與實際 GDP 的關係。失業的影響既有經濟方面的，也有社會方面的。
4. 通貨膨脹可以從不同角度進行分類，既可按照價格上升的速度進行分類，又可按照對價格影響的差別分類，還可按照人們的預料程度加以分類。
5. 通貨膨脹現象既可以從貨幣角度解釋，又可以從總供給或總需求角度解釋，還可以從經濟結構角度來解釋。
6. 通貨膨脹的成本包括預期到的成本和未預期到的成本。
7. 菲利普斯曲線最初反應的是失業率與工資上漲率之間的關係。現代的菲利普斯曲線主要反應失業率與通貨膨脹率之間的關係。
8. 根據菲利普斯曲線，控制總需求的決策者面臨通貨膨脹與失業之間的短期替換的關係。
9. 在以失業率為橫坐標，通貨膨脹率為縱坐標的坐標系中，長期菲利普斯曲線是一條位於自然失業率水平上的垂直線。

【實訓作業】

一、名詞解釋

1. 失業率
2. 自然失業率
3. 結構性失業
4. 奧肯定律
5. 通貨膨脹
6. 需求拉動的通貨膨脹
7. 成本推動的通貨膨脹
8. 結構性通貨膨脹
9. 犧牲率
10. 菲利普斯曲線
11. 短期菲利普斯曲線

二、簡要回答

1. 失業的影響。
2. 摩擦性失業與結構性失業相比，哪一種失業問題更嚴重？
3. 簡述犧牲率和痛苦指數。
4. 說明短期菲利普斯曲線和長期菲利普斯曲線的關係。
5. 通貨膨脹的分類。

三、論述

1. 根據菲利普斯曲線，中央銀行在失業率和物價上漲之間只能進行哪些選擇？
2. 通貨膨脹是怎樣形成的？對經濟活動有什麼影響？

【實訓作業答案】

一、名詞解釋

1. 失業率：指勞動力中沒有工作而又在尋找工作的人所占的比例。失業率的波動反應了就業的波動情況。
2. 自然失業率：經濟社會在正常情況下的失業率。它是勞動市場處於供求穩定狀態時的失業率，這裡的穩定狀態被認為是既不會造成通貨膨脹也不會導致通貨緊縮的狀態。
3. 結構性失業：指勞動力的供給和需求不匹配所造成的失業。其特點是既有失業，又有職位空缺，失業者或者沒有合適的技能，或者居住地點不當，因此無法填補現有

的職位空缺。

4. 奧肯定律：指失業率每高於自然失業率 1 個百分點，實際 GDP 將低於潛在 GDP2 個百分點。

5. 通貨膨脹：一般價格水平普遍和持續的上漲。一般價格水平是指物價總水平，而不是指個別商品的物價水平。衡量通貨膨脹狀況的經濟指標是通貨膨脹率。通貨膨脹率是一般價格水平的上漲率。

6. 需求拉動的通貨膨脹：又稱超額需求通貨膨脹，是指總需求超過總供給所引起的一般價格水平的持續、顯著的上漲。

7. 成本推動的通貨膨脹：又稱成本通貨膨脹或供給通貨膨脹，是指在沒有超額需求的情況下由於供給方面成本的提高所引起的一般價格水平持續和顯著的上漲。

8. 結構性通貨膨脹：指在沒有需求拉動和成本推動的情況下，只是由於經濟結構因素的變動而引起的一般價格水平的持續上漲。

9. 犧牲率：指為了使通貨膨脹降低一個百分點而必須放棄的一年實際 GDP 的百分點數。例如，如果一個經濟的犧牲率為 5%，則意味著該經濟的通貨膨脹率每下降 1 個百分點，則使該經濟一年的 GDP 必須犧牲約 5 個百分點。

10. 菲利普斯曲線：指在以橫軸表示失業率，縱軸表示貨幣工資增長率的坐標系中，畫出一條向右下方傾斜的曲線。該曲線表明，當失業率較低時，貨幣工資增長率較高，反之，當失業率較高時，貨幣工資增長率較低，甚至為負數。

11. 短期菲利普斯曲線：指預期通貨膨脹率保持不變時，表示通貨膨脹率與失業率之間關係的曲線。

二、簡要回答

1. 失業的影響。

答：失業有兩種主要的影響，即社會影響和經濟影響。

失業的社會影響：①失業威脅著作為社會單位和經濟單位的家庭的穩定。家庭的要求和需要得不到滿足，家庭關係將因此而受到損害。②失業造成的創傷不亞於親人去世或者學業上的失敗。③失業也會影響人際關係。一個失業者在就業的人員當中失去了自尊和影響力，面臨著被同事拒絕的可能性，並且可能要失去自尊和自信。最終，失業者在情感上會遭受到嚴重打擊。

失業的經濟影響：①當失業率上升時，經濟中本可由失業工人生產出來的產品和勞務就損失了。衰退期間的損失，如同將眾多的汽車、房屋、衣物和其他物品銷毀了。②從產出核算的角度看，失業者的收入總損失等於生產的損失，因此，喪失的產量是計量週期性失業損失的主要尺度，因為它表明經濟處於非充分就業狀態。

2. 摩擦性失業與結構性失業相比，哪一種失業問題更嚴重？

答：一般來說，結構性失業比摩擦性失業更嚴重。

因為摩擦性失業是由於勞動力市場運行機制不完善或者因為經濟變動過程中的工作轉換而產生的失業。摩擦性失業的失業者都可以勝任可能獲得的工作，增強失業服務機構的作用、增加就業信息、協助勞動者搬家等都有助於減少摩擦性失業。而結構

性失業是由於經濟結構變化，產業興衰轉移而造成的失業，是勞動力失衡造成的失業，一些部門需要勞動力，存在職位空缺，但失業者缺乏到這些部門和崗位就業的能力，而這種能力的培訓需要一段較長的時間才能完成，所以結構性失業的問題更嚴重一些。

3. 簡述犧牲率和痛苦指數。

答：犧牲率是西方學者在定量研究的意義上提出的一個衡量宏觀經濟的指標。它是指為了使通貨膨脹率降低一個百分點而必須放棄的一年實際GDP的百分點數。例如，如果一個經濟的犧牲率為5%，則意味著該經濟的通貨膨脹率每下降1個百分點，則使該經濟一年的GDP必須犧牲約5個百分點。犧牲率通常依時間、地點以及降低通貨膨脹的方式而有所變化。進一步地，還可以用失業來表示犧牲率。奧肯定律告訴我們，失業率變動1%，會使得GDP變動2%。因此，在犧牲率為5%的條件下，通貨膨脹率降低1%，則要求週期性失業大約上升2.5%。

在理論上，試圖計量失業與通貨膨脹的政治效應的一種方式被稱為痛苦指數。它被定義為：痛苦指數＝失業率＋通貨膨脹率。西方一些學者認為，如果一個經濟的痛苦指數水平低或者趨於下降，可以說明政府政績良好；反之，如果該經濟的痛苦指數水平高或者趨於上升，則說明政府的政績較差。

4. 說明短期菲利普斯曲線和長期菲利普斯曲線的關係。

答：貨幣主義者認為，在工資談判中，企業和工人們關注的不是名義工資而是實際工資。當勞資雙方談判新工資協議時，他們都會對新協議期的通貨膨脹進行預期，並根據預期的通貨膨脹相應地調整名義工資水平。根據這種做法，人們預期通貨膨脹率越高，名義工資增加越快。由此提出短期菲利普斯曲線的概念。這裡的短期是指從預期到需要根據通貨膨脹做出調整的時間間隔。短期菲利普斯曲線就是預期通貨膨脹率保持不變時，表示通貨膨脹率與失業之間關係的曲線。

但在長期中，工人將根據實際發生的情況不斷調整自己的預期，工人預期的通貨膨脹率與實際的通貨膨脹率遲早會一致，這時工人會要求改變名義工資，以使實際工資不變，從而較高的通貨膨脹就不會起到減少失業的作用。在以失業率為橫坐標，通貨膨脹率為縱坐標的坐標系中，長期當中的菲利普斯曲線是一條垂直線，表明失業率與通貨膨脹率之間不存在替換關係。而且，在長期中，經濟社會能夠實現充分就業，經濟社會的失業率將處在自然失業率的水平。短期菲利普斯曲線不斷移動形成長期菲利普斯曲線。

5. 通貨膨脹的分類。

答：對於通貨膨脹，西方學者從不同角度進行了分類。

（1）按照價格上升的速度進行分類，西方學者認為存在三種類型的通貨膨脹：第一，溫和的通貨膨脹，指每年物價上升的比例在10%以內；第二，奔騰的通貨膨脹，指年通貨膨脹率在10%～100%之間；第三，超級通貨膨脹，指通貨膨脹率在100%以上。

（2）按照對不同商品的價格影響的大小加以區分，存在著兩種通貨膨脹的類型：第一種為平衡的通貨膨脹，即每種商品的價格都按照相同比例上升。第二種為非平衡的通貨膨脹，即各種商品價格上升的比例並不完全相同。

（3）按照人們的預期程度加以區分，把通貨膨脹分為兩類，一種為未預期到的通貨膨脹，即價格上升的速度超出人們的預料，或者人們根本沒有想到價格會上漲。第二種為預期到的通貨膨脹。

三、論述

1. 根據菲利普斯曲線，中央銀行在失業率和物價上漲之間只能進行哪些選擇？
答：（1）菲利普斯曲線的概念。

英國經濟學家菲利普斯，在研究了1861—1957年英國的失業率和工資物價變動之間的關係後，得出結論：在失業率和貨幣工資變動率之間存在著此消彼長的置換關係。而勞動力在國民收入分配中的比例一般保持不變，按照成本加成定價的原則，工資上漲率可以由物價上漲率來替代，這就得到了通常所說的表示物價上漲率與失業率之間是反向關係的菲利普斯曲線，如圖5-1所示。

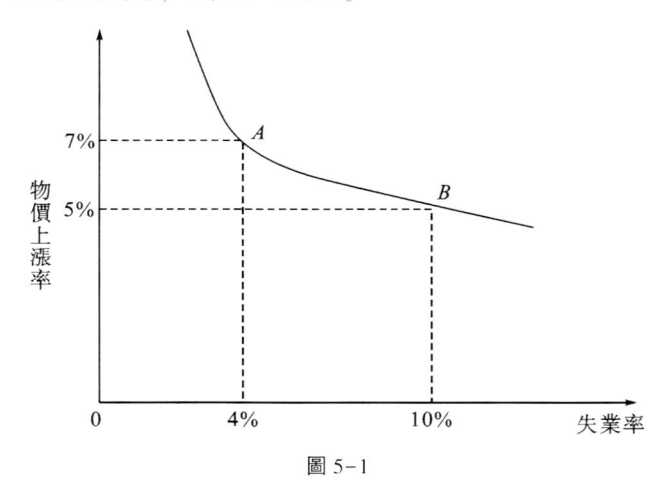

圖5-1

比如說，如果一個社會傾向於高就業，將失業率控制在4%，為此必然要增加貨幣供給量，降低稅率，擴大政府支出，以刺激社會總需求的增加；總需求的增加在一定程度上又引起一般物價水平的上漲，比如上漲率為7%，組合的結果為圖5-1中的A點。相反，如果一個社會更偏好於物價穩定，比如5%的物價上漲率，為此必然要縮減貨幣供應量，提高稅率，削減政府支出，以抑制社會總需求的增加；社會總需求的壓縮，又必然導致失業率的上升，比如升至10%的水平，組合的結果為圖5-1中的B點。

（2）中央銀行面臨的選擇。

中央銀行的貨幣政策的四個政策目標之間既有統一，又有衝突，菲利普斯曲線便反應了其中兩個政策目標——物價穩定和充分就業之間的矛盾。中央銀行只能根據當時的社會經濟條件，尋求物價上漲率和失業率之間的某一適當的組合點，而難以達到兩全其美，可能面臨的選擇只有：

① 失業率較高的物價穩定，如圖5-1中的B點。這時中央銀行以物價穩定作為主要的政策目標，而犧牲充分就業這一目標。

②通貨膨脹率較高的充分就業，如圖5-1中的A點。這時中央銀行以充分就業作為主要的政策目標，而犧牲物價穩定這一目標。

③在物價上漲率和失業率的兩極之間進行權衡或相機抉擇，如A、B間的某一點。

（3）中國的實際情況。

中國人民銀行的貨幣政策目標是「保持貨幣價值的穩定，並以此促進經濟增長」。顯然，在「穩定」與「增長」之間，有先后之序、主次之分；同時由於經濟增長與充分就業之間有某種正相關關係，因此中國的貨幣政策較為偏重於保持物價的穩定。

中國做出這樣的選擇是因為引起通貨膨脹的因素並未消除。貨幣政策目標確立於20世紀90年代中期。1995年3月18日第八屆全國人民代表大會第三次會議上通過的《中華人民共和國中國人民銀行法》第一章第三條確定中國貨幣政策目標是「保持貨幣幣值的穩定，並以此促進經濟增長」。經歷了20世紀90年代初的房地產和開發區熱，到1997年、1998年，部分中小金融機構的風險問題已相當突出，當時中國政府和中國人民銀行面臨化解金融風險和防範出現新的更嚴重金融風險的重要任務。由於在那以前中國長期實行以銀行間接融資為主的金融體制，導致企業高負債經營，自有資金比例很低，再繼續大幅度增加貸款，不良貸款問題會更加突出。因此，幣值穩定便成為貨幣政策的首要任務。經過國民經濟多年持續增長，在解決短期總量失衡問題之後，眼下經濟結構矛盾日益突出，國有企業的困難在較長時期內還會存在，對增加貨幣投放的壓力仍然很大；同時，農業基礎還是很薄弱，一遇到糧食減產或其他意外情況，物價就會迅速上漲。近年來，控制通貨膨脹主要不是通過採取行政辦法，而是通過改革，更多地運用經濟手段。如果放鬆銀根，宏觀調控的成果仍有喪失的可能。

而對於充分就業，由於中國當今的就業問題有其特殊性，大量的農村剩餘勞動力如何轉移和國有經濟中需要再就業的職工如何安排都很難指望貨幣政策予以解決。由此可見，中國做出的物價穩定重於充分就業的選擇是與中國目前的實際情況相符合的。

2. 通貨膨脹是怎樣形成的？對經濟活動有什麼影響？

答：按照西方經濟學的解釋，通貨膨脹的主要原因有需求拉動、成本推動、混合性以及結構性等因素。

（1）需求拉動的通貨膨脹。這是從總需求的角度來分析的原因。它是指商品市場在現有的價格水平下，經濟的總需求水平超過總供給水平，導致一般物價水平上升引起的通貨膨脹。引起總需求過多的因素有兩大類：一類被稱為實際因素，如消費需求和投資需求擴大、政府支出增加、減稅以及一國淨出口增加等因素都會使 IS 曲線向右移動，引起總需求曲線的向右移動，使經濟在現有的價格水平下總需求超過總供給。另一類被稱為貨幣因素，即貨幣供給量的增加或實際貨幣需求的減少。這會使得 LM 曲線向右移動，也會導致總需求在現有價格水平下擴大。在經濟的總供給沒有達到充分就業的產出水平之前，總需求的增加在使價格水平上升的同時，也使總產出增加。隨著經濟接近充分就業產出水平，總需求再增加，產出也不會再增加，而只會導致價格水平的上升。

（2）成本推動的通貨膨脹。這是從供給的角度來分析通貨膨脹的原因。它是指由

於生產成本的提高而引起的一般物價水平的上升。供給就是生產，根據生產函數，生產取決於成本。因此，從總供給的角度看，引起通貨膨脹的原因在於成本的增加。成本的增加意味著只有提高原有的價格水平才能達到原來的產出水平，即總供給曲線向左上方移動。在總需求不變的情況下，總供給曲線向左上方移動會使國民收入減少，價格水平上升。根據引起成本增加的原因不同，成本推進的通貨膨脹可以分為工資成本推進的通貨膨脹、利潤推進的通貨膨脹和進口成本推進的通貨膨脹三種。

（3）供求混合推進的通貨膨脹。這是把總需求與總供給結合起來分析通貨膨脹的原因。許多經濟學家認為，通貨膨脹的根源不是單一的總需求拉動或總供給推進，而是兩者共同作用的結果。

（4）結構性的通貨膨脹。結構性通貨膨脹是由於各經濟部門勞動生產率的差異、勞動力市場的結構特徵和各經濟部門之間收入水平的攀比等引起的通貨膨脹。

通常，通貨膨脹對經濟活動的影響主要表現為以下兩個方面：

（1）通貨膨脹的再分配效應。①通貨膨脹降低了固定收入階層的實際收入水平。即使就業工人的貨幣工資能與物價同比例增長，在累進所得稅下，貨幣收入增加使人們進入更高的納稅等級。稅率的上升也會使工人的部分收入喪失。②通貨膨脹對儲蓄者不利。隨著價格上漲，存款的實際價值或購買力就會降低。③通貨膨脹還可以在債務人和債權人之間發生收入再分配的作用。具體地說，通貨膨脹靠犧牲債權人的利益而使債務人獲利。只要通貨膨脹率大於名義利率，實際利率就為負值。

（2）通貨膨脹的產出效應。①在短期，需求拉動的通貨膨脹可促進產出水平的提高；成本推動的通貨膨脹卻會導致產出水平的下降。②需求拉動的通貨膨脹對就業的影響是清楚的，它會刺激就業、減少失業；成本推動的通貨膨脹在通常情況下會減少就業。③超級通貨膨脹會導致經濟崩潰。

但在長期，上述影響產量和就業的因素都會消失。

【實訓活動】

實訓活動　瞭解中國通貨膨脹歷史

目的：
認識失業與通貨膨脹。

內容：
1. 時間：25～30分鐘。
2. 地點：任意。
3. 人數：任課班級學生人數。
4. 合作人數：根據班級人數分成若幹小組。

步驟：
第一步：教師選取有關失業和通貨膨脹的影像材料。

實訓解讀材料：
中國經濟史上歷次通脹通縮大盤點

根據統計局最新的數據，中國第三季度的 GDP 增速是 6.9%，已經跌破了 7%。雖然比預期要高上 0.1%，但是在這新增的 6.9% 裡，有多少是過剩的產能，有多少是並不能帶來任何收益的投資，又有多少是經過展期的債務，都是個很大的未知數，如果刨去這些部分，那麼真實的 GDP 增速，可能已經令人相當不樂觀了。增速下降並不是一個令人恐懼的問題，令人恐懼的問題是面對增速的下降我們的政府會不會再次採用類似 2009 年「四萬億投資計劃」的經濟刺激政策。寬鬆政策除了為以後的經濟埋下更大的隱患之外不能解決任何問題，因為新增貨幣並沒有真正流向消費端和最需要資金的中小企業。如果印鈔票能挽救整個國家的經濟，那麼津巴布韋就是這個星球上最強大的金融帝國了。

我們一再提醒，經濟的運行就像這個星球的春夏秋冬一樣，冬天並不可怕，可怕的是不敢直面冬天已經來臨。已經到了直面冬天，拿出勇氣面對我們這幾十年累積下的種種問題的時候了。作為一個伴隨著這個國家成長起來的人，我驚嘆這個國家三十年來的奇跡，也堅信我們這個一路咬著牙，含著血和淚走過的民族一定是可以熬過這個冬天的。

今次撲克投資家帶來森德研究所高級研究員宗華燁的文章，一同回顧這些年我們經歷過的通脹和通縮，也許能給到我們更多的啟發。

改革開放以來，中國經歷了多次通貨膨脹和通貨緊縮。理論上，我們將物價普遍持續上漲或下跌認定為通脹或者通縮，經濟學界對通脹和通縮還沒有一致的界定方法。本文，筆者將 CPI 物價指數連續上漲或下跌兩個季度以上作為通脹或通縮的衡量標準，判斷出中國改革開放以來經歷了五次通脹和三次通縮，時間都持續一年以上。

中國歷次通脹分析

（一）1980 年

「文化大革命」結束后，為了恢復國內經濟，自 1978 年十一屆三中全會起，中國實行改革開放政策，黨的工作重心轉向社會主義現代化建設。隨后經濟出現了快速的增長，大規模的基建投資建設導致財政支出激增，出現了較為嚴重的財政赤字。央行為了解決財政赤字，大量發行貨幣，貨幣供應量 M0 從 1978 年的 212 億元擴張到 1980 年的 346.2 億元，上漲了 63.3%。過量的貨幣發行必定會引起通貨膨脹，CPI 物價指數從 1978 年的 0.7% 上漲到 1980 年的 7.5%。

快速上行的通貨膨脹引起了政府的高度重視，為了抑制通脹，1980 年 12 月，國務院發出了《關於嚴格控制物價、整頓議價的通知》，政府採取了壓縮基本建設投資、收縮銀根等一系列措施，通貨膨脹在 1981 年得到抑制，歷時兩年多。

（二）1985 年

1984 年，中央政府提倡加快改革，建設「有計劃的商品經濟」，地方政府回應號召，擴大投資規模，固定資產投資增長率從 1983 年的 16.2% 上漲到 1985 年的 38.8%；而 1984 年的貨幣供應量 M2 比 1983 年新增 1,071.3 億元，過快的社會投資引起社會總需求過旺。同年，國務院決定實行工資改革，使得居民實際收入大幅上揚。社會投資

增長以及居民收入增速快於勞動生產率的提高，通貨膨脹再次出現，CPI 價格指數從 1984 年的 2.7% 上漲到 1985 年的 9.3%。

為了抑制此次通脹，國務院採取了一系列的宏觀調控政策，通過緊銀根、減少貨幣發行、控制固定資產投資規模等抑制物價上揚，本次通脹歷時三年。1985 年通貨膨脹剛剛得到控制，中國馬上又經歷了改革開放以來的第三次通脹。

(三) 1988 年

中央為了理順價格機制，1988 年上半年放開肉、蛋、菜、糖價格，7 月底，又放開名菸、酒價格，名菸酒價格一下上漲 5~10 倍，社會出現搶購現象，在這種情況下中央又重新規劃出抬物價工資改革方案。改革需要穩定的經濟增長環境，為了使經濟保持較高的增速，緊縮的政策開始鬆動，貨幣供應 M0 同比增速從 1987 年的 19.4% 上漲至 1988 年的 46.7%，1988 年 CPI 物價指數一下暴漲至 18.8%。

1989 年，中央召開會議整頓經濟秩序，採取減少社會總需求、控制貸款規模、緊縮銀根、提高利率回籠貨幣等政策，1990 年通脹得到控制，歷時三年。

(四) 1994 年

1993 年，中央為了進一步理順價格，先後放開了糧食、鋼鐵及部分統配煤炭的價格，調整提高了原木、水泥的出廠價格，並對部分原油價格實行了議價。生產要素價格上升推動企業成本大幅上漲。隨後，中央又出抬了工資改革制度，進一步增加了企業的成本負擔，最終造成物價上漲。與此同時，1993—1994 年固定資產投資規模高速增長，1994 年固定資產投資增速達到 25.5%；而貨幣供給量在 1992 年已經開始上漲，影響滯后到 1994 年，加劇總供給與總需求的不平衡，拉動市場物價的上漲。1994 年，CPI 物價指數上漲到了 24.1% 的極高水平。

在抑制通脹方面，政府採取緊縮的貨幣政策，提高銀行存貸利率，減少貨幣供應量，在 1996 年通脹得到控制，歷時三年。

(五) 2011 年

2011 年，因內外因的共同影響，造成了此次的通貨膨脹。首先，2009 年的「四萬億投資計劃」以及為了對沖巨額的外匯占款，央行拋出 20 萬億人民幣，導致了當時的流動性過剩。過多的貨幣供應形成潛在的通貨膨脹壓力。其次，大宗商品價格上漲，由於中國對原油、鐵礦石等大宗商品進口依存度較高，給中國帶來輸入性通脹的壓力。再者，當時房地產泡沫越來越大，國內總需求過剩，加大了通脹壓力。2011 年，CPI 物價指數上漲至 5.4%，是 1996 年以來的最高值。

穩定物價成為當時的首要任務，央行實行從緊的貨幣政策，密集上調基準利率和存款準備金率，2010—2011 年期間，上調 5 次基準利率和 12 次存款準備金率，到 2011 年 6 月 20 日，存款準備金率高達 21.5%。2011 年末通脹得到控制，歷時一年多。

中國歷次通縮分析

(一) 1998 年

1997 年以前，中國一直處於通貨膨脹的經濟時期，1996 年由於銀行累積了大量的壞帳，加之為了治理 1994 年的通脹，銀行緊縮銀根後累積了大批的不良貸款，銀行的這種現象到 1996 年已經達到非常嚴重的狀態，為了防範銀行風險，政府開始控制銀行

不良貸款，銀行出現惜貸現象，企業不再像以前一樣可以輕鬆地獲得貸款，面臨著發不出工資的局面，經營困難，不得不降價銷售產品，推動物價下滑。同時，1997 年 7 月，亞洲金融危機爆發，出口市場收縮，國內供給壓力增大，加劇國內通貨緊縮。1997 年 CPI 價格指數下滑至 2.8%，到 1998 年，CPI 增速出現負增長，為-0.8%。

通貨緊縮，也使得經濟增速從 1997 年的 9.2% 下降至 1998 年的 7.8%，為了保持經濟穩定，政府將貨幣政策從「適度從緊」轉變為「穩健的貨幣政策」，由於銀行惜貸，貨幣供應傳導受阻。積極的財政政策在當時發揮了關鍵的作用，政府通過發行國債，投資基建設施來提高社會總需求。2000 年，通縮得到控制，歷時兩年。

（二）2002 年

2002 年，CPI 指數再次為負值，當年的物價總水平連續下跌了 10 個月，從這一點來講，可以認為當時出現了通貨緊縮。2001 年中國加入 WTO，吸引了大量的外資，企業技術水平得到提升，生產效率提高，成本下降，引發物價總水平的下滑。企業生產成本的下降伴隨著的是利潤的增長，企業再生產意願得到激發，而物價水平的下降刺激需求的增加。這次通縮和 1998 年不同，是由總供給的增長快於總需求的增長而導致的物價水平下降，並不是需求不足引發的，所以當時並沒有出現貨幣供應量和投資增速的快速下滑。2003 年 CPI 指數恢復正增長，結束了這次非典型的通貨緊縮，歷時一年。

（三）2009 年

從 2007 年下半年起，由美國開始的次貸危機逐漸演變為金融危機，並迅速向世界蔓延，中國也未能獨善其身。中國的經濟明顯受了金融危機的影響，2009 年每月的出口額增速均在-20% 以下，大量中小企業破產，大批農民工返鄉，貨幣供應量 M2 增速從 18.92% 下降至 14.8%，經濟增速快速回落，2009 年一季度 GDP 的增長率僅為 6.6%，CPI 物價指數從 2008 年末開始下滑，2009 年出現連續 10 個月負值。

為了應對這種危局，中國政府實行積極的財政政策和適度寬鬆的貨幣政策，推出「四萬億投資計劃」，加快基建投資，擴大內需。四萬億的投資計劃也為 2011 年的通脹埋下了伏筆。大規模的政府投資使得經濟快速升溫，CPI 物價指數上漲，該次通縮歷時一年。

歷次通脹通縮規律總結

通過歷史的回顧分析，我們不難發現，中國的通脹多發於市場經濟改革的浪潮中，伴隨著的是經濟的高速上漲，通過大規模發行貨幣，擴大基建投資和房地產投資建設穩定經濟發展，宏觀經濟上表現為投資增速和貨幣供應量快速上漲，CPI 物價指數隨之上揚。面對不同時期的通脹，政府採取了多樣的應對措施，收縮銀根減少貨幣流通以及控制投資壓縮社會總需求是政府採用頻率最高且效果最好的兩項政策。

排除 2002 年的良性通縮，1998 年和 2009 年的通縮分別發生在東南亞金融危機和美國次貸危機時期，均由於內外需同時減少導致供需失衡造成的物價下降。宏觀經濟上表現為貨幣供應量減少，固定資產投資以及出口增速快速下降，最終表現為 GDP 縮水。面對這兩次通縮，政府採取了不同的應對措施。1998 年，政府採取了降息等貨幣政策，由於傳導效應緩慢，貨幣政策沒有發揮太大的效應，而發行國債等財政政策起

到了關鍵作用。2009年，政府通過「四萬億投資計劃」快速地治理了通縮問題，結果是引發了全面的通貨膨脹。

綜上，筆者認為，中國可能已經陷入了通縮邊緣。首先，從最直觀的物價指數來看，2012年3月PPI首次出現負增長，與此同時CPI增速放緩，到2015年7月，PPI已經連續41個月為負值，CPI也跌至2%以下。其次，內外需雙雙下滑，中國房地產拐點出現後，投資增速快速回落，從2013年的20%以上下降到今年7月的4.3%，伴隨著的是固定資產投資增速回落至11.2%。全球經濟增長的疲弱抑制了外圍需求的增長，中國出口同比在今年前7個月中有5個月出現負增長，內外需同時收縮抑制了價格的上漲。另外，供給方面，工業領域產能過剩，人民幣跟隨美元升值導致進口貿易出現好轉，加劇中國輸入性通縮壓力。

社會總供給增加、需求減少是造成當下中國物價總水平下降的主要原因，長期的供大於求抑制了生產，經濟增速停滯。以史為鑒，面對通縮壓力，政府加大了貨幣政策力度，從2014年底至今，下調了4次基準利率和2次存款準備金率，但並沒有激發市場有效需求；此外，還採取了積極的財政政策，包括加快水利工程建設、推動大氣污染治理、強化棚戶區建設等基本建設投資。經過貨幣政策和財政政策的雙管齊下，近期CPI物價指數有所回升，但形勢不樂觀，在目前全球普遍價格水平低迷的背景下，中國再次陷入通縮的可能性極大。

材料來源：http://www.swjrzk.com/20552.html．

第二步：組織學生觀看並運用相關知識分析影像資料中的失業類型及政府的解決方案。

第三步：請各小組根據資料內容進行問題的提煉，同時組織小組同學進行問題討論，並形成論文文稿。

第四步：提交論文。

問題研討：

1. 失業的原因、類型。
2. 政府對失業解決的方案以及評價。
3. 通貨膨脹的類型以及政府治理通貨膨脹的措施。

實訓點評：

主要是讓學生通過觀看影像資料，瞭解失業帶來的經濟影響以及通貨膨脹對一國宏觀經濟帶來的影響。

【案例研究及案例使用指南】

案例1　研究稱中國失業率曾高達10.9%：因農民工失業未統計

對於本就令外界頻繁發出疑問的中國各項經濟數據來說，失業率長期穩定更是經常引發外界的質疑。好在政府部門已經意識到，不包含農民工就業狀況的失業率調查根本無法反應中國經濟的真實情況，所以更加客觀地調查失業率數據將得到大範圍

採用。

在為美國國家經濟研究局撰寫的文件當中，上海財經大學的馮帥章和約翰·霍普金斯大學的胡穎堯以及羅伯特·莫菲特對官方一份家庭調查進行研究發現，從2002—2009年，中國平均失業率為10.9%，幾乎比登記失業率高出7個百分點。

此前，中國人社部每季度發布的城鎮登記失業率。從歷史數據來看，21世紀以來不論經濟增速如何變化，中國的登記失業率長期保持在4%~4.3%之間。

莫菲特等人研究的原始數據未涵蓋更近期的數據，因此無法知道最近幾年勞工市場是否隨著經濟放緩而更加惡化。但是他們的數字的確暗示20世紀90年代國有企業破產和倒閉帶來的強大和持續的影響。

該報告的分析主要從三個時間點切入。

國有企業鼎盛的時期：從1988年到1995年，當時，國有企業仍然在經濟領域占據著主導地位。3.9%的失業率僅比官方數字略高。

國有企業改革的時期：從1995年到2002年，隨著政府主導的市場改革拉開大幕，國企職工大規模裁員，從而導致失業率攀升至高達6.6%。在那些年裡，由國企雇用的工人的比例從60%下降到30%。

在製造業繁榮的時期：你也許會認為事情將在2002—2009年，也就是中國加入世界貿易組織（WTO）后引發的勞動密集型製造業的繁榮。同時，隨著高校擴招步伐的加快，失業率攀升的情況會有所緩解。然而，10.9%的平均水平表明，這還不足以抵消國有企業裁員的長期影響。

報告還指出，隨著中國出口的持續低迷，沿海出口導向型企業也會面臨大規模的裁員壓力，這也就更會令中國的失業率「不好看」。

「在我們頻繁地被告知中國的經濟總量已經多麼巨大時，對失業率真實數據的忽視讓人擔憂。」一位參與報告起草的經濟學家在接受外國媒體採訪時坦言。

其實國際機構已經把目光投向了中國這一令人不解的經濟數據。國際貨幣基金組織（IMF）近期的一份報告中明確指出，中國的失業率存在低估成分。報告稱，從過去的失業率調查上看，中國經濟放緩並未影響就業狀況，但這種調查忽略了影響就業的一些因素。

失業率維持穩定主要是中國國企願意容納過剩工人，同時，失業的農民工回到了農村，不在城鎮登記失業率的統計範圍內。

接受調查的經濟學家們普遍認為，中國失業率調查不能反應中國的經濟狀況，因為調查只覆蓋了城鎮工人，而忽略了大約2.7億居住在城市的農民工以及大量農村就業人口。

儘管中國將今年的經濟增長目標從去年的7.5%降低至7%，但截至2015年3月的官方就業數據顯示，中國失業率目前仍然維持在4.05%，比去年同期的4.1%略微下降。2015年第一季度新增就業崗位為324萬個，較去年同期344萬個降幅也較小。

IMF調查了中國東部某城市後指出，中國國企受到政府的壓力而無法自主決定裁員。IMF表示，儘管目前中國國企過剩的工人絕對數量並不大，但比例卻相當高。IMF稱，許多大型國企在鋼鐵、礦產等產能過剩的行業，這些企業有著很高的勞動剩餘

比例。

　　IMF還稱，大量農民工聚集在低技術含量的崗位，往往受到經濟下滑的影響比城鎮工人更大。但失業后的農民工往往離開城市回到農村，這樣他們就被排除在城鎮失業率調查之外了。

　　紐約市立大學亨特學院教授鄺治中說：「試圖比較美國和中國的失業數據完全好像是把蘋果跟橘子比。」

　　鄺治中說數億農民工不會在統計範圍內。他說：「當沒有工作的時候，他們回家種田。他們不會去失業辦公室。」

　　事實上，中國早已看到登記失業率的問題，並有意用調查失業率代替登記失業率。湖北省統計局副局長葉青在接受《21世紀經濟報導》採訪時表示：「很多人沒有工作也不去登記，所以登記失業率總是很低，這個數據要慢慢淘汰，要用入戶調查的調查失業率替代登記失業率。」

　　2015年6月26日，國務院辦公廳發布的《關於印發進一步做好新形勢下就業創業工作重點任務分工方案的通知》稱，把穩定和擴大就業作為經濟運行合理區間的下限，將城鎮新增就業、調查失業率作為宏觀調控重要指標。

　　2015年7月起，勞動力就業調查範圍將從65個大城市擴大至全國所有地級城市。
案例來源：http://daily.zhihu.com/story/7071842.

思考題

根據材料，概括中國現行城鎮失業率登記的局限。

案例1 使用指南

　　第一步：目標設定參考。本案例可以配合本章教學及高鴻業主編《西方經濟學（宏觀部分・第六版）》的第十六章教學及學習使用，同時，應該對宏觀經濟學中的失業和通貨膨脹的各流派觀點有所瞭解，通過對案例的學習，掌握通貨膨脹的相關內容。

　　第二步：背景介紹。中國城鎮勞動力的失業登記制度初始於20世紀70年代末，當時稱為「待業登記」，那時所有的城鎮無業者都必須到政府勞動部門登記，處於就業等待期的勞動者即登記為「待業」。1994年，「待業登記」更名為「失業登記」。除了出於就業培訓和就業服務的目的，統計登記失業率其實更多是從社會保障的角度出發，因為登記失業率與領取失業救濟與低保補助密切相關，而並不是完整的體現勞動力市場現狀的經濟統計指標。

　　然而，近幾年有些學者估計中國的真實失業率遠遠高於官方的登記失業率（最低估計為8%，最高估計甚至達到20%）。誠然，由於人們進入和退出勞動力市場十分頻繁，以及對失業者和非勞動力的界定十分困難，導致失業率統計存在一定的高估或者低估現象，但如此懸殊的差距無法用正常的統計誤差來解釋，只能說明現行的中國失業率統計存在重大遺漏和缺陷。

　　這個缺陷就是目前中國僅僅統計和公布城鎮登記失業率，沒有統計和公布國際通行的調查失業率，而城鎮登記失業率不僅已經與時代脫節，同時又存在著嚴重偏差和

低估。例如，現行登記失業率統計指標體系僅有登記失業人數和登記失業率兩個指標，除了有按省份和城市分組的數據外，幾乎難以獲得按性別、年齡和職業等分類的結構性失業數據。更嚴重的還是登記失業率的低估現象。一方面，它沒有包含農民和進城農民工，無法反應大量農村人口的失業狀況；另一方面，它僅包括城鎮本地戶籍的失業人員，遺漏了下崗失業人口、未就業的大學生以及外來城鎮人口等，而且登記失業率將統計的年齡上限界定為男 50 歲、女 45 歲，這也將漏掉一部分人口。登記失業率的低估帶來了令人啼笑皆非的結果。

比如，在國有企業職工下崗最嚴重的 1998—2000 年，登記失業率一直保持在 3.1%。而當就業形勢開始好轉時，這個指標卻大幅度提高了，從 2001 年的 3.6% 到 2002 年的 4%。再比如，2008 年底有關部門估計返鄉的失業農民工高達 2,000 萬，但 2008 年第四季度登記失業率只象徵性地從三季度的 4% 上升到了 4.2%。

當然，相關部門可以根據城鎮登記失業率的相對變化而不是絕對數值來推斷整體人群的失業形勢，但既然城鎮登記失業率已經無法全面衡量勞動力市場現狀，就應盡早退出歷史舞臺，否則不僅難以與國際數字進行比較，還很容易對政策制定產生誤導。

第三步：理論學習。①指標統計口徑較窄。②失業登記的手續較為機械和繁瑣。③失業登記後續培訓缺乏針對性。④統計數據信度偏低。

第四步：討論思考題目。可以選擇根據思考題分組討論，每組學生輪流發言，組內相互補充發言，各組學生代表相互點評。

第五步：學習總結或教師點評。教師如果對案例研討中的主要觀點進行梳理、歸納和點評，簡述本案例的基礎理論，在運用基礎理論對案例反應的問題進行深入分析後，輔以適當的框圖進行總結。

案例2　20世紀90年代初中國為應對通貨膨脹增發了多少貨幣？

今天中國經濟的情勢中，至少有一件事，政府是說了而沒有做到的，這就是控制通貨膨脹。

2 月 23 日，政府方面發表的統計報告裡談到物價上漲的幅度，說是「繼續攀高」。（見《人民日報》1994 年 2 月 24 日）國家統計局的報告說，1994 年 1 月市場物價漲勢依然較強，全國 35 個大中城市居民消費價格比 1993 年同月上漲。這個數字已經大大高於政府公布的 1993 年的平均水平。中國幾百個大中小城市裡面，物價的問題，已經成為老百姓在餐桌上指天罵地的源頭。

鄉下糧食市場的價格，自兩個月前忽然揚起，到現在雖大致穩住，也已經漲了至少二成；農民開始搶購農資；城裡百姓則是搶購電器和金飾。這情景已經讓市場多了一重緊張的氣氛，然而還有一個消息到處都在傳播，說新的稅制以及人民幣匯率「並二軌為一途」，這將給已經燃起的通貨膨脹之火再澆上一盆油。政府的心情，因為這件事開始戰戰兢兢。領導們幾乎無處不講穩定。北京召開了「菜籃子」會議，國務院的官員們在會上嚴責屬下採取措施約束物價。然後是舊曆新年來臨，各地政府的官員們紛紛檢查自己轄區內的市場。

經濟理論家們則在報紙上提出控制物價上漲的主張。（見《市場報》1994年1月20日第一版）但就在這個時候，江澤民同志在北京的市場上已經不再說「控制」二字，只說要將物價水平保持在城鄉居民和社會能夠承受的範圍內。（見《人民日報》1994年1月20日第一版）

我們國家物價的新一輪上漲，以及政府的一籌莫展，應當說由一年前就已開始。這個問題，用不著多好的記性，就可以談清楚。

1992年冬天的時候，政府曾經信誓旦旦，保證不會讓通貨膨脹卷土重來。到了1993年3月，話頭便軟了許多，不再說「不」，而說「通貨膨脹的潛在壓力正在釋放」。不過，那時政府還有充分的信心來迎接「壓力」，在第八屆全國人民代表大會第一次會議召開的時候，交給人大代表們去表決的計劃，是要將全年的通貨膨脹率控制在6%之內。

兩個月后，國家經貿委員會的新任主任王忠禹的說法，就有了變化。據他說，物價上漲在1993年裡將不會超過8%。到了這一年的6月，政府又有了新的保證：爭取控制在10%。如此三番五次地表明決心，雖然口氣越來越軟，目標也一步一步地後退，但畢竟說明了政府對於這個問題的看重。

然而實際的經濟進程並不肯有絲毫的惻隱之心。政府口中涎沫未干，通貨膨脹即已成為壓頂之勢。此后政府的保證聲漸漸不聞，而物價的上漲依然不肯止息。夏季以后的宏觀調控和整頓金融，在不少地方立竿見影，令人們大松一口氣，唯物價問題，說起來底氣不足。第三季度結束的時候，已經高至12%。第四季度還是呈逐月增高之態勢。總計全年，按照政府的公布，為10%左右。

這是全社會零售物價上漲的平均計算。事實上，尋常百姓對於物價上漲的感受，還要更加強烈，這是有道理的。因為，他們每天開門即需的衣食住行，多為物價上漲的主要商品。統計學上為了表明這種情形，提出一個概念，叫作「居民生活費用價格」，其上漲則又更勝一籌。

1994年春天中國的物價情勢，令人感覺到幾分1988年秋冬時節的氣息。那一年的通脹率為18%。「通貨膨脹」這東西，第一次從政治經濟學的教科書上走下來，成為中國人的實際感受。后來舉國上下一起高喊治理整頓，也是因為這個感受實在令人難以容忍。

1994年春天開始的時候，我們雖然還不能說中國陷進了通貨膨脹的泥潭，但是，自1988年以來，通貨膨脹業已卷土重來，再一次進入高峰，也是事實。只不過，老百姓此時之心態，已較彼時更堅強，罵街歸罵街，並沒有再去擠兌銀行、搶購商店，暫時亦未生成風卷殘雲之勢。

話雖如此，我們的一顆心卻仍然提在嗓子眼裡，不敢放下。這是因為，老百姓的意志，雖然可以由過去「堅強」到現在，卻不能擔保也能由現在「堅強」到將來，會不會在哪一天忽然繃不住勁，重新卷起1988年那樣的風暴？

1994年開始的時候，政府方面又提出了新的保證。其中以國內貿易部的部長張皓若在電視上說的最為明確。他說政府在1994年將力爭把通貨膨脹率壓在10%以下。可是，1993年的事實已經證明，當改革還沒有進一步推進的時候，通貨膨脹這東西要麼

是壓不下去，要麼是壓下去了又會卷土重來。

現在要問的是，1994年物價的前途究竟如何？

政府已經保證施以控制的手段不使物價上漲太多，老百姓則已明白這樣的保證多半又是一張空頭支票，他們要問的是物價在最近的將來到底會漲到何種程度。當然這後一個問題也是政府在私下千方百計想要弄明白的一件事。因為這關係著今後一個時期中國經濟的局面，甚至可能牽涉政治的歸趨。

如前所述，這個問題，迄今為止官方最為直接的表述，出自張皓若之口，他說是要在1994年裡將物價上漲的幅度控制在10%以內。這大致也是政府在私下所做的約定。民間各方面的估計則有較大出入。大體認為，全年的物價上漲最低不會少於10%，最高則不會超過15%。

如若未來能夠仿照今天的情勢延續下去而無大的變化，則通貨膨脹的實際結果超過上面各種估計的最高限，並不奇怪。如果最后政府的統計公報沒有這麼多，那就一定是發生了下面兩種情況中的一個：

——由於統計方面的原因而使紙面數字不能說明實際情形，此種事情近年來多有發生，只是世人不能深悉；

——物價漲幅已經超過最高限額太多而令老百姓不能忍受，政府採取了嚴重的中途煞車之步驟，這也就是20世紀80年代末期經濟形勢的再現。

統計數字之所以不能準確說明實際物價，嚴格地說，並非政府有意欺騙老百姓，而是來自一些制度方面的緣由。舉大體不論細節，這些緣由有二。

一是國家用以統計根據的商品價格乃是事先指定，而實際的價格卻有可能完全是另外一回事。比如糧食中的精面粉一項，政府施以最高限價，大致每千克不超過一元六角，其價格的統計亦以此為準，可是糧食商卻可以將面粉制成饅頭售出，將實際的價格再行提高至一元九角。又比如北京市裡自行車的存放，政府定價為每次五分，實際上幾乎全部存車的地方都收費一角甚至兩角，實際高出規定數額100%~300%，物價的統計卻只是依照政府的定價，而不問實際情形如何。如果有人提出異議，他們就會振振有詞地說，那是亂漲價。可是如今市場上又有多少東西是老老實實地按照政府的控制買賣呢？

二是以數字的平均法來代替差異。眾所周知，社會的價格總水平乃是將全部商品綜合而計。這些商品大致包括四個方面：生產資料，例如鋼材、水泥、木材之類；生活資料，例如衣食住行；服務，例如通信、娛樂之類；非生產資料亦非生活資料的部分，比如辦公用品之類。

以1993年的情形來論，物價的上漲，以衣食方面最高，服務費用次之，生產資料再次之，而辦公用品之類的價格上漲最次。換一句話來說明這種情況，就是離老百姓生活越近的商品，漲價越多。所以政府公布之「居民生活費用」的上漲，總是高於社會商品價格的平均水平。但是即令有了這個區別，仍然可能發生偏差。

老百姓的生活消費，有耐用品和不耐用品之分。現在的情況大致為，越不耐用而又經常要用的東西，漲價越多。比如一戶人家去年買了一臺彩色電視機，今年大約不會再買，電視機漲價幅度雖小，卻已經與這家人沒有關聯，可是他們去年吃了若幹米

面肉魚蛋奶蔬菜水果，今年儘管這些東西漲價很多，卻又不能不吃。

由於上面兩個原因，所以我們可以肯定，在所有的消費者中，總有一部分人，實際承擔的通貨膨脹會超過政府公報的統計；另一部分人的負擔則相對會小一些。同時我們更可以肯定，前者一定是老百姓。懂得了這個道理，我們就會對政府的統計抱以比較淡泊的心情，而將注意力轉向實際的物價。實際的物價，又將是怎樣的結果呢？

人人都知道，1994年的價格改革將會有進一步的推進，時間大約在春夏之間，其時，煤炭等大宗商品將放開價格。加上年初開始實行的新的稅制、人民幣與外匯匯率的並軌，以及消費者之「買漲不買落」的心理狀態，不少人就認為，這些都會成為推動1994年物價上漲的原因。

應當說，這種說法有相當的道理，但卻多少有一點舍本逐末。通貨膨脹的源頭，說到底是由於貨幣的發行數量超過了應有的限度，超過越多則膨脹越多。這是規律，沒有什麼人可以有力量扭轉。所以，我們看前年出籠了多少鈔票，就大致可知去年物價的情勢；再看去年發行了多少鈔票，就可以知道今年物價將會如何。

1993年鈔票發出來多少呢？已有消息說，這數字大約要比前一年多出40%左右。又有國民生產總值在這一年的增長為13%。這就意味著，如今市場上活動著的鈔票要比活動著的商品多出20%~30%。當然我們還不能據此認定通貨膨脹率一定會升到這個幅度，只可用此作為對未來情勢估計時的參考。

案例來源：凌志軍．沉浮：中國經濟改革備忘錄（1989—1997）［M］．北京：人民日報出版社，2011．

思考題

1. 通貨膨脹和經濟增長的關係如何？其關係由何種因素決定？
2. 治理通貨膨脹可採取哪些經濟政策？

案例2使用指南

第一步：目標設定參考。本案例可以配合本章教學及高鴻業主編《西方經濟學（宏觀部分·第六版）》的第十六章教學及學習使用，同時，應該對宏觀經濟學中的失業和通貨膨脹的各流派觀點有所瞭解，通過對案例的學習，掌握通貨膨脹的相關內容。

第二步：背景介紹。西方經濟學對失業問題的研究大體上可分為古典經濟學的失業理論、凱恩斯主義失業理論、新古典經濟學失業理論和發展經濟學失業理論等。對這些失業理論產生的背景及其假設稍作對比不難發現，這些失業理論主要針對市場經濟發展到一定階段的失業特點而提出，各有其較強的針對性但卻缺乏普遍性基礎。因為失業問題是隨著專業化分工的演進和在此基礎上產生的市場經濟中的一種普遍現象，在專業化分工不發達的傳統社會和取消了市場作用的計劃經濟中都不存在大規模失業問題。因此，在專業化分工的演進和市場經濟發展的互動機制上去求解具有普遍性基礎的失業理論。

第三步：理論學習。通貨膨脹一般是指商品和勞務價格水平的普遍、持續上升。從世界範圍來看，通貨膨脹和經濟增長的關係有兩種：正向關係和反向關係。當然，

從經濟發展角度分析，理想的狀態是無通貨膨脹的經濟增長，但這一點幾乎是不可能做到的。從資源配置的角度看，經濟的持續增長取決於社會上是否有充足的資源可供配置，例如原材料和能源等，如果資源出現短缺，產生供給不足，勢必引起資源價格的上漲。那麼，經濟增長就會伴隨著通貨膨脹，反之亦然。

當一個經濟中的大多數商品和勞務的價格連續在一段時間普遍上漲時，宏觀經濟學就稱整個經濟經歷著通貨膨脹。通貨膨脹的程度通常用通貨膨脹率來衡量。通貨膨脹率被定義為從一個時期到另一個時期價格水平變動的百分比。防止通貨膨脹可採取以下幾種政策：①緊縮性財政政策：緊縮性財政政策是宏觀財政政策的類型之一，是指通過增加財政收入或減少財政支出以抑制社會總需求增長的政策。由於增收減支的結果集中表現為財政結餘，因此，緊縮性財政政策也稱盈餘性財政政策。通過緊縮財政支出、增加稅收，謀求預算平衡，減少財政赤字來減少總需求，降低物價水平。②緊縮性貨幣政策：緊縮性的貨幣政策是指通過削減貨幣供應的增長率來降低總需求水平，在這種政策下，取得信貸較為困難，利息率也隨之提高。因此，在通貨膨脹較嚴重時，採用緊縮性的貨幣政策較合適。通過減少流通中的貨幣供應量來減少總需求，降低物價水平，抑制通貨膨脹。可以通過中央銀行的貨幣政策工具來實施。例如，出售政府債券、提高貼現率和再貼現率、提高商業銀行法定存款準備金率。③緊縮性收入政策：緊縮性收入政策是指政府為了降低物價水平上漲的幅度，採取強制性或非強制性的限制工資和價格政策，目的在於控制工資的增長來控制收入和產品成本的增加，進而控制物價水平。緊縮性的收入政策措施通常是發生成本推動型通貨膨脹時採用。④價格政策：通過一定的手段限制價格壟斷，來避免抬高物價。⑤供給政策：通過降低稅率，刺激儲蓄和投資，從而增加商品和服務，消除總需求與總供給的缺口。

第四步：討論思考題目。可以選擇根據思考題分組討論，每組學生輪流發言，組內相互補充發言，各組學生代表相互點評。

第五步：學習總結或教師點評。教師對案例中的主要觀點進行梳理、歸納和點評，簡述本案例的基礎理論，再運用基礎理論對案例反應的問題進行深入分析。

案例 3　倒閉陰霾籠罩珠三角　農民工失業潮或引社會動盪

金融海嘯與民工失業潮

10 月 21 日，東莞樟木頭鎮寶山工業區的合俊玩具廠外，儼然是一個小型招聘會現場：道路兩旁、報攤、小食店門前都被廠家的招聘攤位所占據，多輛小巴停靠在大道旁，車身上貼著「立即參觀廠房」的標語，還有不少搶不到攤位的工廠正在到處派發招聘傳單——他們的目標是合俊集團破產后面臨失業的 7,000 多名員工。

10 月 16 日，樟木頭最大的玩具代工廠商合俊集團向其總部所在地香港特別行政區高等法院提出自行清盤的呈請，同時，其分別設在樟木頭和清遠佛岡的三家工廠亦告停產，其中樟木頭的合俊和俊領兩家工廠失業員工共 7,000 多人，佛岡廠的失業員工也有 1,700 多人。

圍繞在合俊外面的工廠的招聘已經展開了幾天，但前些天卻鮮少有人下定決心應

聘，因為對這幾千名工人來說，比失業更重要的是被拖欠了三個月的工資及加班費，不少工人已陷入身無分文的境地。

面對憤而聚集示威的7,000多名員工，為防止事態進一步惡化，樟木頭政府決定緊急墊付薪酬，安撫工人的情緒。至記者前往現場當天，鎮政府已向全部工人墊付了8、9、10三個月的工資及加班費，此前一直疑慮不安的工人們終於平靜下來，並開始尋找新工作。

上午，一批又一批的工人坐上清溪、大朗等地的工廠小巴離去，到了午後，聚集在廠外的工人數量已經見少。但仍有部分工人對大堆招聘傳單視若無睹，神色彷徨。

合俊事件雖暫時平息下去，珠三角製造企業倒閉潮帶來的勞動力過剩危機卻只初露端倪。

產業轉移下的動盪生存

樟木頭的出租車司機都知道合俊，開往寶山工業區的路上，司機介紹：「今年以來樟木頭倒閉的工廠不少，合俊旁邊這家臺灣工廠就是前兩個月倒閉的，遣散了上千員工；清溪更是幾乎每個月都有工廠倒閉，工人討不到欠薪就阻斷公路示威，每次都能讓樟木頭往清溪的公路堵上幾個小時……」

而走在東莞虎門或者大朗鎮工業區附近的街上，會看到許多隨著工廠倒閉和工人離去而空置的廠房，以及失去消費群體而倒閉的店鋪，每一扇緊閉的鐵閘上都掛著招租的廣告牌，然而行色匆匆的路人根本不會往那些招租熱線看上一眼。

轉移、倒閉的影子籠罩在珠三角上空已非一朝一夕。作為樟木頭最大的玩具廠商，合俊的破產並不是珠三角製造企業倒閉危機的序幕，更不是終曲。但它因為規模之大，受影響人數之眾而廣受外界關注，從而把珠三角企業倒閉潮背後的弱勢群體——農民工的命運擺在了公眾面前。

「工廠倒閉、農民工失業等問題，不是產生於金融海嘯時期，而是從珠三角擬定產業轉移思路時就開始顯現了。金融海嘯不過是在短期內加劇了這一矛盾而已。」廣東省社會科學院社會學與人口學研究所所長鄭梓楨表示。

在珠三角的產業轉移過程中，大批實力相對較弱的勞動密集型企業倒閉，或者上百家企業成批地被轉移出東莞、深圳等地，與之相對應的就是大量農民工失去了原來的就業機會，輾轉於這些動輒倒閉、搬遷的企業。

只不過，曾經一段時間，農民工的這些不安淹沒在鋪天蓋地的「民工荒」論調之中。

而實際上，在產業轉移升級的「陣痛」中，企業難招工是事實，大量農民工在珠三角打拼的過程中失去了生活的穩定感與安全感也是事實。

在合俊的廠房外，一名小伙子向一家玩具廠的招聘人員諮詢：「你們廠的規模有多大？訂單穩定嗎？」雖然得到對方的熱情回應，他還是猶豫著走開了。這家廠的基本工資和加班費都跟合俊差不多，條件算是不錯，但他有點心悚：「一年前從家鄉出來，到深圳做了兩個月，工廠就倒閉了，只拿到60%的工資。后來去虎門做了一段時間，老闆要把廠搬去江西，我不想去，就通過親戚介紹到合俊來。想著這麼大的廠總不會出事吧，結果做了三個月又倒了。現在不太敢進工廠，怕做不了幾個月又失業，還不一

定拿得到工資。」

一邊是用人單位在拼命拉人頭,另一邊幾位打工妹則商量著買車票回家的事:「最近倒閉的廠太多,沒有安全感。先回老家過年,春節後看看情況再來。」

金融危機引發倒閉潮

合俊事件剛發生時,廣東省玩具協會常務副會長李卓明曾向媒體表示,合俊集團的倒閉只是個別事例,是因為其企業經營的內因出了問題,而並非行業經營情況出現嚴重惡化。

這一說法在某種程度上得到了樟木頭鎮副鎮長徐鴻飛的證實:「合俊的老板前年進行多元化發展,搞採礦業,結果一直拿不到許可證。礦產的投資一分錢還沒有收回來,又碰上了這兩年的政策影響以及金融危機,最終逃不過倒閉的命運。」

然而,多元化也好,水災也好,壓垮駱駝的最后一根稻草依然是金融危機。

無獨有偶,在合俊宣布破產的第二天即10月17日,另一家香港玩具企業百靈達也宣布關閉了寶安的工廠,1,700多名工人被欠薪,廠區一度出現騷亂。

事實上,不管是「合俊」「百靈達」還是其他代工企業,都同樣面臨著出口退稅政策變化、《勞動合同法》實施、人民幣升值及金融風暴等多重困境,兩家工廠的境遇不過是珠三角眾多出口加工製造企業的一個縮影。

就以處在風口浪尖的玩具行業為例:珠三角的玩具企業大多以OEM(原廠委託製造或貼牌生產)為主,自有品牌非常少,而且多數依賴出口歐美及日本。合俊在樟木頭兩家工廠的產品有70%以上銷往美國,包括為全球最大的玩具商美泰公司提供OEM業務。

而受近期金融危機影響最為嚴重的,恰恰就是美國、歐洲和日本。海關數據表明,今年來中國對美、歐和日本的出口同比增長都出現了不同程度的下滑,其中,今年4月以來,中國對歐洲的出口累計同比增長已連續5個月下滑,從年初的33.4%降至25.6%。

如果說此前在產業轉移壓力下,珠三角體現的是沒有實力的小型企業紛紛倒閉的洗牌效應,那麼合俊的倒閉,則開始顯現出另一個趨勢——大型代工企業也開始熬不過這個寒冬了,正如徐鴻飛所說:「在目前的經濟形勢下,純代工企業的規模越大,風險往往也越大。」

就在合俊和百靈達倒閉后的這一週,龍崗港聲電子廠、寶安宜進利工廠、坪山創億玩具深圳有限公司、西麗西洋服裝廠等都紛紛傳出倒閉的消息。

「合俊」式多米諾骨牌

大型製造企業的倒閉,所產生的意義與連鎖效應,與小企業無聲無息的消失不可同日而語。合俊集團與其背後的供貨商、物流商之間的聯繫,如同一副息息相關的多米諾骨牌,合俊一倒,后面又會有無數的小廠隨之倒下。

供應商是合俊事件的另一個直接受害群體,他們被合俊拖欠的貨款少則幾萬,多則上千萬。玩具企業的上游供應商規模一般不大,抗風險能力也相對弱很多,數百萬甚至上千萬的損失對他們來說無疑是滅頂之災。

「供貨商也很慘,工廠欠了他們的錢,他們也只能欠自家工人的工資了。」有合俊

員工回憶道，「前幾天見到不少供貨商當場哭起來。據說工廠欠了 800 多家供貨商的錢。」

在寶安的百靈達廠區，供貨商與工人間的衝突則更為激烈，工廠關閉後，聞風而來的供應商想衝進廠房搬取固定資產抵債，卻被工人堵在門外，甚至發生肢體衝突。

大企業倒閉背後，有多少供貨商會因為資金斷裂而不得不步破產逃逸的后塵，不得而知，但可以肯定的是，他們一旦破產，最後又將有一批工人面臨欠薪、失業的困境。

記者在百靈達廠外偶遇一位供應商，他聲稱早已知道廠區已被法院查封，24 小時都有保安守著，不得進內，「但就是不甘心，過來看一下」。他已經做了最壞的打算，百靈達即使破產清算，變現的資產也未必夠付工人工資，供應商多半是血本無歸。假如真到了那一步，也只能帶著老婆孩子一走了之了——「對不起工人也沒辦法，自身難保。」

當我們發現金融海嘯打亂了珠三角產業升級的步伐時，珠三角企業的倒閉和裁員浪潮才剛剛拉開序幕。可以預見，危機持續蔓延下去，農民工大軍帶來的不僅是失業和滯留的問題，追討欠薪、遊行示威等行為的擴大化，也難免埋下社會隱患。

政府可以做什麼

「這就是考驗政府調控手段的時候了。」鄭梓楨認為，合俊事件，雖然表面上處理完滿，但卻暴露了政府在農民工勞動保障問題上的預警和應急機制還存在著很大問題。

合俊集團 2008 年的中期財報公布早已顯示，上半年集團虧損高達 2.056,1 億港元，總負債高達 5.323 億港元。而樟木頭鎮宣教辦公室主任蔡建彬及副鎮長徐鴻飛都親口向記者承認「幾個月前就通過稅收、出口量等的變動發現合俊出了問題，也曾前往調查瞭解情況」。

然而，拖欠了工人三個月工資的合俊高層仍然在一夜之間走得無影無蹤，留下一個爛攤子讓政府和納稅人「埋單」。

「沒料到高層會一夜之間集體逃跑」的說法顯然難以服眾。徐鴻飛曾向媒體表示政府面對合俊問題的無奈：「政府雖然發現公司有問題，但沒有充足的證據也不能去抓人，況且抓人要走司法程序。」

然而，廣東早就有為保障農民工權益而制定的農民工工資保證金提取制度，只是各地政府部門一直沒有執行，執行的細則也不明晰。其實，發現企業可能出問題，只需依法要求其提供員工工資保證金，就能未雨綢繆，預先保障農民工的權益。在合俊和百靈達事件裡，政府 100% 墊付員工工資，充其量只能作為個別案例的應急措施，絕不能成為常規。

據悉，合俊倒閉事件發生後，東莞市擬成立工資墊付保障基金，以分擔企業欠薪逃匿工人工資墊付的風險。而深圳寶安區則設立了總額為一億元的欠薪應急保證金，同時建立勞動糾紛預警機制，對虧損的規模以上企業實施監控。

如果這一機制在整個珠三角真正順利推動起來，起碼能在失業潮大規模爆發前預先杜絕因薪酬糾紛而可能發生的種種社會動盪。

結構性失業

那麼，在全球金融危機的波及下，珠三角企業倒閉潮會否促使中國告別勞動力短缺的「民工荒」時代，進入以農民工「失業潮」為標誌的勞動力過剩時代？

據香港工業協會預計，這一波的經濟不景氣中，光是珠三角就將有250萬人失業。無疑，這些失業人員大多數將是技術水平較低的勞動密集型行業的普工。

「過去的『民工荒』本質其實也不是勞動力短缺，而是部分企業過分壓榨勞動者，勞動報酬遠低於勞動價值，這些企業就應該招不到工人，是應該被淘汰的。中國人口的真正問題是勞動力過剩問題。」鄭梓楨說，「從來沒有『民工荒』，只有『教育荒』『法律荒』。」

如果把勞動力市場分為高級專業勞動力市場、熟練技術勞動力市場和初級勞動力市場三類，那麼前兩類勞動力市場在中國一直處於供不應求的狀況，第三類即普工則將會出現供過於求。而農村轉移到城市的勞動力恰恰大部分都屬於第三類。

在兩家倒閉的工廠外面，記者看到的大多是二十來歲的年輕工人，有的看上去甚至只有十幾歲。這些80後的外來打工仔、打工妹被冠以「新生代農民工」的稱謂。

「高中讀了一年，家裡經濟不好，乾脆就出來打工了。」一位廣西妹子羞澀地笑著說。跟她一起出來打工的同村夥伴有十幾個，很多都不到20歲，都是早早就輟了學。「父母說上學花錢多，讀完高中考不上大學沒有用，考上了又沒錢讀，現在很多大學生一樣失業呢，還不如早點出來掙錢。」

輟學打工—掙錢結婚—帶孩子打工——這成了農民工家庭的一個怪圈。「我們的孩子，最后很可能也是重複著這條路。」已育有兩個孩子的領班阿昌有點無奈，「不是不想讓孩子讀書，但農民工的孩子進不了城市的公立學校，民辦學校又經常被關閉，更重要的是也交不起這些高價學校的學費，只好把一對兒女留在老家」。父母不在身邊，加上農村教育條件相對落後，這些留守兒童能夠通過教育擺脫傳統命運者少之又少，最后多半還是「追隨」父輩早早輟學打工。

而與此相對的是，在內外交困的經濟大環境下，以往大量雇用低水平勞動力的製造企業要麼轉移、倒閉，要麼就只能瘦身過冬，或者狠下心來進行脫胎換骨的產業升級。

徐鴻飛對去年樟木頭鎮南大針織有限公司的產業升級進程非常滿意。該公司本來有1,800名工人，是典型的低技術勞動密集型企業，在鎮政府的引導和推動下，2007年南大針織投入了5,000萬元進行設備升級，不但產值增加一倍，而且工廠裡的1,800多名普工也縮減為400多名技術工人。

顯然，無論企業選擇哪條道路，教育水平和技能較低的普工都將是首先被擠出產業升級進程的對象。在勞動力過剩的大背景下，未來更嚴峻的可能是結構性失業問題。

分化

然而，產業升級的步伐不可能因為「陣痛」而停下來，即便經濟繼續快速發展，剩餘勞動力的轉移問題依然會長期困擾著社會，農民工大軍亦只能順應形勢，走向分化。

「我在百靈達已經工作了12年。」阿森是百靈達的一位老員工，在工廠干了12年，

他不瞭解外面的就業形勢已經發生了巨大轉變，唯一擔心的是以自己漸長的年齡還能不能迅速在珠三角找到新工作。有人勸他回家鄉，他向廣西玉林的老家瞭解了一下情況，「玉林普工的基本工資一般是 700，只比寶安少 200 左右。但是那邊的經濟前景沒有那麼好，工廠也不多，容納不了那麼多工人，回去說不定比留在這裡找工作更困難。回家如果不打工，也不知道幹什麼好，家裡早就沒有地了。」——一邊是雙轉移，一邊是金融危機，還有一邊則是土地改革，處在三岔口上的農民工感到無所適從。

「出路之一是通過培訓進行技能升級。」鄭梓楨認為，這是目前調整結構性失業最可行的途徑。

早在 2006 年，廣東省勞動保障部門就已經在全省組織實施了「廣東省農民工技能提升培訓計劃」與「廣東省百萬農村青年技能培訓工程」：「農民工培訓計劃」的主要對象是已在本省城鎮務工的農民工（含城鎮戶籍外來勞動力）；「百萬工程」的主要對象是未向非農產業轉移就業的本省農村多餘勞動力、新生勞動力和農村退役士兵。

「廣東省對農民工的技能培訓投入相當巨大，如果農民工有相應的意識，應該能從中取得不錯的效果。」但無可厚非的是，對於本省農村青年及外來務工人員，政策的側重還是有所差異。

顯然，勞動力過剩的壓力不可能全部由珠三角城市消化，勞動力輸出大省也應該有所作為。「出路之二是順應產業轉移趨勢，從珠三角發達地區流向欠發達地區的新興廠區；出路之三是促進剩餘勞動力向現代化新農村的回流。」

不過，大多數農民工依然缺乏危機意識。21 日黃昏，再度繞回合俊廠區，剩下的人已經不多。清溪一家工廠的招聘人員正準備離開，她對當天的收穫很滿意：「一共招了幾百人。他們對薪酬要求都不算特別高，待遇差不多就可以了。」

「對工作的穩定性是有點擔心，但還不至於找不到工作吧。很多工廠對普工要求不高，沒有經驗頂多少拿 100 元工資。」這是年輕失業工人們的普遍心態，「進修？免費的也沒那個時間和精力啊，我們每天都加班到八九點，還是多賺點工錢實際。」他們不知道在暴風雨來臨前的平靜背後，已是暗流洶湧。

案例來源：http://news.163.com/08/1109/10/4QA4F83M0001124J.html.

思考題

根據材料，概括中國出現農民工失業的原因。

案例 3 使用指南

第一步：目標設定參考。本案例可以配合本章教學及高鴻業主編《西方經濟學（宏觀部分‧第六版）》的第十六章教學及學習使用。學生應通過對此案例的學習，掌握失業理論中關於失業的原因以及失業的影響部分內容。

第二步：背景介紹。西方經濟學對失業問題的研究大體上可分為古典經濟學的失業理論、凱恩斯主義失業理論、新古典經濟學失業理論和發展經濟學失業理論等。對這些失業理論產生的背景及其假設稍作對比不難發現，這些失業理論主要針對市場經濟發展到一定階段的失業特點而提出，各有其較強的針對性，但都缺乏普遍性基礎。

因為失業問題是隨著專業化分工的演進和在此基礎上產生的市場經濟中的一種普遍現象，在專業化分工不發達的傳統社會和取消了市場作用的計劃經濟中都不存在大規模失業問題。因此，我們應在專業化分工的演進和市場經濟發展的互動機制上去求解具有普遍性基礎的失業理論。

第三步：理論學習。宏觀經濟學認為，經濟社會在任何時期總存在一定比例的失業人口。失業現象從表面上看是過多的勞動力去追逐過少的工作崗位，但西方學者使用微觀經濟學的供給-需求分析框架對不同類型的失業做出解釋。把失業分為三種類型，即摩擦性失業、結構性失業和週期性失業。結構性失業是指勞動力的供給和需求不匹配所造成的失業。其特點是既有失業，又有職位空缺，失業者或者沒有合適的技能，或者居住地點不當，因此無法填補現有的職位空缺。這部分理論學習中，應掌握工資剛性的含義。工資剛性即工資不能調整到使勞動市場的供給等於需求從而消除失業的水平。在工資剛性的情況下，工人失業並不是因為他們積極尋找最適合於他們個人技能的工作，而是因為願意工作的人數與可以得到工作的人數之間存在根本性的不匹配。在現行工資水平下，勞動供給量超過勞動需求量，所以許多工人只是在等待招工。工資剛性的原因有三個：最低工資法、效率工資和工會的壟斷力量。本案例中，中國農民工失業即屬於結構性失業。經濟危機出現以後，伴隨著工廠倒閉、工人失業，大部分農民工失去了工作，面臨重新找工作的需要。但是由於崗位需求少，造成農民工勞動力的供給多需求少而形成失業。

第四步：討論思考題目。可以選擇根據思考題分組討論，每組學生輪流發言，組內相互補充發言，各組學生代表相互點評。

第五步：學習總結或教師點評。教師對案例中的主要觀點進行梳理、歸納和點評，簡述本案例的基礎理論，再運用基礎理論對案例反應的問題進行深入分析。

案例 4　失業大學生為何有業不就？

據專業數據機構麥可思公司最新發布的《2012 年中國大學生就業報告》顯示，在 2011 年畢業的大學生裡，有將近 57 萬人處於失業狀態，而其中有 10 多萬人選擇「啃老」；即使工作一年的人，對工作的滿意率也只有 47%。

數據顯示，2012 年，中國高校畢業生達到 680 萬人，再加上往年沒就業的，以及進城務工的農民和退伍復員的軍人，估計需要 1,300 萬以上的新增崗位才能基本滿足需求。但目前每年新增的崗位距離這樣的需求還很遠。

與之相悖的是，一份關於「用工荒」的調查報告——《2011 年中國企業家生存環境指數研究》調查結果表明：僅有 29.4% 的民營企業家認為引進人才比較容易，超過一半（51.9%）受訪企業預計在未來 1~2 年會遭遇「用工荒」。

一、失大生何填不上用工缺口？

（一）「用工荒」單位多為勞動密集型企業，缺的是廉價勞動力，大學生「低不就」

從改革開放至今，中國勞動密集型產業的勞動主體都是農村勞動力，但隨著農村勞動力的數量逐年下降，經濟規模和企業數量卻在不斷增大，因此，企業缺工實際上

最缺乏的是廉價勞動力。這些工人的工作大多為流水作業，沒有什麼技術含量，與之相對應的薪金待遇也不高。但就算企業再招不到人，也不會招大學生去做一線操作工，因為企業知道他們根本留不住人，也開不出與大學生學歷相對應的工資。

也許，叫失業的大學畢業生跑到工廠當一線工人並不現實，但至少說明，假如大學畢業生願意，找一份工作並不是特別難的事。「態度決定一切」，大學生就業是否順利，關鍵在於能否將就業期望值適度調低。

(二) 技術性人才缺乏，折射出大學課程與社會不接口

據報告顯示，本科就業紅牌警告的專業有：動畫、法學、生物技術、英語、國際經濟與貿易等。我們可以看到，在這些紅牌專業中，有一些是前幾年的熱門專業。而相對的，地質工程、港口航道與海岸工程、船舶與海洋工程這些前幾年比較冷僻的專業現在成為就業率最高的專業。以法學為例，全國至少有400多所高校設立了法學專業。可想而知，每年將有多少法律專業的學生面臨就業難的問題。這不但是人才的浪費，也是對教育資源的浪費。

大學教育與社會需求脫節是一個不可忽視的問題。大班上課，不講究個性化培養；傳統教學，不能與社會變化接軌；只重知識，忽略通用技能培訓；缺乏實踐，永遠都在紙上談兵。這些都導致大學生進入工作崗位後適應能力不足，與職業要求存在巨大差距。這也是「企業求賢難、大學生求職難」局面產生的原因之一。社會上需要更多的實用型技術人才，一味地低頭培養研究型人才已經不能適應社會，只能加劇大學生就業難。

(三) 追求鐵飯碗，折射出對社會保障的焦慮

10月中旬，哈爾濱市招聘457個清潔工引來1萬多人報名，其中近3,000人擁有本科學歷，25人擁有統招碩士研究生學歷。「事業編製」，是此次招聘最大的亮點。同樣，2013年「國考」報名再次出現「井噴」，報名人數接近200萬人。

很多大學生追求鐵飯碗，將福利和保障作為一個標準。大學生在挑選工作時，追求穩定的心理是普遍的。比如壟斷單位、公務員、外企、大型民企等，這種就業排序反應的是社會現實格局：資源以某種方式向壟斷國企、公務員或外企集中。現在，大學生對鐵飯碗趨之若鶩，主要看重的是規範的勞動關係及誘人的養老、醫療保障。倘若一個大學生到民營企業就業，無論是工作壓力還是社會保障，都會有天壤之別。前段時間，關於「月薪多少會讓你在相應的城市生活不惶恐」的調查，其實正好反應了包括都市白領在內的普通工薪階層生存焦慮和「惶恐情緒」的表達。面對眾多的崗位，不少大學生正是抱著追求鐵飯碗的心理和對生存的「惶恐情緒」，始終找不到合適的工作。

(四) 優秀職位往往存在不正當競爭

近年來，中國各地不斷出現「蘿蔔招聘」的現象。工作很難找，好工作更難找。這種不正當競爭的存在，讓獲得本來就稀缺的優秀職位難上加難。「社會競爭中產生不公平感，導致相對被剝奪感強烈」是公眾普遍出現弱勢心態的一個重要原因。越來越多的人感到，機會的不均等讓日益分化的社會階層之間的差異進一步固化。一個階層固化的社會，社會成員失去了公正、公平競爭的機會，那樣的社會注定會喪失活力，

更糟糕的是那樣的社會也注定會沒有夢想、沒有希望。

二、解　大　生就　必　多管　下

(一) 根本是靠發展經濟，擴大內需

緩解大學生就業壓力，首要的也是最根本的，是要靠經濟的發展。因為，只有經濟發展了，規模擴大了，對勞動力的需求增長了，才能創造更多的就業機會，提供更多的就業崗位。如何刺激經濟發展？國家要通過制定出抬一系列優惠政策，鼓勵消費增長，擴大國內需求，鼓勵科技創新，鼓勵小額貸款，支持小微企業，支持自主創業，刺激促進經濟發展。

(二) 學校重視人才培養，大學生擺正位置

一方面，學校要確立面向社會、面向市場的辦學方針，根據社會經濟發展和人才需求狀況，不斷調整優化專業結構，修訂完善人才培養方案，為社會培養適銷對路的人才。另一方面，大學生要有正確的就業擇業觀。先就業後擇業，升學業緩就業，變就業為創業。要善於根據自身實際條件確立比較合理的就業期望值，不可好高騖遠。

(三) 健全社會保障體制，建立公平有序的競爭環境

就長遠而言，政府必須要為大學生參與就業市場的公平競爭創造良好的社會環境與制度安排，這是對大學生就業的最大支持與最好保護。如果能確立這一政策並落實到具體的實踐中，受益的將不僅僅是大學生，而是所有的勞動者。

建立公平競爭的就業環境，最根本的是要改進社會保障制度，打破資源向壟斷企業、公務員集中的傾向，做到兼顧公平。盡快推進基本養老保險制度全國統籌，不僅是實現勞動者自由流動並有利於大學生公平就業的政策取向，也是擴大覆蓋面的前提條件。實際上，建立健全的社保體制是一箭多雕的。它是實現國民共享發展成果的基本途徑，不僅給國民以安全感，同時還能刺激消費、促進經濟增長模式轉型。

解決大學生的就業難問題，不僅僅需要大學生擺正自身的位置，更需要在制度上為其提供公平的就業環境。

案例來源：http://news.sina.com.cn/z/shyedxs/.

思考題

根據材料，概括中國出現大學生失業的原因。

案例 4 使用指南

第一步：目標設定參考。本案例可以配合本章教學及高鴻業主編《西方經濟學（宏觀部分・第六版）》的第十六章教學及學習使用。學生應通過對此案例的學習，掌握結構性失業的原因及相關內容。

第二步：背景介紹。幾年前，在人才市場熱門專業的驅動下，許多高校盲目爭開熱門專業，造成部分學科專業規模猛增，使得這些學科發展過快，遠遠超出了人才市場的吸納能力。而相對冷門的一些專業卻被忽視和擱置，出現了專業人才分配不均的情況。隨著社會和市場經濟多樣性的發展，市場對人才需求的兩極分化越來越明顯。與一些「擠破頭」的工作崗位形成鮮明對比的是，企業需求的信息技術、軟件設計等

崗位的人才奇缺。這些因素造成了大學生「結構性」失業。大學生的知識結構、專業技能、工作經驗、就業觀念等與中國市場經濟的發展和區域經濟結構的調整不匹配而出現的職位空缺與失業並存的結構性失業，已成為當前大學生失業的主要表現形式。

　　第三步：理論學習。前面已經提及，由於結構性失業是現有勞動力的知識、技能、觀念、區域分佈等不適應經濟結構（包括產業結構、產品結構、地區結構等）發生的變化而引發的與市場需求不匹配導致的失業。在現實中，由於工人沒有合適的技能勝任工作，以及求職者和空缺職位之間的信息不完全對稱，都造成找一份適合的工作需要時間和努力。從這一點上說，結構性失業是難以避免的。另外，現實中，消費者的產品需求不斷變化，這導致各類企業對勞動力的需求也不斷改變。例如，個人電腦的發明減少了對打字機的需求和對打字機的勞動力的需求。類似地，由於不同地區生產不同產品，可能一國某個地方的勞動力需求在增加而另一個地方的勞動力需求在下降。在勞動力市場上，企業和求職者都在搜尋，但兩者的搜尋目標不相同。求職者想得到體面且高薪的工作，企業則想尋找能夠勝任特定工作並且索要的工資水平合理的員工，雙方從搜尋到工作匹配需要一段時間。同時，自願或被迫離開工作崗位的人在找到新工作之前，都會經歷一段失業的時間。本案例中，大學生在缺乏技能的同時想要獲取高薪工作而不斷擇業，構成了大學生失業的主要原因。

　　第四步：討論思考題目。可以選擇根據思考題分組討論，每組學生輪流發言，組內相互補充發言，各組學生代表相互點評。

　　第五步：學習總結或教師點評。教師對案例中的主要觀點進行梳理、歸納和點評，簡述本案例的基礎理論，再運用基礎理論對案例反應的問題進行深入分析。

第六章　宏觀經濟政策

【案例導入】

案例導入一：積極財政政策全面護航穩增長

今年以來，國內外經濟形勢錯綜複雜，中國經濟增長新動力不足與舊動力減弱的結構性矛盾依然突出，經濟下行壓力較大。在這種形勢下，積極財政政策通過增加支出、加快支出進度保障重點領域投入，通過推動結構調整培育新增長點，通過優化支出結構保障百姓享受穩增長帶來的紅利。數據顯示，隨著積極財政政策的有效落實，經濟運行基本平穩，GDP 增速連續 2 個季度保持 7%，與預期目標相符，同時結構調整步伐加快，經濟發展的活力動力進一步增強。

加快預算執行　提供財力支撐

「中國將繼續實施積極的財政政策。預計全年中央財政支出增速在 10% 左右，高於年初預算財政收入 7% 左右的增速。」財政部部長樓繼偉在日前召開的 G20（20 國集團）財長和央行行長會議上表示。

這種財政支出的較快增長，體現在財政資金撥付的方方面面。其中，表現較為「搶眼」的是轉移支付資金撥付加快。「今年 1 至 7 月，財政部加快下達中央對地方轉移支付資金，目前已下達全年預算的 95%。」財政部綜合司有關負責人接受《經濟日報》記者採訪時表示。曾有學者形象地表述，地方每支出 1 元，4 角錢都來自轉移支付，因而轉移支付資金加快撥付，在當前地方財政收支矛盾加劇的情況下，對於保障基層財力、促進實現區域基本公共服務均等化發揮著重要的作用。

同時，隨著撥付進度的加快，也加速了地方專項轉移支付制度改革進程。以山東為例，清理、整合、規範專項轉移支付項目，力求將有限資金用在「刀刃」上，如：將分佈在旅遊、商務等多個行業和部門，涉及服務業發展的十幾項專項轉移支付，跨部門整合成一個專項；將 11.1 億元直接用於企業補助的資金，調整用於化解產能過剩等經濟社會發展的急需領域和薄弱環節；等等。

如果說轉移支付有助於緩解地方財政壓力、保障民生等重點領域改革平穩推進，那麼基礎設施建設投資等則直接關乎穩增長目標的實現。

截至 8 月 31 日，中央基建投資預算已下達 96%。與此同時，在棚戶區改造配套基礎設施、城鎮污水處理設施配套管網等重點領域，新增中央投資 505 億元。

「積極財政政策要兼顧經濟和社會兩方面，而不是單純當作擴張性經濟政策使用。」財政部財科所所長劉尚希認為，這些大力度的投入，都具有較強針對性，兼顧改善民

生和拉動投資、促進經濟增長。數據顯示，前 7 月全國財政支出 90,020 億元，同比增長 12.1%，完成預算的 52.5%，進度同比加快 0.6 個百分點。

不少人會提出疑問，隨著支出進度的加快，如何實現財政收支缺口的彌補？

一方面來自於年初預算安排的 1.62 萬億元財政赤字，赤字率約為 2.3%，比上年提高 0.2 個百分點；另一方面積極盤活存量資金，初步統計已收回中央部門及單位 131 億元，地方收回同級各部門 2,438 億元。「大力推進財政資金統籌，強化預算執行管理，加強庫款管理，提高財政資金使用效益。」財政部綜合司負責人說。

推動結構調整　培育新增長點

位於上海市張江的 TEAMBITION 公司，主營業務是提供雲服務，最近一年多業務收入增長近 30 倍。這家公司的順利起步，得益於 450 萬元的風險投資，而為其註資的戈壁盈智基金，是由國家層面的引導性基金投入 5,000 萬元，加上上海市政府層面投入資金，國有資金佔整個基金的 40% 左右，其餘約 60% 則來自於一些民營母基金及社會資本。

像這樣用國家資金撬動社會資本，為高新初創企業營造良好成長環境的做法，逐步成為財政推動結構調整，培育新增長點的一個重要方向。今年 1 月，國務院決定設立國家新興產業創業投資引導基金，重點支持處於起步階段的創新型企業，孵化和培育面向未來的新興產業；9 月 2 日國務院常務會議又決定，中央財政將通過整合資金出資 150 億元，吸引民營和國有企業、金融機構、地方政府等共同參與，建立總規模為 600 億元的國家中小企業發展基金，重點支持種子期、初創期成長型中小企業發展。專家表示，財政資金通過這種方式創新運用，重要意義不止在於扶持一批項目，更重要的是在國家資金運作過程中，逐步建立起完善的市場化機制、培育出一批創投團隊。因而，不僅帶來國家資金帳面上的增值，還通過資金市場化運作，惠及越來越多的新興產業，促進全社會聚焦創新發展，形成大眾創業、萬眾創新的良好環境和氛圍。

事實上，財政通過推進結構調整，培育的新增長點佈局在各個領域當中。比如，調整完善農業補貼政策，支持耕地質量保護和糧食適度規模經營，釋放農業發展活力。再如，支持節能減排和環境保護，加快推廣新能源汽車，加大大氣污染防治支持力度，支持京津冀、長三角、珠三角等重點區域形成環保設施和環保能力，等等。

在這些政策措施的助力之下，經濟發展的活力動力不斷增強，上半年新登記註冊企業同比增長 19.4%，註冊資金增長 43%。同時，節能降耗取得新進展，上半年單位 GDP 能耗同比下降 5.9%，降幅比一季度擴大 0.3 個百分點。

強化公共服務　保障改善民生

讓有力度的財政政策更有溫度，就意味著其在促進經濟平穩增長的同時，強化公共服務保障和改善民生的作用。

就以看似「冷冰冰」的地方債為例，事實上大多財政資金被投到了很多「溫暖」的民生領域，如農村公路建設、農村飲水安全建設、修繕老百姓的危舊房子。在今年下達第一批新增地方債債券時，財政部強調債券資金應優先用於棚戶區改造等保障性安居工程建設、普通公路建設發展、城市地下管網建設改造、智慧城市建設等重大公益性項目支出。以廣東省為例，在第一批新增地方政府債券中獲得 203 億元債券額度，

這203億元該怎麼花？據瞭解，這其中，省級重點項目將支出70億元，包括交通基礎設施建設50億元、重點和民生水利續建工程10億元、農村危房改造10億元；還有133億元用於轉貸市縣使用，其中安排14個欠發達地級市用於城市擴容提質建設42億元，用於南沙、橫琴新區建設14億元，60億元將轉貸市縣作為保障性安居工程和普通公路建設等重大公益性項目資金。

除此之外，隨著財政體制改革的推進，財政資金支出結構在優化，向民生等重點領域傾斜，百姓享受到的政策紅利越來越多。比如，新農合和城鎮居民醫保的補助標準從每人每年320元提高到380元。再如，基本建立起財政義務教育轉移支付同農業轉移人口市民化掛鉤的機制；提高普通高中國家助學金標準；提高企業退休人員基本養老金標準和城鄉居民基礎養老金標準，機關事業單位養老保險制度改革穩步推進……

財政部綜合司負責人表示，下一步將密切跟蹤形勢發展變化，更加精準有效地實施定向調控和相機調控，加快落實和完善積極財政政策相關措施，及時進行預調微調，加快推進有利於穩增長的改革措施，促進經濟持續健康發展。

案例來源：崔文苑．積極財政政策全面護航穩增長［N］．經濟日報，2015-09-08（1）．

問題：

1. 國家財政由哪兩部分構成？
2. 為什麼說政府轉移支付是一項重要的財政政策工具？

案例導入二：中國人民銀行2015年第一季度中國貨幣政策執行報告

2015年第一季度，中國經濟保持在合理區間運行，經濟增長與預期目標相符。就業形勢穩定，居民收入同步增長。結構調整持續推進，第三產業比重進一步提高，新產業、新業態、新主體加快孕育，結構調整起步較早的企業、行業和地區走勢較好。新的經濟增長動力正在形成之中，但內生增長動力尚待增強，下行壓力仍然較大，物價漲幅有所回落。第一季度國內生產總值（GDP）同比增長7.0%，居民消費價格（CPI）同比上漲1.2%。

中國人民銀行按照黨中央、國務院統一部署，繼續實施穩健的貨幣政策，針對經濟下行壓力加大、外匯占款變化對流動性影響較大等複雜情況，更加註重鬆緊適度，適時適度預調微調，保持中性適度的貨幣金融條件，註重優化流動性和信貸的投向和結構。綜合運用公開市場操作、短期流動性調節工具、中期借貸便利等多種工具組合合理調節銀行體系流動性。在人民銀行分支機構全面推開常備借貸便利操作，完善中央銀行對中小金融機構提供正常流動性的渠道。普降金融機構存款準備金率，適當提供長期流動性。運用多種工具組合有效彌補了因外匯占款變化形成的流動性缺口。同時，下調人民幣存貸款基準利率，逆回購操作利率相應有所下降。通過量價工具搭配共同引導市場利率下行，降低社會融資成本。完善差別準備金動態調整機制，對部分金融機構實施定向降準，加大再貸款、再貼現政策力度，加強信貸政策的結構引導作用，鼓勵金融機構更多地將信貸資源配置到「三農」、小微企業及重大水利工程建設等重點領域和薄弱環節。同時，進一步完善個人住房信貸政策，穩步推進信貸資產證券

化擴大試點。各項金融改革有序推進，存款利率浮動區間上限擴大至基準利率的1.3倍，《存款保險條例》正式出台，外匯管理體制改革進一步深化。

穩健貨幣政策的實施，為經濟社會發展創造了良好的貨幣金融環境，銀行體系流動性充裕，貨幣信貸和社會融資平穩較快增長，貸款結構繼續改善，市場利率明顯回落，匯率彈性顯著增強。2015年3月末，廣義貨幣供應量M2餘額同比增長11.6%。人民幣貸款餘額同比增長14.0%，比年初增加3.68萬億元，同比增多6,018億元。社會融資規模存量同比增長12.9%。3月份非金融企業及其他部門貸款加權平均利率為6.56%，同比回落0.62個百分點。3月末，人民幣對美元匯率中間價為6.142,2元，比上年末貶值0.38%。

中國人民銀行將按照黨中央、國務院的戰略部署，堅持穩中求進工作總基調，更加主動適應經濟發展新常態，繼續實施穩健的貨幣政策，保持政策的連續性和穩定性，更加註重松緊適度，適時適度預調微調，為經濟結構調整與轉型升級營造中性適度的貨幣金融環境，把握好穩增長和調結構的平衡點。綜合運用數量、價格等多種貨幣政策工具，加強和改善宏觀審慎管理，優化政策組合，保持適度流動性，實現貨幣信貸及社會融資規模合理增長。盤活存量，優化增量，改善融資結構和信貸結構。多措並舉，標本兼治，著力降低社會融資成本。

同時，更加註重改革創新，寓改革於調控之中，把貨幣政策調控與深化改革緊密結合起來，更充分地發揮市場在資源配置中的決定性作用。針對金融深化和創新發展，進一步完善調控體系，疏通貨幣政策向實體經濟的傳導渠道，著力解決突出問題，提高金融運行效率和服務實體經濟的能力。採取綜合措施維護金融穩定，守住不發生系統性、區域性金融風險的底線。

案例來源：中國人民銀行2015年第一季度中國貨幣政策執行報告（節選）.

問題：

1. 貨幣政策的含義是什麼？
2. 概括中央銀行的貨幣供給機制。

【學習目標】

1. 瞭解宏觀經濟政策目標以及經濟政策影響。
2. 理解財政政策及其效果、貨幣政策及其效果、兩種政策的混合使用。
3. 理解關於總需求管理政策的爭論。
4. 理解供給管理的政策。

【關鍵術語】

宏觀經濟政策　充分就業　摩擦性失業　自願失業　非自願失業　經濟增長
財政政策　貨幣政策　政府購買　政府轉移支付　自動穩定器　斟酌使用的或權衡性

的財政政策　擠出效應　貨幣政策　再貼現率　公開市場業務　道義勸告　短期供給管理政策　收入政策　人力政策

【知識精要】

1. 一般認為宏觀經濟政策主要有四個目標：充分就業、價格穩定、經濟均衡增長和國際收支平衡；而西方國家使用財政和貨幣這兩種政策力求達到這四個目標。各種財政政策工具（所得稅、政府支出、投資津貼等）和貨幣政策對利率、消費、投資和GDP 會有不同的影響。

2. 西方國家財政由政府收入（包括稅收和公債）和支出（包括政府購買和轉移支付）兩方面構成，而財政對經濟的調節又分為自動調節和主動調節兩類。自動調節指西方財政制度本身有著自動地抑制經濟波動的作用，即自動穩定器，包括政府稅收的自動變化、政府支出的自動變化和農產品價格維持制度。主動調節指政府有意識地實行積極的財政政策，即斟酌使用的熨平經濟波動的財政政策。實行積極的財政政策，財政的功能就要發生從單純地追求預算平衡到追求充分就業和物價穩定的轉變。

3. 積極的貨幣政策是中央銀行通過貨幣供給量來調節利率進而影響投資和整個經濟的政策。狹義貨幣包括通貨和活期存款。活期存款的派生機制，使中央銀行能通過控制準備金來調節整個貨幣供給。中央銀行變動貨幣供給的政策工具主要有再貼現率、公開市場業務和法定準備率。

4. 財政政策和貨幣政策還可根據經濟形勢變化的需要混合使用。

5. 對於是否要用財政政策和貨幣政策對總需求加以調節和管理，以及按什麼規則來調節和管理，主張經濟自由的經濟學家和凱恩斯主義者有著很大分歧和爭論。

6. 來自供給管理的政策包括主流凱恩斯主義者的收入政策、人力政策和供給學派的以減稅為核心的刺激供給的政策。二者的出發點和著眼點不同。

【實訓作業】

一、名詞解釋

1. 充分就業
2. 自動穩定器
3. 擠出效應
4. 再貼現率
5. 道義勸告

二、簡要回答

1. 簡述宏觀經濟政策目標。
2. 簡述宏觀經濟政策的作用和影響。

3. 簡要敘述國家預算的功能。
4. 簡述中央銀行的職能。
5. 簡述收入政策。

三、論述

1. 試評述凱恩斯的宏觀經濟理論。
2. 用 IS-LM 模型說明為什麼凱恩斯主義強調財政政策的作用，而貨幣主義則強調貨幣政策的作用。
3. 論述貨幣政策的局限性。

四、問題計算

假設貨幣需求 $L=0.2y-5r$，貨幣供給 $M=200$，消費 $c=60+0.8y_d$，稅收 $t=100$，投資 $i=150-5r$，政府支出 $g=100$。求：

（1）IS 和 LM 方程及均衡收入、利率和投資；
（2）若其他情況不變，政府支出從 100 增加到 120 時，均衡收入、利率和投資變為多少？

【實訓作業答案】

一、名詞解釋

1. 充分就業：在廣泛意義上是指一切生產要素（包括勞動）都有機會以自己願意的報酬參加生產的狀態。
2. 自動穩定器：亦稱內在穩定器，是指經濟系統本身存在的一種會減少各種干擾對國民收入衝擊的機制，能夠在經濟繁榮時期自動抑制通貨膨脹，在經濟衰退時期自動減輕蕭條，無須政府採取任何行動。
3. 擠出效應：指政府支出增加所引起的私人消費或投資降低的效果。
4. 再貼現率：指中央銀行對商業銀行及其他金融機構的貸款或者說放款利率。
5. 道義勸告：指中央銀行運用自己在金融體系中的特殊地位和威望，通過對銀行及其他金融機構的勸告，影響其貸款和投資方向，以達到控制信用的目的。

二、簡要回答

1. 簡述宏觀經濟政策目標。

宏觀經濟政策有充分就業、價格穩定、經濟增長和國際收支平衡四大目標。

充分就業是指不存在非自願失業的一種狀態。失業一般分為三類：摩擦失業、自願失業和非自願失業。摩擦失業是指在生產過程中由於難以避免的摩擦造成的短期、局部性失業。自願失業是指工人不願意接受現行工資水平而形成的失業。非自願失業是指願意接受現行工資但仍找不到工作的失業。前兩種失業被認為難以消除，故充分

就業目標是針對非自願失業而論的。

價格穩定是指價格總水平的穩定。一般借用價格指數來表示一般價格水平的變化。價格穩定不是指每種商品的價格固定不變，而是指價格指數的相對穩定，即不出現較嚴重的通貨膨脹。

經濟增長是指在一個特定時期內經濟社會所生產的人均產量和人均收入的持續增長。通常用一定時期內實際國民生產總值年平均增長率來衡量。

隨著國際經濟交往的密切，如何平衡國際收支也成為一國宏觀經濟政策的重要目標之一，一國的國際收支狀況不僅反應了這個國家的對外經濟交往情況，還反應出該國經濟的穩定程度。當一國國際收支處於失衡狀態時，就必然會對國內經濟形成衝擊，從而影響該國國內就業水平、價格及經濟增長。

2. 簡述宏觀經濟政策的作用和影響。

宏觀經濟政策可分為需求管理政策和供給管理政策，前者包括財政政策和貨幣政策，后者包括人力政策和收入政策等，但主要是需求管理政策，即財政政策和貨幣政策。

財政政策是政府變動稅收和支出以便影響總需求進而影響就業和國民收入的政策。變動稅收是指改變稅率和稅率結構。例如，經濟蕭條時，政府採用減稅措施，給個人和企業多留些可支配收入，以刺激消費和投資需求從而增加生產和就業。儘管這樣做會增加貨幣需求，使利率上升，削弱減稅對增加總需求的作用，但總的說來國民收入還是增加了。再如，高收入者邊際消費傾向較低，低收入者邊際消費傾向較高，因而改變所得稅結構，使高收入者增加些賦稅負擔，使低收入者減少些負擔，同樣可起到刺激社會總需求的作用。變動政府支出指改變政府對商品與勞務的購買支出以及轉移支付。例如，在經濟蕭條時，政府擴大商品和勞務的購買，多搞些公共建設，就可以擴大私人企業的商品銷路，還可以增加消費，刺激總需求。儘管這樣做也會增加對貨幣的需求，從而使利率上升，影響私人投資，但總的說來，生產和就業還是會增加。政府還可以採用投資稅收抵免或加速折舊等辦法給私人投資以津貼，直接刺激私人投資，增加生產和就業。以上所有這些措施，都是擴張性的財政政策。當然，在經濟高漲、通貨膨脹率上升太快時，政府也可以採用增稅、減少政府支出等緊縮性財政措施以控制物價上漲。

貨幣政策是貨幣當局及中央銀行通過銀行體系變動貨幣供給量來調節總需求的政策。例如，在經濟蕭條時增加貨幣供給，一方面可降低利息率，刺激私人投資；另一方面貨幣增加可直接支持企業擴大投資，進而刺激消費，使生產和就業增加。反之，在經濟過熱、通貨膨脹率太高時，可緊縮貨幣供給量以提高利率，抑制投資和消費，使生產和就業減少些或增長慢一些。前者是擴張性貨幣政策，后者是緊縮性貨幣政策。

3. 簡要敘述國家預算的功能。

答：國家預算是政府的基本財政收支計劃，是政府集中和分配資金、調節社會經濟生活的主要財政機制。按照社會主義市場經濟的要求，完善和改進中國國家預算制度，是新時期財政體制改革和財政工作的中心內容之一。

國家預算的功能首先是反應政府的財政收支狀況。其具體表現如下：

（1）從形式上看，國家預算就是按一定標準將財政收入和支出分門別類地列入特定的表格，可以使人們清楚地瞭解政府的財政活動，成為反應政府財政活動的一面鏡子。

（2）從實際經濟內容來看，國家預算的編製是政府對財政收支的計劃安排，預算的執行是財政收支籌措和使用過程，決算則是國家預算執行的總結。

（3）國家預算反應政府活動的範圍、方向和國家政策。

（4）由於國家預算要經過國家權力機構的審批方才生效，因而又是國家的重要的立法文件，體現國家權力機構和全體公民對政府活動的制約與監督。

4. 簡述中央銀行的職能。

中央銀行是一國的最高金融當局，它統籌管理全國的金融活動，實施貨幣政策以影響經濟。當今世界除了少數地區和國家，幾乎所有已獨立的國家和地區都設立了中央銀行。它在美國是聯邦儲備體系，在英國是英格蘭銀行，在法國是法蘭西銀行，在德國是德意志銀行，在日本是日本銀行，在中國是中國人民銀行。一般認為，中央銀行具有三個職能：

（1）作為發行的銀行，發行國家的貨幣。

（2）作為銀行的銀行，即為商業銀行提供貸款（用票據再貼現、抵押貸款等辦法），又為商業銀行集中保管存款準備金，還為商業銀行集中辦理全國的結算業務。

（3）作為國家的銀行，第一，它代理國庫，一方面根據國庫委託代收各種稅款和公債價款等收入作為國庫的活期存款，另一方面代理國庫撥付各項經費，代辦各種付款與轉帳；第二，提供政府所需資金，既用貼現短期國庫券等形式為政府提供短期資金，也用幫助政府發行公債或直接購買公債等方式為政府提供長期資金；第三，代表政府與外國發生金融業務關係；第四，執行貨幣政策；第五，監督、管理全國金融市場活動。

5. 簡述收入政策。

收入政策是用來限制壟斷企業和工會操縱物價和工資的一種重要政策，即實行以管制工資-物價為主要內容的政策。一般說來，它包括如下不同措施：①「工資-物價」指導線，即由政府當局根據長期勞動生產率增長趨勢來確定工資和物價的增長標準，要求企業和工會通過雙方協商，自願把工資和物價的增長率限制在全社會勞動生產率平均增長幅度以內。②對某種具體的較快上漲的工資或者物價形勢，由政府進行權威性勸說或者施加壓力來扭轉局勢。③實行工資物價的硬性管制，即由政府頒布法令對工資和物價實施管制，甚至暫時加以凍結。④以稅收為基礎的收入政策，即政策以稅收作為懲罰或者獎勵的手段來限制工資增長。如果工資增長率保持在政府規定的界限以下，則以減少個人和公司所得稅作為獎勵；如果工資增長率超過政府規定的界限，則以增加所得稅作為懲罰。

三、論述

1. 試評述凱恩斯的宏觀經濟理論。

答：第一，突破了傳統的就業均衡理論，建立了一種以存在失業為特點的經濟均

衡理論。傳統的新古典經濟學以薩伊法則為核心提出了充分就業的假設，認為可以通過價格調節實現資源的充分利用，從而把研究資源利用的宏觀經濟問題排除在經濟學研究的範圍之外。《就業、利息和貨幣通論》（簡稱《通論》）批判薩伊法則，承認資本主義社會中非自願失業的存在，正式把資源利用的宏觀經濟問題提到日程上來。

第二，把國民收入作為宏觀經濟學研究的中心問題。凱恩斯《通論》的中心是研究總就業量的決定，進而研究失業存在的原因，並認為總就業量和總產量關係密切，而這些正是現代宏觀經濟學的特點。

第三，用總供給與總需求的均衡來分析國民收入的決定。凱恩斯《通論》中認為有效需求決定總產量和總就業量，又用總供給與總需求函數來說明有效需求的決定。在此基礎上，他說明了如何將整個經濟的均衡用一組方程式表達出來，如何能通過檢驗方程組參數的變動對解方程組的影響來說明比較靜態的結果。即他總是利用總需求和總供給的均衡關係來說明國民收入的決定和其他宏觀經濟問題。

第四，建立了以總需求為核心的宏觀經濟學體系。凱恩斯採用了短期分析，即假設生產設備、資金、技術等是不變的，從而總供給是不變的。在此基礎上來分析總需求如何決定國民收入。把存在失業的原因歸結為總需求的不足。

第五，對實物經濟和貨幣進行分析的貨幣理論。傳統的經濟學家把經濟分為實物經濟和貨幣經濟兩部分，其中，經濟理論分析實際變量的決定，而貨幣理論分析價格的決定，兩者之間並沒有多大的關係，這就是所謂的二分法。凱恩斯通過總量分析的方法把經濟理論和貨幣理論結合起來，建立了一套生產貨幣理論。用這種方法分析了貨幣、利率的關係及其對整個宏觀經濟的影響，從而把兩個理論結合在一起，形成了一套完整的經濟理論。

第六，批判了「薩伊法則」，反對放任自流的經濟政策，明確提出國家直接干預經濟的主張。古典經濟學家和新古典經濟學家都贊同放任自流的經濟政策，而凱恩斯卻反對這些，提倡國家直接干預經濟。他論證了國家直接干預經濟的必要性，提出了比較具體的目標；他的這種以財政政策和貨幣政策為核心的思想后來成整個宏觀經濟學的核心，甚至可以說后來的宏觀經濟學都是建立在凱恩斯的《通論》的基礎之上的。

毫無疑問，凱恩斯是一個偉大的經濟學家。他敢於打破舊的思想的束縛，承認有非自願失業的存在，首次提出國家干預經濟的主張，對整個宏觀經濟學的貢獻是極大的。

2. 用 *IS-LM* 模型說明為什麼凱恩斯主義強調財政政策的作用，而貨幣主義則強調貨幣政策的作用。

答：（1）按西方經濟學家的觀點，由於貨幣的投機需求與利率成反方向關係，因而 *LM* 曲線向右上方傾斜，但當利率上升到相當高度時，因保留閒置貨幣而產生的利息損失將變得很大，而利率進一步上升將引起資本損失風險變得很小，這就使貨幣的投機需求完全消失，為什麼呢？這是因為，利率很高，意味著債券價格很低。當債券價格低到正常水平以下時，買進債券不會使本金受到因債券價格下跌的損失，因而手中任何的閒置貨幣都可用來購買債券而不願再讓它保留在手中，這就是貨幣投機需求完全消失的意思。由於利率漲到足夠高度使貨幣投機需求完全消失，貨幣需求是由交易

動機而產生，因而 LM 曲線就表現為垂直線形狀。認為人們的貨幣需求是由交易動機而產生，只和收入有關，而和利率波動無關，這是古典學派的觀點，因此，垂直的 LM 曲線區域被認為是古典區域。當 LM 呈垂直形狀時，變動預算收支的財政政策不可能影響產出和收入，相反，變動貨幣供給量的古典學派強調貨幣政策作用的觀點和主張就表現為 IS 曲線移動（它表現財政政策）在垂直的 LM 曲線區域即古典區域移動不會影響產出和收入，而移動 LM 曲線（它表現貨幣政策）卻對產出和收入有很大作用，見圖 6-1 和圖 6-2。

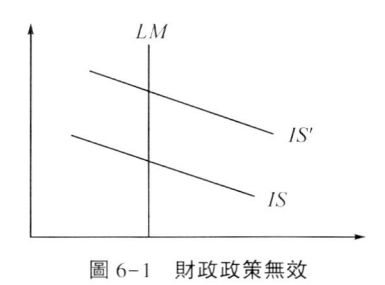

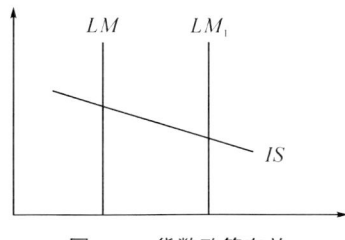

圖 6-1　財政政策無效

圖 6-2　貨幣政策有效

（2）凱恩斯主義強調財政政策。因為凱恩斯認為，當利率降低到很低水平時，持有貨幣的利息損失很小，可是如果購買債券的話，由於債券價格異常高（利率極低表示債券價格極高），因而只會跌而不會再漲，從而使購買債券的貨幣資本損失的風險變得很大，這時，人們即使有閒置貨幣也不肯去購買債券。這就是說，貨幣的投機需求變得很大甚至無限大，經濟陷入所謂「流動性陷阱」（又稱凱恩斯陷阱）狀態，這時的貨幣需求曲線即 LM 曲線呈水平狀。如果政府增加支出，IS 曲線右移，貨幣需求增加，並不會引起利率上升而發生「擠出效應」，於是財政政策極有效；相反，這時政府如果增加貨幣供給量，則不可能再使利率進一步下降。因為人們再不肯去用多餘的貨幣購買債券而寧願讓貨幣保留在手中，因此債券價格不會上升，即利率不會下降。既然如此，想通過增加貨幣供給使利率下降並增加投資和國民收入就不可能，因此貨幣政策無效，見圖 6-3 和圖 6-4。因而凱恩斯主義首先強調財政政策而不是貨幣政策的作用。

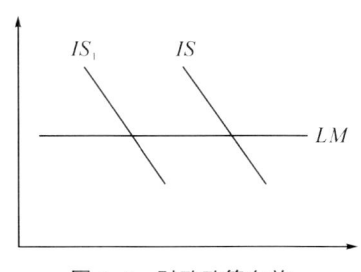

圖 6-3　財政政策有效

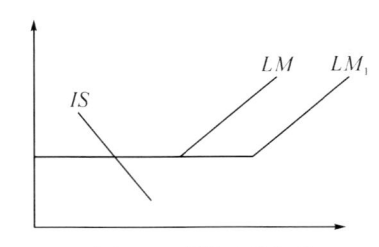

圖 6-4　貨幣政策無效

（3）LM 曲線是垂直形狀時貨幣政策極有效而財政政策無效。這是因為，當人們只有交易需求而沒有投機需求時，如果政策採用膨脹性貨幣政策，這些增加的貨幣將全部用來購買債券，而不願為投機而持有貨幣。這樣，增加貨幣供給就會導致債券價格大幅度上升，而利率大幅度下降，使投資和收入大幅度增加，因而貨幣政策很有效。

相反，實行增加政府支出的政策則完全無效。因為支出增加時，貨幣需求增加會導致利率大幅度上升（因為貨幣需求的利率彈性極小，幾近於零），從而導致極大的擠出效應，因而使得增加政府支出的財政政策效果極小，所以古典主義者強調貨幣政策的作用而否定財政政策作用。見圖6-1和圖6-2。

3. 論述貨幣政策的局限性。

西方國家實行貨幣政策，常常是為了穩定經濟，減少經濟波動，但在實踐中貨幣政策也存在一些局限性。

第一，在通貨膨脹時期實行緊縮性的貨幣政策可能效果比較顯著，但在經濟衰退時期，實行擴張性的貨幣政策效果就不明顯。經濟衰退時期，廠商對經濟前景普遍悲觀，即使中央銀行松動銀根，降低利率，投資者也不肯增加貸款而從事投資活動，銀行為安全起見，也不肯輕易貸款。特別是由於存在著流動偏好陷阱，不論銀根如何松動，利息率都不會減低。這樣，貨幣政策作為反衰退的政策，其效果就相當微弱。

第二，從貨幣市場均衡的情況看，增加或者減少貨幣供給要影響利率，必須以貨幣流通速度不變為前提。如果這一前提並不存在，貨幣供給變動對經濟的影響就要打折扣。在經濟繁榮時期，中央銀行為抑制通貨膨脹需要緊縮貨幣供給，或者說放慢貨幣供給的增長率，然而，公眾一般會增加支出，而且物價上升時，公眾不願把貨幣持有在手中，而希望盡快花出去，從而貨幣流通速度會加快，在一定時期內本來的1美元也許可完成2美元交易的任務，這無異於在流通領域裡增加了1倍貨幣供給量。這時候，即使中央銀行把貨幣供給減少1倍，也無法把通貨膨脹率給降下來。反過來，在經濟衰退時期，貨幣流通速度下降，這時中央銀行增加貨幣供給對經濟的影響也就可能被貨幣流通速度下降所抵消。

第三，貨幣政策的外部時滯也會影響政策效果。中央銀行變動貨幣供給量，要通過影響利率來影響投資，然后再影響就業和國民收入，因而，貨幣政策作用要經過相當長時間才會充分得到發揮。尤其是市場利率變動以後，投資規模並不會很快發生相應變動。利率下降以後，廠商擴大生產規模需要一個過程，利率上升以後，廠商縮小生產規模更不是一件容易的事，已經在建的工程難以停建，已經雇傭的職工要解雇也不是輕而易舉的。總之，貨幣政策即使在開始採用時不需花很長時間，但執行后到產生效果卻要有一個相當長的過程，在此過程中，經濟情況有可能發生與人們原先預料的相反的變化。

第四，在開放經濟中，貨幣政策的效果好壞要因為資金在國際上流動而受到影響。例如，一國實行緊縮性貨幣政策時，利率上升，國外資金會流入。若匯率浮動，則本幣會升值，出口會受抑制，進口會受刺激，從而使本國總需求比在封閉經濟情況下有更大的下降。若實行固定匯率制則中央銀行為使本幣不升值，勢必拋出本幣，按固定匯率收購外幣，於是貨幣市場上本國貨幣供給增加，使原先實行的緊縮性貨幣政策效果大打折扣。

貨幣政策在實踐中存在的問題遠不止這些，但僅從這些方面看，貨幣政策作為平抑經濟波動的手段，作用也是有限的。

四、問題計算

假設貨幣需求 $L=0.2y-5r$，貨幣供給 $M=200$，消費 $c=60+0.8y_d$，稅收 $t=100$，投資 $i=150-5r$，政府支出 $g=100$。求：

（1）IS 和 LM 方程及均衡收入、利率和投資；

（2）若其他情況不變，政府支出從 100 增加到 120 時，均衡收入、利率和投資變為多少？

答：（1）由 $c=60+0.8y_d$，$t=100$，$i=150-5r$，$g=100$ 和 $y=c+i+g$ 得 IS 曲線為：

$y = c+i+g = 60+0.8y_d+150-5r+100$

$= 310+0.8(y-100)-5r = 230+0.8y-5r$

化簡得： $0.2y=230-5r$

$y=1,150-25r$……………………（IS 曲線）

由 $L=0.2y-5r$，$M=200$ 和 $L=M$ 得 LM 曲線為：

$0.2y-5r=200$

化簡得： $y=1,000+25r$……………………（LM 曲線）

由 IS-LM 模型聯立方程組解得：

均衡收入 $y=1,075$，均衡利率 $r=3$，投資 $i=135$

（2）由 $c=60+0.8y_d$，$t=100$，$i=150-5r$，$g=120$ 和 $y=c+i+g$ 得 IS 曲線為：

$y = c+i+g = 60+0.8y_d+150-5r+120$

$= 330+0.8(y-100)-5r$

$= 250+0.8y-5r$

化簡得： $0.2y=250-5r$

$y=1,250-25r$……………………（IS 曲線）

由 $L=0.2y-5r$，$M=200$ 和 $L=M$ 得 LM 曲線為：

$0.2y-5r=200$

化簡得： $y=1,000+25r$……………………（LM 曲線）

由 IS-LM 模型聯立解得：

均衡收入 $y=1,125$，均衡利率 $r=5$，投資 $i=125$。

【實訓活動】

實訓活動　觀看有關宏觀經濟政策的影像資料

目的：

掌握宏觀經濟政策的四大目標及其相互之間的關聯性。

內容：

1. 時間：25~30 分鐘。

2. 地點：任意。

3. 人數：任課班級學生人數。

4. 合作人數：1~3 人構成的獨立小組。

步驟：

第一步：教師選取相關影像資料。

第二步：組織學生隨堂觀看。

第三步：分若幹小組進行解讀。

第四步：以小組為單位對解讀結果進行交流，同時對各小組的解讀結果給出評價。

問題研討：

1. 宏觀經濟的四大目標。

2. 各國在實現四大目標時的不同政策選擇。

3. 四大目標之間的關聯性。

實訓點評：

通過觀看影像資料，學生能夠直觀地理解國家制定宏觀經濟政策時所採用的相機抉擇措施，同時對宏觀目標之間的矛盾之處如何處理和把握要做進一步的深入認識。

實訓解讀材料：

宏觀經濟政策是指政府有意識、有計劃地運用一定的政策工具，調節控制宏觀經濟運行，以達到一定的政策目標。

宏觀經濟政策的理論基礎是凱恩斯主義經濟學的總需求決定國民收入的理論，即 *IS-LM* 模型。該模型說明了商品市場和貨幣市場同時達到均衡時利息率和國民收入是如何決定的，並且指出了模型中的 *IS* 曲線和 *LM* 曲線的位置變動會對均衡的利息率水平和國民收入水平產生何種影響。該模型是分析財政政策和貨幣政策效應的工具。

從西方國家戰後的實踐來看，國家宏觀調控的政策目標，一般包括經濟增長、充分就業、物價穩定和國際收支平衡等。

經濟增長是指在一個特定時期內經濟社會所生產的人均產量和人均收入的持續增長。它包括：一是維持一個高經濟增長率，二是培育經濟持續增長的動力。一般認為，經濟增長與就業目標是一致的。經濟增長通常用一定時期內實際國民生產總值年均增長率來衡量。經濟增長會增加社會福利，但並不是增長率越高越好。這是因為經濟增長一方面要受到各種資源條件的限制，不可能無限地增長，尤其是對於經濟已相當發達的國家來說更是如此。另一方面，經濟增長也要付出代價，如造成環境污染、引起各種社會問題等。因此，經濟增長就是實現與本國具體情況相符的適度增長率。

充分就業是指包含勞動在內的一切生產要素都以願意接受的價格參與生產活動的狀態。充分就業包含兩種含義：一是指除了摩擦失業和自願失業之外，所有願意接受各種現行工資的人都能找到工作的一種經濟狀態，即消除了非自願失業就是充分就業。二是指包括勞動在內的各種生產要素，都按其願意接受的價格，全部用於生產的一種經濟狀態，即所有資源都得到充分利用。失業意味著稀缺資源的浪費或閒置，從而使經濟總產出下降，社會總福利受損。因此，失業的成本是巨大的，降低失業率、實現充分就業就常常成為西方宏觀經濟政策的首要目標。

物價穩定是指物價總水平的穩定。一般用價格指數來衡量一般價格水平的變化。

價格穩定不是指每種商品價格的固定不變，也不是指價格總水平的固定不變，而是指價格指數的相對穩定。價格指數又分為消費物價指數（CPI）、批發物價指數（PPI）和國民生產總值折算指數（GNP implicit deflator）三種。物價穩定並不是通貨膨脹率為零，而是允許保持一個低而穩定的通貨膨脹率，所謂低，就是通貨膨脹率在 1%～3% 之間；所謂穩定，就是指在相當時期內能使通貨膨脹率維持在大致相等的水平上。這種通貨膨脹率能為社會所接受，對經濟也不會產生不利的影響。

國際收支平衡具體分為靜態平衡與動態平衡、自主平衡與被動平衡。靜態平衡，是指一國在一年的年末，國際收支不存在順差也不存在逆差；動態平衡，不強調一年的國際收支平衡，而是以經濟實際運行可能實現的計劃期為平衡週期，保持計劃期內的國際收支均衡。自主平衡，是指由自主性交易即基於商業動機，為追求利潤或其他利益而獨立發生的交易實現的收支平衡；被動平衡，是指通過補償性交易即一國貨幣當局為彌補自主性交易的不平衡而採取調節性交易而達到的收支平衡。

國際收支平衡的目標要求做到匯率穩定，外匯儲備有所增加，進出口平衡。國際收支平衡不是消極地使一國在國際收支帳戶上經常收支和資本收支相抵，也不是消極地防止匯率變動、外匯儲備變動，而是使一國外匯儲備有所增加。適度增加外匯儲備是改善國際收支的基本標誌。同時由於一國國際收支狀況不僅反應了這個國家的對外經濟交往情況，還反應出該國經濟的穩定程度。

以上四大目標相互之間既存在互補關係，也有交替關係。互補關係是指一個目標的實現對另一個目標的實現有促進作用。如為了實現充分就業水平，就要維護必要的經濟增長。交替關係是指一個目標的實現對另一個目標有排斥作用。如物價穩定與充分就業之間就存在兩難選擇。為了實現充分就業，必須刺激總需求，擴大就業量，這一般要實施擴張性的財政和貨幣政策，由此就會引起物價水平的上升。而為了抑制通貨膨脹，就必須緊縮財政和貨幣，由此又會引起失業率的上升。又如經濟增長與物價穩定之間也存在著相互排斥的關係。因為在經濟增長過程中，通貨膨脹已是難以避免的。再如國內均衡與國際均衡之間存在著交替關係。這裡的國內均衡是指充分就業和物價穩定，而國際均衡是指國際收支平衡。為了實現國內均衡，就可能降低本國產品在國際市場上的競爭力，從而不利於國際收支平衡。為了實現國際收支平衡，又可能不利於實現充分就業和穩定物價的目標。

由此，在制定經濟政策時，必須對經濟政策目標進行價值判斷，權衡輕重緩急和利弊得失，確定目標的實現順序和目標指數高低，同時使各個目標能有最佳的匹配組合，使所選擇和確定的目標體系成為一個和諧有機的整體。

材料來源：http://v.youku.com/v_show/id_XMTQyMDU5NDc2OA==.html? from=s1.

【案例研究及案例使用指南】

案例1　中華人民共和國財政部公告
2014 年第 71 號

根據 2014 年地方政府債券發行安排，經與天津、內蒙古、遼寧、大連、吉林、寧波、安徽、廈門、湖南、海南、西藏、貴州省（區、市）人民政府協商，財政部決定代理發行 2014 年地方政府債券（十三期）（以下簡稱本期債券），已完成招標工作。現將有關事項公告如下：

一、本期債券通過全國銀行間債券市場和證券交易所債券市場（以下簡稱各交易場所）面向社會各類投資者發行。

二、本期債券計劃發行面值為 207 億元，實際發行面值為 207 億元。其中天津、內蒙古、遼寧、大連、吉林、寧波、安徽、廈門、湖南、海南、西藏、貴州省（區、市）額度分別為 10 億元、25 億元、21 億元、6 億元、25 億元、6 億元、35 億元、4 億元、38 億元、12 億元、3 億元、22 億元。各省（區、市）額度以 2014 年地方政府債券（十三期）名稱合併發行、合併託管上市交易。

三、本期債券期限為 7 年，經投標確定的票面年利率為 4.12%，2014 年 9 月 25 日開始計息，招標結束后至 9 月 28 日進行分銷，9 月 30 日起在各交易場所以現券買賣和回購的方式上市交易。

四、本期債券為固定利率附息債，利息按年支付，利息支付日為每年的 9 月 25 日（節假日順延，下同），2021 年 9 月 25 日償還本金並支付最後一年利息。本期債券還本付息事宜由財政部代為辦理。

五、本期債券採取場內掛牌和場外簽訂分銷合同的方式分銷，分銷對象為在中國證券登記結算有限責任公司開立股票和基金帳戶及在中央國債登記結算有限責任公司開立債券帳戶的各類投資者。通過各交易場所分銷部分，由承銷機構根據市場情況自定價格。

特此公告。

中華人民共和國財政部
2014 年 9 月 24 日

案例來源：http://gks.mof.gov.cn/redianzhuanti/guozaiguanli/difangzhengfuzhaiquan/201409/t20140924_1143626.html.

思考題
1. 什麼是公債？
2. 政府為什麼要發行公債？
3. 如果可以，政府是不是想發行多少公債就可以發行多少？

案例1 使用指南

第一步：目標設定參考。本案例可以配合本章教學及高鴻業主編《西方經濟學（宏觀部分・第六版）》的第十七章教學及學習使用。同時，學生應該對於宏觀經濟政策的發展和演變等內容有所閱讀，通過對案例的學習，瞭解宏觀經濟政策的含義。

第二步：背景介紹。公債總是與國家的職能緊密聯繫在一起的。早期的公債主要是財政困難的產物，隨著社會經濟的向前發展和國家職能的不斷擴大，國家對經濟的干預已成為各國經濟發展不可或缺的內容，而要實現國家干預經濟、調節經濟的職能，就有必要借助公債這個重要工具。

第三步：理論學習。公債是各級政府借債的統稱。中央政府的債務稱為中央債，又稱國債；地方政府的債務稱為地方債。中國地方政府無權以自身名義發行債務，故人們常將公債與國債等同起來。公債是政府收入的一種特殊形式。公債具有有償性和自願性特點。除特定時期的某些強制性公債外，公眾在是否認購、認購多少等方面，擁有完全自主的權利。公債是政府信用或財政信用的主要形式。政府信用是指政府按照有借有還的商業信用原則，以債務人身分來取得收入或以債權人身分來安排支出，或稱為財政信用。公債只是財政信用的一種形式。財政信用的其他形式包括：政府向銀行借款、財政支農週轉金以及財政部門直接發放的財政性貸款等。公債是政府可以運用的一種重要的宏觀調控手段。公債存在和發展的基礎：①充裕的閒置資金。只有在商品貨幣經濟發展到一定水平時，社會上才會有充足和穩定的閒置資金，這是發行公債的物質條件；②金融機構的發展和信用制度的完善是發行公債必需的技術條件，否則公債發行便缺乏有效的手段和工具；③公債的存在和發展還必須與商品貨幣經濟下的社會意識觀念相適應。公債的性質：①公債是一種虛擬的借貸資本。公債體現了債權人（公債認購者）與債務人（政府）之間的債權債務關係。公債在發行期間是由認購者提供其閒置資金，在償付階段是由政府主要以稅收收入進行還本付息。公債資本與其他資本存在的區別在於公債資本（用於非生產性開支）並不是現實資本，而只是一種虛擬的資本。用於生產性開支的公債則表現為不能提取的公共設施等國家的現實資本。②公債體現一定的分配關係，是一種「延期的稅收」。公債的發行，是政府運用信用方式將一部分已作分配並已有歸宿的國民收入集中起來；公債資金的運用，是政府將集中起來的資金，通過財政支出的形式進行再分配；而公債的還本付息，則主要是由國家的經常收入——稅收來承擔。因此，從一定意義上講，公債是對國民收入的再分配。

第四步：討論思考題目。可以選擇根據思考題分組討論，每組學生輪流發言，組內相互補充發言，各組學生代表相互點評。

第五步：學習總結或教師點評。教師對案例研討中的主要觀點進行梳理、歸納和點評，簡述本案例的基礎理論，在運用基礎理論對於案例反應的問題進行深入分析後，輔以適當的框圖進行總結。

案例2　中國財政赤字還可增萬億

赤字率是指政府開支與政府收入之差與當年 GDP 的比。通俗來說就是，每年政府「掙的錢」和每年「花出去的錢」在數量上往往是不一致的，政府一般是掙少花多，那就要借一部分債。這部分債務與當年全國共同創造的財富數量比較一下，能夠得到一個比率，用來衡量政府支出總額是不是合理。

今年中央經濟工作會議明確提出將逐步提高赤字率，表明中國政府對於經濟下行帶來的財政收入下行壓力，有了充分的估計和相應的準備。隨著近幾年中國經濟增速下降，財政收入增長放緩已經成為一個明顯的趨勢，而為了保證經濟轉型升級的推進，企業稅負成本需要進一步降低，這必然會加大財政收入壓力。

然而，短期內財政支出並不具備快速減小的空間。雖然「供給側」改革是未來經濟工作的重點，但去產能、去槓桿、培育經濟增長新動力等都是一個痛苦而漫長的過程，更需要一個穩定的環境。客觀來說，我們不能一下子否定對於以往「需求擴張式」發展的路徑依賴。未來可預見的一段時期必然會是「供給側」改革與「需求側」管理並重的階段，一個著眼未來，一個保障當下，二者並不矛盾，而積極的財政政策一定會是保證經濟發展總體平穩的中堅力量。

2014 年，中國的財政赤字是 1.35 萬億元，赤字率 2.1%。2015 年的計劃赤字率是在 2.3%，財政赤字比 2014 年增加 2,700 億元，這個數字並不高。根據國際上比較通用的歐盟《馬斯特里赫特條約》，赤字率在 3% 以下都是安全的。當然，完全照搬《馬斯特里赫特條約》規定並不合理。依照中國國情，合理赤字率可以適當放開到 3.5%~5.5%。即使按照最低的 3% 來計算，中國的赤字率還有 0.7% 的增長空間。靜態估計可知，這 0.7% 對應的財政赤字增長空間將近萬億，而動態來看，這個空間還會更大。因此，在保證財政收支健康平穩的前提下，中國未來幾年推動積極財政的空間依舊巨大。

在 2016 年赤字率進一步提高的情況下，中國的財政支出必然還能保證需求端的規模不會急遽減少，中國政府主導的基礎設施建設項目還會保證足夠的投資規模。而同時，赤字率的提高也可為中國即將推動的減稅計劃提供基本的資金保障，未來的減稅計劃將會是促進經濟增長結構轉型升級的重要力量。

從宏觀上看，中國政府已經為保障未來中國經濟的可持續發展，促進中國經濟「供給側」改革做好了充分的準備。在未來的道路上，困難是一定會有的，但是中國經濟的發展潛力和政策空間更大！現在已經是不宜過分看空中國經濟的時候了，只要我們是在穩健、踏實地做事情，中國經濟必然能夠實現健康、可持續的發展。

案例來源：周濟. 中國財政赤字還可增萬億［N］. 環球時報，2015-12-24（15）.

思考題

1. 財政赤字的含義。
2. 一國在經濟發展中出現財政赤字好不好？
3. 對於財政赤字，你是如何認識的？

案例 2 使用指南

第一步：目標設定參考。本案例可以配合本章教學及高鴻業主編《西方經濟學（宏觀部分·第六版）》的第十七章教學及學習使用。同時，學生應該對於宏觀經濟政策的發展和演變等內容有所閱讀，通過對案例的學習，瞭解宏觀經濟政策的含義。

第二步：背景介紹。赤字多用於財政，意為虧本，因會計上習慣用紅字表示財政年度內財政支出大於收入的差額而名。一國之所以會出現財政赤字，有許多原因。有的是為了刺激經濟發展而降低稅率或增加政府支出，有的則因為政府管理不當，引起大量的逃稅或過分浪費。當一個國家財政赤字累積過高時，就好像一間公司背負的債務過多一樣，對國家的長期經濟發展而言，並不是一件好事，對於該國貨幣亦屬長期的利空，且日後為了要解決財政赤字只有靠減少政府支出或增加稅收，這兩項措施，對於經濟或社會的穩定都有不良的影響。一國財政赤字若加大，該國貨幣會下跌，反之，若財政赤字縮小，表示該國經濟良好，該國貨幣會上揚。

第三步：理論學習。在中國，財政收支是通過國家預算平衡的，財政赤字通常表現為預算執行結果支出大於收入的差額，故亦稱預算赤字。一年的財政收入代表可供國家當年集中掌握支配的一部分社會產品，財政支出大於收入，發生赤字，意味著由這部分支出所形成的社會購買力沒有相應的社會產品作為物資保證。為了彌補財政赤字，國家不得已而增發紙幣，即增加沒有物資保證的貨幣發行。如果財政赤字過大，財政性貨幣發行過多，物資供應長期不能滿足需要，就會發生通貨膨脹，造成物價上漲，致使居民生活水平下降。因而應按照量入為出的原則安排財政支出，保持財政收支平衡。但由於工作失誤或發生戰爭、嚴重自然災害等意外事故，也往往會使財政短收或超支，形成赤字，財政赤字是指財政支出超過財政收入的部分，意味著「花」的錢超過了「掙」到的錢。根據《中華人民共和國預算法》，地方財政上不設立赤字，故此通常所稱的財政赤字，即是中央財政赤字。

衡量赤字高低的指標是赤字比率，也稱為赤字率。赤字率是衡量財政風險的一個重要指標，是指財政赤字占國內生產總值的比重。赤字率表示的是一定時期內財政赤字額與同期國民生產總值之間的比例關係。對於一個國家的財政來說，國債是彌補財政赤字的主要來源，赤字的增長會加大國債的規模，而國債是要還本付息的，反過來又會加大財政赤字。財政就陷入了「赤字—國債—赤字」相互推動增長的困境。如果財政收支沒有明顯改善，隨著赤字和國債的增加，將會對未來的經濟發展產生負效應。因此，需要準確掌握赤字率的高低。計算赤字率的公式：赤字率＝（政府開支－政府收入）／GDP×100%。舉例：以 2007 年財政收支狀況計算，中央財政總支出為 30,589.49 億元（中央財政支出 29,557.49 億元，另外安排 1,032 億元中央預算穩定調節基金），中央財政收入為 28,589.49 億元，兩者相抵意味著要「花」的錢比「掙」到的錢要多出 2,000 億元，即中央財政赤字為 2,000 億元，國內生產總值為 24.66 萬億元，兩者比值（赤字率）約為 0.81%（＝2,000/246,600×100%）。按照國際上通行的《馬斯特里赫特條約》標準，赤字率 3% 一般設為國際安全線。

第四步：討論思考題目。可以選擇根據思考題分組討論，每組學生輪流發言，組內相互補充發言，各組學生代表相互點評。

第五步：學習總結或教師點評。教師對案例研討中的主要觀點進行梳理、歸納和點評，簡述本案例的基礎理論，在運用基礎理論對案例反應的問題進行深入分析後，輔以適當的框圖進行總結。

案例3　主要國家和地區中央銀行貨幣政策委員會制度

英格蘭銀行的中央銀行研究中心曾做過一項調查，發現在調查的88個國家和地區的中央銀行中，有79個中央銀行是由貨幣政策委員會或類似的機構來制定貨幣政策。比較有代表性的是美國聯邦儲備公開市場委員會、歐洲中央銀行管理委員會、英格蘭銀行貨幣政策委員會和日本銀行政策委員會等。本研究主要是從地位和作用、組成人員、會議程序、信息披露等方面介紹上述四家中央銀行貨幣政策委員會制度和運作情況。

一、地位和作用

（1）美國聯邦儲備公開市場委員會。美國聯邦儲備體系通過三種方式制定貨幣政策：公開市場操作、制定貼現率、制定法定準備金率。公開市場業務操作是美國日常貨幣政策工具，在經濟和金融運行中最常用、作用最大。美國聯邦儲備公開市場委員會作為貨幣政策的決策機構，實際上擔負著制定貨幣政策、指導和監督公開市場操作的重要職責。

（2）歐洲中央銀行管理委員會。管理委員會是歐洲中央銀行的最高決策機構，負責制定歐元區的貨幣政策，並且就涉及貨幣政策的仲介目標、指導利率以及法定準備金等做出決策，同時確定其實施的行動指南。

（3）英格蘭銀行貨幣政策委員會。根據1998年《英格蘭銀行法》，英國成立英格蘭銀行貨幣政策委員會，負責制定貨幣政策。貨幣政策委員會是個相對獨立的機構，它根據英格蘭銀行各部門提供的信息做出決策，再由相關部門執行。

（4）日本銀行政策委員會。1949年，為進一步提高日本銀行的自主性，設立日本銀行政策委員會，作為日本銀行貨幣政策的決策機構。

二、人　　成

（1）美國聯邦儲備公開市場委員會。由12名成員組成，分別是7名聯邦儲備體系理事會理事、12位儲備銀行行長中的5位行長。其中，理事及紐約儲備銀行行長共8人為常任委員，剩下的4個席位每年在其餘的11位行長中輪換。美聯儲理事會主席是聯邦公開市場委員會主席，紐約儲備銀行行長習慣上是委員會的副主席。美聯儲理事會是美聯儲的最高管理機關，每一名理事都由總統直接任命，任期為14年。理事會主席、副主席由總統提名參議院通過，任期4年，美聯儲理事會的理事一般由專家、學者和名人組成。

（2）歐洲中央銀行管理委員會。管理委員會由兩部分人組成，一是歐洲中央銀行執行理事會的6名成員，二是加入歐元區成員國的12名央行行長。成員國中央銀行行長的任期最少不低於5年。每名管理委員會的成員各擁有一票投票權，如果支持與反對雙方的票數相等，則歐洲央行行長一票具有決定意義。管理委員會進行表決時至少

應達到 2/3 的規定人數，如不滿足這一最低要求，可由歐洲央行行長召集特別會議來做出決定。

（3）英格蘭銀行貨幣政策委員會。貨幣政策委員會有 9 名成員。包括：英格蘭銀行的行長和副行長（英格蘭銀行共有 2 名副行長）；英格蘭銀行行長在徵求財政大臣意見后任命 2 名委員，其中一名是行內貨幣政策分析方面的負責人，另一名是行內貨幣政策操作的負責人；財政大臣任命 4 名委員，這 4 名委員必須要有與委員會職責相關的知識和經歷。

（4）日本銀行政策委員會。1997 年《日本銀行法》修改后，日本銀行政策委員會成員為 9 人，包括日本銀行行長 1 人，副行長 2 人，審議委員 6 人。審議委員為來自工商業、金融或學術領域的人士，一旦成為審議委員，即成為日本銀行的專職人員，與其他機構不再有關係。政策委員會成員由參眾兩院選舉、內閣任命，任期為 5 年。政策委員會中，行長、副行長、審議委員獨立行使職責。政策委員會成員選舉產生委員會主席，歷史上都是由日本行長擔任。

三、制度和程序

（1）美國聯邦儲備公開市場委員會。每年召開 8 次例會，一般在 2 月份和 7 月份的會議上，重點分析貨幣信貸總量的增長情況，預測實際國民生產總值、通貨膨脹、就業率等指標的變化區間。在其他 6 次會議中，要對長期的貨幣信貸目標進行回顧。每次會議的具體議程如下：

①批准上一次例會的會議記錄；

②外幣操作評價，包括上次會議后的操作情況報告、批准上次會議結束后的交易情況；

③國內公開市場操作評價，包括上次會議后操作情況的報告、批准上次會議結束后的交易情況；

④經濟形勢評價，包括工作人員對經濟形勢的報告、委員會討論；

⑤貨幣政策長期目標（2 月和 7 月會議）評價，包括工作人員評論、委員會對長期目標及行動方案討論；

⑥當前貨幣政策和國內政策指令，包括工作人員評述、委員會討論和制定指令；

⑦確定下次會議的日期。

（2）歐洲中央銀行管理委員會。每兩週召開一次會議，但隔一次才討論利率。

（3）英格蘭銀行貨幣政策委員會。一月舉行一次會議。一般在每個月第一個整週的週三、週四。會議日期安排提前一年公布。但也可以根據需要召開臨時會議。

具體程序：

①準備會議。

一般在例會前一個週五召開。由英格蘭銀行的高層官員向委員匯報上一個月的主要經濟金融情況，使委員會能有機會瞭解上個月的經濟運行情況，並提出問題。在此之前，委員們已經得到了許多相關書面資料，包括圖表。匯報的內容主要包括：國際環境、貨幣和金融情況、需求和產出、勞動力市場、英格蘭銀行分支機構專題匯報、分支機構情況、市場信息、通貨膨脹預測。

②委員會例會。

週三下午：

總經濟師闡述準備會議后得到的新數據和研究結果。委員們回顧上個月的消息，並討論這些消息對未來可能產生的影響。主管貨幣政策的副行長發給委員一張重點討論問題表，使討論比較集中。但所有委員都可以自由地提出他們認為與當月決策相關的問題進行討論。財政部的代表提供政府的有關信息。由英格蘭銀行的五位高層官員組成的貨幣政策委員會秘書處在力所能及的情況下可以回答問題，並對有關數據進行說明和分析，但不參與全體討論。

週四上午：

英格蘭銀行行長總結前一天的討論，並指出在分析和重點問題上的所有不同意見。委員們對總結進行評論和補充。

行長就貨幣政策措施依次徵求委員意見。主管貨幣政策的副行長最先發言，行長最后發言。但其他委員的發言次序不確定。委員們可以對特定的政策措施表示明確的讚成態度，也可以另外提出參考意見供其他委員討論。其他委員可能會對發言者提出問題。所有委員發言完畢、所有提議經討論定下來后，行長向委員陳述他認為多數委員均讚同的提議。然后進行正式投票。所有投少數票的委員都會被要求陳述他傾向的利率水平是多少。

決策完成后，委員會討論是否希望在公布委員會決策的同時發布新聞稿。中午12時，向金融市場和媒體公布決策和新聞稿。

（4）日本銀行政策委員會。政策委員會每月召開1次會議，並且只有在至少三分之二的成員出席的情況下才能開會和投票。政策委員會決策採取投票表決的形式，一項決定只有在獲得參加會議的成員一半以上票數時才算通過；當支持票數和反對票數相同時，主席有最后決定權。財務大臣（或其代表）、財政經濟擔當大臣（或其代表）可以參加日本銀行政策委員會會議並就貨幣調控的有關問題提交意見，他們沒有投票權，但是可以要求政策委員會推遲表決有關貨幣調控問題的決議。一旦財務大臣（或其代表）、財政經濟擔當大臣（或其代表）提出推遲表決的意見，政策委員會可以就此意見進行投票決定是否採納，投票程序和票數要求如上。政策委員會會議程序具體為：

①日本銀行貨幣政策部門作《經濟與金融發展工作報告》，報告內容包括貨幣市場操作、金融市場最近的發展、海外經濟和金融發展、日本的經濟和金融發展等；

②政策委員會討論經濟和金融發展；

③政策委員會討論近期貨幣政策；

④政府代表對《經濟與金融發展工作報告》和討論進行評價並提出建議；

⑤政策委員會委員進行投票；

⑥對上次會議的會議記錄進行批准，並規定其發布時間。

四、　　材料

美國聯邦儲備公開市場委員會在每次會議之前，要準備有關文件並發給參加會議的有關人員及為這些參加者服務的行內工作人員。文件按其封皮的顏色分為綠皮書、藍皮書和棕皮書。

綠皮書主要是向美聯儲理事會成員提供主要經濟部門以及金融市場發展趨向的詳細評估材料，並概要地展望一下經濟增長、物價以及國際部門的情況。附表提供了對當前和下年度一些主要經濟金融變量的定量預測。通常情況下，預測要考慮較為長期的貨幣增長區間，同時還要使用一些結構性的計量模型。通常最終結果依賴於一些高級成員的判斷。

藍皮書主要是為董事會成員提供貨幣、銀行儲備和利率的最新發展和展望方面的材料。2月份會議的藍皮書中，向成員們提供一年伊始貨幣增長的藍圖。在7月份，藍皮書對當年的貨幣等方面的情況加以回顧和展望，並初步討論下年的形勢。2月和7月的藍皮書還確定聽證會所需的有關數據，如貨幣總量的增長範圍。此外，也對貨幣金融的發展進行分析，以利於委員會重新考慮年初所制定的各項目標。8本藍皮書均包括相應會議期間貨幣與金融的發展概況。委員會通常提出3種備選方案，這些方案包括儲備水平和貨幣目標總量3個月內的增長率、貼現窗口的貸出數量和短期利率的預期值。並說明各種可能的金融狀況及其經濟活動的可能影響。過去，委員會擬定M1、M2、M3的目標，但由於20世紀80年代M1的需求變化很大，不再把M1作為貨幣政策仲介目標。為有助於判斷，委員會職員們建立了季度和月度的經濟計量模型，對貨幣需求進行模擬，並對影響貨幣需求的一些因素進行了專門研究，特別是機構變動、通貨膨脹率波動改變了以前的變量關係時，尤為如此。

棕皮書在每次會議即將開始之前公布於眾，主要提供12個儲備區的區域經濟狀況。棕皮書的內容包括與當地商業巨頭的談話以及該地區的統計報告分析。11個聯邦儲備銀行的綜述報告放在開頭。

五、　　　　及信息　　表

（1）美國聯邦儲備公開市場委員會。公開市場委員會會議結束2個月之後，公開市場委員會對外發表會議記錄。會議記錄包括上次會議討論的主要內容和問題以及結論，還包括參加會議的人員名單以及有表決權人員對一些問題的贊成與否。

（2）歐洲中央銀行管理委員會。會后管理委員會的主席立即召開新聞發布會解釋管理委員會決策的理由。管理委員會對於經濟狀況和價格發展態勢的看法發布在《歐洲中央銀行月報》上，這個月報以歐共體11種官方語言發表。

（3）英格蘭銀行貨幣政策委員會。

會議結束后立即向金融市場和媒體公布決策和新聞稿。

會議紀要在例會兩週后的週三上午9點30分公布。該會議紀要必須是得到委員們的同意的。主要內容：首先總結委員們對自上次會議以來的經濟發展情況的討論。回顧各種戰術上的考慮及支持政策措施的論據，清楚闡述在哪些重點問題、經濟分析和決策上存在不同意見。最后是投票情況。會議紀要記錄了誰投了什麼票，但對於所有的評論和意見則不說明發言人，以鼓勵在例會上進行自由和坦誠的討論。

經貨幣政策委員會同意后，每季度發布《通貨膨脹報告》及相關預測。主要內容：回顧該季度做出的貨幣政策決策，公布貨幣政策委員會對通貨膨脹和產出的最新預測。該季度召開的例會的會議紀要作為《通貨膨脹報告》的附錄。

（4）日本銀行政策委員會。每次政策委員會會議后，主席需要就會議討論的問題

準備一份提綱式的紀要，並在下一次政策委員會會議批准后公布。每次政策委員會會議后，主席要就委員會就貨幣調控做出的決策整理出會議內容副本，並根據委員會決定，在會議後適當的時候公布該會議副本。

案例來源：http://finance.sina.com.cn/roll/20060223/13532367317.html.

思考題

中央銀行的職能是什麼？

案例 3 使用指南

第一步：目標設定參考。本案例可以配合本章教學及高鴻業主編《西方經濟學（宏觀部分・第六版）》的第十七章教學及學習使用。同時，學生應該對於宏觀經濟政策的發展和演變等內容有所閱讀，通過對案例的學習，瞭解宏觀經濟政策的含義。

第二步：背景介紹。中央銀行，是國家最高的貨幣金融管理組織機構，在各國金融體系中居於主導地位。國家賦予其制定和執行貨幣政策、對國民經濟進行宏觀調控、對其他金融機構乃至金融業進行監督管理的權限，地位非常特殊。中央銀行產生於17世紀后半期，形成於19世紀初葉，它產生的經濟背景如下：①商品經濟的迅速發展。18世紀初，西方國家開始了工業革命，社會生產力的快速發展和商品經濟的迅速擴大，促使貨幣經營業越來越普遍，而且日益有利可圖，由此產生了對貨幣財富進行控制的慾望。②資本主義經濟危機的頻繁出現。資本主義經濟自身的固有矛盾必然導致連續不斷的經濟危機。面對當時的狀況，資產階級政府開始從貨幣制度上尋找原因，企圖通過發行銀行券來控制、避免和挽救頻繁的經濟危機。③商業銀行的普遍設立。伴隨著商品經濟的快速發展，銀行業也逐步興盛起來。商品經濟的迅速發展和資本主義生產方式的興起在推動歐洲大陸的貨幣兌換商轉變成商業銀行的同時也加速了新銀行的湧現。④貨幣信用與經濟關係普遍化。資本主義產業革命促使生產力空前提高，生產力的提高又促使資本主義銀行信用業蓬勃發展。主要表現為銀行經營機構不斷增加，以及銀行業逐步走向聯合、集中和壟斷。資本主義商品經濟的迅速發展，經濟危機的頻繁發生，銀行信用的普遍化和集中化，既為中央銀行的產生奠定了經濟基礎，又為中央銀行的產生提出了客觀要求。

第三步：理論學習。中央銀行的職能體現在三個方面，分別是發行的銀行、銀行的銀行、國家的銀行。

發行的銀行是指中央銀行壟斷貨幣發行權，是一國或某一貨幣聯盟唯一授權的貨幣發行機構。首先，中央銀行集中與壟斷貨幣發行權的必要性。統一貨幣發行與流通是貨幣正常有序流通和幣值穩定的保證。在實行金本位制的條件下，貨幣的發行權主要是指銀行券的發行權。要保證銀行券的信譽和貨幣金融的穩定，銀行券必須能夠隨時兌換為金幣，存款貨幣能夠順利地轉化為銀行券。為此，中央銀行須以黃金儲備作為支撐銀行券發行與流通的信用基礎，黃金儲備數量成為銀行券發行數量的制約因素。銀行券的發行量與黃金儲備量之間的規定比例成為銀行券發行保證制度的最主要內容。在進入20世紀之後，金本位制解體，各國的貨幣流通均轉化為不兌現的紙幣流通。不

兌現的紙幣成為純粹意義上的國家信用貨幣。在信用貨幣流通的情況下，中央銀行憑藉國家授權，以國家信用為基礎而成為壟斷貨幣發行的機構，中央銀行按照經濟發展的客觀需要和貨幣流通及其管理的要求發行貨幣。其次，統一貨幣發行是中央銀行根據一定時期的經濟發展情況調節貨幣供應量，保持幣值穩定的需要。幣值穩定是社會經濟健康運行的基本條件，若存在多家貨幣發行銀行，中央銀行在調節貨幣供求總量時可能出現因難以協調各發行銀行從而無法適時調節銀根的狀況。最後，統一貨幣發行是中央銀行實施貨幣政策的基礎。統一貨幣發行使中央銀行通過對發行貨幣量的控制來調節流通中的基礎貨幣量，並以此調控商業銀行創造信用的能力。獨占貨幣發行權是中央銀行實施金融宏觀調控的必要條件。

銀行的銀行職能是指中央銀行充當商業銀行和其他金融機構的最後貸款人。銀行的銀行這一職能體現了中央銀行是特殊金融機構的性質，是中央銀行作為金融體系核心的基本條件。中央銀行通過這一職能對商業銀行和其他金融機構的活動施加影響，以達到調控宏觀經濟的目的。中央銀行作為銀行的銀行需履行的職責如下：第一，集中商業銀行的存款準備金。①為保障存款人的資金安全，以法律的形式規定商業銀行和其他存款機構必須按存款的一定比例向中央銀行交存存款準備金，以保證商業銀行和其他金融機構具備最低限度的支付能力。②有助於中央銀行控制商業銀行的信用創造能力，從而控制貨幣供應量。③強化中央銀行的資金實力，存款準備金是中央銀行的主要資金來源之一。④為商業銀行之間進行非現金清算創造條件。第二，充當銀行業的最後貸款人。最後貸款人指商業銀行無法進行即期支付而面臨倒閉時，中央銀行及時向商業銀行提供貸款支持以增強商業銀行的流動性。中央銀行主要通過兩種途徑為商業銀行充當最後貸款人：第一種途徑為票據再貼現，即商業銀行將持有的票據轉貼給中央銀行以獲取資金；第二種途徑為票據再抵押，即商業銀行將持有的票據抵押給中央銀行獲取貸款。第三，創建全國銀行間清算業務平臺。商業銀行按規定在中央銀行開立存款帳戶交存存款準備金，各金融機構之間可利用在中央銀行的存款帳戶進行資金清算，這加快了資金流轉速度，節約了貨幣流通成本。於是，中央銀行成為銀行業的清算中心。第四，外匯頭寸調節。中央銀行根據外匯供求狀況進行外匯買賣，調節商業銀行外匯頭寸，為商業銀行提供外匯資金融通便利，並由此監控國際收支狀況。

國家的銀行職能是指中央銀行為政府提供服務，是政府管理國家金融的專門機構。具體體現在：第一，代理國庫。國家財政收支一般不另設機構經辦具體業務，而是交由中央銀行代理，主要包括按國家預算要求代收國庫庫款、撥付財政支出、向財政部門反應預算收支執行情況等。第二，代理政府債券發行。中央銀行代理發行政府債券，辦理債券到期還本付息。第三，為政府融通資金。在政府財政收支出現失衡、收不抵支時，中央銀行具有為政府融通資金以解決政府臨時資金需要的義務。第四，為國家持有和經營管理國際儲備。國際儲備包括外匯、黃金、在國際貨幣基金組織中的儲備頭寸、國際貨幣基金組織分配的尚未動用的特別提款權等。第五，代表政府參加國際金融活動，進行金融事務的協調與磋商，積極促進國際金融領域的合作與發展。參與國際金融重大決策，代表本國政府與外國中央銀行進行兩國金融、貿易事項的談判、

協調與磋商，代表政府簽訂國際金融協定，管理與本國有關的國際資本流動，辦理政府間的金融事務往來及清算，辦理外匯收支清算和撥付等國際金融事務。第六，為政府提供經濟金融情報和決策建議，向社會公眾發布經濟金融信息。中央銀行處於社會資金運動的核心，能夠掌握全國經濟金融活動的基本信息，為政府的經濟決策提供支持。

第四步：討論思考題目。可以選擇根據思考題分組討論，每組學生輪流發言，組內相互補充發言，各組學生代表相互點評。

第五步：學習總結或教師點評。教師對案例研討中的主要觀點進行梳理、歸納和點評，簡述本案例的基礎理論，在運用基礎理論對案例反應的問題進行深入分析後，輔以適當的框圖進行總結。

案例4　專家解讀「有力度」的財政政策和「靈活」的貨幣政策

中央經濟工作會議12月18日至21日在北京舉行，會議對2016年的經濟工作做出總體部署。針對會議強調的「積極的財政政策要加大力度」和「穩健的貨幣政策要靈活適度」，清華大學中國與世界經濟研究中心研究員馮煦明在接受中國經濟網記者採訪時表示，積極更有力度的財政政策將沿著「減收」和「增支」兩條主線進行，除了常規性的財政政策之外，還將依賴於「準財政」行為，例如地方政府債務置換、發行專項建設債等。在三期疊加的背景下，貨幣政策既要通過常規工具保持適度充裕的流動性，也要靈活運用結構性工具因勢利導。

會議明確，宏觀政策要穩，就是要為結構性改革營造穩定的宏觀經濟環境。積極的財政政策要加大力度，實行減稅政策，階段性提高財政赤字率，在適當增加必要的財政支出和政府投資的同時，主要用於彌補降稅帶來的財政減收，保障政府應該承擔的支出責任。穩健的貨幣政策要靈活適度，為結構性改革營造適宜的貨幣金融環境，降低融資成本，保持流動性合理充裕和社會融資總量適度增長，擴大直接融資比重，優化信貸結構，完善匯率形成機制。

馮煦明指出，財政政策延續了去年的定調，即積極的財政政策要加大力度。作為逆週期宏觀調控的財政政策，沿著兩條主線：一是「減收」，二是「增支」。

「減收」的主要思路是結構性減稅：一是針對中小企業、特殊行業的減稅、減費；二是在營改增的過程中減稅，取決於金融業、建築業、房地產業和生活服務業四大行業營改增改革的進展情況。在經濟下行期，不少企業面臨稅收負擔過重的問題。根據世界銀行的統計，中國企業的綜合稅負在主要經濟體中僅低於巴西。稅負過重不利於企業渡過難關，但同時也必須注意到，企業稅負過重與稅制體系設計有關，涉及財稅體制改革，而不僅僅是逆週期調控的問題，單獨通過全面減稅是難以化解的。

「增支」就涉及擴大赤字規模。2015年的預算赤字率是2.3%，明年預計會提高到2.5%~2.8%之間。預算赤字率「破三」的可能性不大，當然，如果年中情況發生變化，也不排除年終實際執行赤字率突破3%的可能。預計2016年的地方債置換額度至少在2.5萬億之上，通過專項建設債帶動的投資規模約為2萬億~2.5萬億。

對於貨幣政策方面，馮煦明認為，這次中央經濟工作會議也基本延續了去年的定調，即穩健的貨幣政策要靈活適度。在三期疊加的特殊背景下，貨幣政策既要通過降準、降息等常規工具保持適度充裕的流動性和社會融資規模，為穩增長創造條件；也要在貨幣政策傳導機制出現障礙的地方及時靈活運用結構性工具因勢利導，加強財政政策與貨幣政策的配合，促進經濟結構調整，促進總供給和總需求的再匹配。

案例來源：http://www.ce.cn/xwxz/gnsz/gdxw/201512/22/t20151222_7729946.shtml.

思考題

財政政策與貨幣政策如何協調使用？

案例4 使用指南

第一步：目標設定參考。本案例可以配合本章教學及高鴻業主編《西方經濟學（宏觀部分·第六版）》的第十七章教學及學習使用。同時，學生應該對於宏觀經濟政策的發展和演變等內容有所閱讀，通過對案例的學習，瞭解宏觀經濟政策的含義。

第二步：背景介紹。宏觀經濟學新古典綜合派的代表人物如薩繆爾森、莫迪利安尼、托賓、索洛等獲得了諾貝爾經濟學獎。但是，與新古典綜合學派主張國家干預的想法相反，強調自由放任的貨幣主義和理性預期學派的弗里德曼和盧卡斯也分別獲得了諾貝爾經濟學獎。此外，研究國民收入體系的庫茲涅茨和斯通也獲得此殊榮。近年來，多位新古典學派的代表人物也獲得諾貝爾經濟學獎。為什麼這些經濟學家研究觀點完全相反，但都可以獲得諾貝爾經濟學獎呢？

第三步：理論學習。財政政策與貨幣政策協調是指能使財政政策與貨幣政策共同發揮對經濟調節作用的最佳結合點。這個因素既可能是貨幣政策實施的結果，同時又可能是財政政策實施的結果，即二者協調配合的最佳結合點。財政政策與貨幣政策的最佳結合點應當一頭連著財政收支的管理結構，另一頭關係到貨幣供應量的適度調控，有互補互利的作用。因為財政收支狀況的變動是財政政策的直接結果，而貨幣供應量則是中央銀行貨幣政策的主要目標。在市場經濟體制下，兩大政策的協調有兩種方式：一種是各自以自己的調控內容與對方保持某種程度的協調，也就是政策效應的相互呼應；另一種則是兩大政策的直接聯繫，也就是所謂政策操作點的結合。從不同角度分析，財政政策與貨幣政策的協調配合有不同的方式，主要包括以下四個方面的內容：第一，政策工具的協調配合。中國財政政策工具和貨幣政策工具協調配合主要表現為財政投資項目中的銀行配套貸款。財政政策與貨幣政策的協調配合還要求國債發行與中央銀行公開市場的反向操作結合。也就是說，在財政大量發行國債時，中央銀行應同時在公開市場上買進國債以維護國債價格，防止利率水平上升。第二，政策時效的協調配合。在西方經濟理論中，通常把政策時滯分兩類三種，即認識時滯、行動時滯和外部時滯三種，其中前兩種時滯又稱為內部時滯。財政政策和貨幣政策的協調配合也是兩種長短不同的政策時效的搭配。財政政策以政策操作力度為特徵，有迅速啓動投資、拉動經濟增長的作用，但容易引起過渡赤字、經濟過熱和通貨膨脹，因而，財政政策發揮的是經濟增長引擎作用，只能做短期調整，不能長期大量使用。貨幣政

則以微調為主，在啓動經濟增長方面明顯滯后，但在抑制經濟過熱、控制通貨膨脹方面具有長期成效。第三，政策功能的協調配合。財政政策與貨幣政策功能的協調配合還體現在：「適當的或積極的貨幣政策」，應以不違背商業銀行的經營原則為前提，這樣可以減少擴張性財政政策給商業銀行帶來的政策性貸款風險。財政政策的投資範圍不應與貨幣政策的投資範圍完全重合。基礎性和公益性投資項目還是應該以財政政策投資為主，而競爭性投資項目只能是貨幣政策的投資範圍，否則就會形成盲目投資，造成社會資源的極大浪費。第四，調控主體、層次、方式的協調配合。由於財政政策與貨幣政策調控主體上的差異，決定了兩大政策在調控層次上亦有不同，由於貨幣政策權力的高度集中，貨幣政策往往只包括兩個層次，即宏觀層面和中觀層面。宏觀層面是指貨幣政策通過對貨幣供應量、利率等因素的影響，直接調控社會總供求、就業、國民收入等宏觀經濟變量，中觀層面指信貸政策，根據國家產業政策發展需要，調整信貸資金存量和增量結構，促進產業結構的優化和國民經濟的協調發展。而財政政策由於政府的多層次性及相對獨立的經濟利益，形成了多層次的調節體系，可以分為宏觀、中觀、微觀三個層次。宏觀層面是國家通過預算、稅率等影響宏觀經濟總量，影響社會總供求關係。中觀層面則主要是通過財政的投資性支出、轉移性支出等，調整產業結構、區域經濟結構，解決公平、協調發展等重大問題。微觀層面則是指通過財政補貼、轉移性支付中形成的個人收入部分對居民和企業的影響。財政政策與貨幣政策的協調配合還可以從宏觀調控目標、結構調整和需求調節方面的協調配合三方面進行分析。

　　第四步：討論思考題目。可以選擇根據思考題分組討論，每組學生輪流發言，組內相互補充發言，各組學生代表相互點評。

　　第五步：學習總結或教師點評。教師對案例研討中的主要觀點進行梳理、歸納和點評，簡述本案例的基礎理論，在運用基礎理論對案例反應的問題進行深入分析后，輔以適當的框圖進行總結。

第七章　開放經濟下的短期經濟模型

【案例導入】

案例導入一：人民幣升值：低技術企業陷困境 高技術企業迎機遇

「6.5、6.4、6.3、6.2、6.19……」這是過去兩年中美元對人民幣匯率變化的大致走勢——很明顯，美元一直在貶值，人民幣一直在升值。昨天，人民幣對美元中間價報6.194,7。

人民幣匯率持續走高，國內出口企業的生意也受到影響。不過記者調查發現，出口企業正在出現分化，那些靠低價出口盈利的技術含量不高的企業日益陷入窘境，而注重提高產品技術含金量的「技術流」外貿企業則「逆風飛揚」、表現搶眼。

以數量制勝的，陷被動

在舊宮工業園區一家塗層杯生產廠裡，翻著手裡的訂單，貿易經理李雷（化名）有些愁眉不展。月初接到一筆來自日本大阪一家影像公司200箱塗層杯的訂單這兩天該交貨了，本該高興的李雷卻感到有點悔不當初：「做出口怕的就是匯率升高，現在人民幣升值得太厲害，可不虧本嘛。」

工廠裡有100多名工人，4條生產線，通體白色的塗層杯是工廠最主要的產品。這種塗層杯是熱轉印行業裡的基本材料，通過熱轉印技術，塗層杯上可以被印上各色圖案。

「杯子技術含量並不高，因此利潤也不高，一箱裡有36個，總價才50元人民幣。」李雷告訴記者，用大批量賺差價原本是產品盈利的穩定來源，可最近的匯率走勢打亂了這個模式。李雷給記者算了一筆帳，因為是和這家日本客戶的第一單「試水」生意，月初簽合同時也不過是1萬元人民幣左右的小單成交，結算時用的是日元，在當時是15.7萬日元左右。可不到一個月時間裡，截至昨天，1元人民幣卻值16.6日元，15.7萬日元也就相當於9,400多元人民幣。「本來就是走小單，拿到手的錢只有9,400多元，實在沒什麼賺頭。」

和李雷一樣，國內不少中小外貿商最近都體會到了出口生意的不容易。商務部日前公布的抽樣調查顯示，77.5%的企業1至4月在手合同利潤明顯下滑，6.6%的企業表示會影響正常履約，73.4%的企業預計今年全年出口利潤同比只能持平或者下降。

今年1至4月，人民幣對美元匯率中間價已經累計升值逾1%。4月份表現尤其突出，人民幣對美元中間價多次創新高，進入5月更是首破6.2關口。而由於日本正實施力度相當大的量化寬鬆政策，人民幣對日元升值幅度更大。商務部數據顯示，今年4

月份人民幣對日元升值高達 6.1%，中國對日出口則同比下降 1.2%，比 1 月回落近 7 個百分點。

「受人民幣快速升值等因素影響，企業普遍對遠期經營信心不足，長單不敢接，出口訂單多為短單。」商務部發言人沈丹陽表示，近期人民幣快速升值雖然有利於改善進口貿易條件，但對企業出口簽約和利潤產生了比較大的負面影響。

以技術制勝的，迎機遇

面對人民幣升值帶來的出口環境變得嚴峻，國內出口商們如何應對？記者走訪北京幾家外貿企業發現，提高產品「含金量」成為一些企業的「撒手鐧」。

「今年以來我們的出口額同比增加了近 40%。」北京凱鼎國際科貿公司技術總監吳仕輝喜滋滋地告訴記者。

摩托車配件一度是 2002 年成立的北京凱鼎公司的「老本行」。2009 年之前，作為一家主營出口的外貿公司，凱鼎每個月都有至少 5 個大集裝箱量的摩托車配件銷往哥倫比亞、巴西等南美市場。不過，包括 LED 燈具、LED 頭盔等技術產品現在成了公司的主營項目。

公司去年研發成功的 LED 摩托車頭盔，成功地為其開拓出了一片新市場。把 LED 燈安裝到頭盔上，在頭盔上安裝有「左向」「右向」「煞車」三種頻率的接收器，再在車身的把手、煞車等相應位置安上發射器。「通過無線電子傳輸設備的指揮，一個動作搭配一個指令，頭盔上也分別顯示左、右箭頭和紅色叉號這樣的 LED 標示。」吳仕輝介紹說。

「在哥倫比亞、墨西哥等地，由於山地多，后方汽車中的人員，遇到坡道時不容易看清前方摩托車的轉向，容易釀成交通事故。但頭盔上有了 LED 標示后，摩托車後方汽車中的人員，就比較容易看清摩托車情況、提前採取應對措施了。」吳仕輝表示，由於抓準了市場，這一項產品今年就為公司贏得了可觀的訂單量。

在過去，摩托車頭盔只能算是生產線中的「邊角料」，在每個月 5 集裝箱的出口量中一般只有集裝箱裡大型配件重量太大，才會配上一部分頭盔來均衡一下。「2008 年金融危機讓我們有了轉型的念頭。那時候摩配出口不好做，一個月一單生意沒有成了平常事兒，而公司剛剛起步的 LED 照明還未能打開市場。」吳仕輝回憶，2009 年起公司由「貿易公司」改成了「科貿公司」。瞅準南美新興的 LED 燈摩托車頭盔市場，公司開始轉型，著力研發和生產這方面的產品。

如今，凱鼎在南美市場已干得風生水起。「別人不敢接的單我們敢接，儘管人民幣升值，單件產品的利潤在打折扣，但是由於技術優勢，我們的 LED 頭盔還是有利可圖，我們能夠用大單走貨來平衡人民幣升值的負面影響。」吳仕輝表示。

專家觀點

要增加出口產品附加值

記者從北京其他幾家外貿企業瞭解的情況，與那家塗層杯生產廠和 LED 摩托車頭盔生產廠的情況大同小異——產品技術含量不高的企業受人民幣升值影響普遍比較大，現在情況不是很樂觀，而那些產品有較高技術含量的企業，日子相對好過一些。

「人民幣升值，就意味著美元貶值。」商務部國際貿易經濟合作研究院國際市場研

究部副主任白明對記者說，中國不少傳統出口產品最大的競爭力就是價格，而對外出口則以美元計價。「這樣一來，國內採購、生產、人力等成本並沒有降低，但國內的外貿企業拿到手的、通常以外幣計價的貨款卻面臨著貶值的風險，這讓不少企業在接單時有所顧慮。」

白明表示，對國內企業來說，要想從根本上應對這類貿易風險，必須改變以價格取勝的老思路，「我們需要通過增加出口產品的附加值，增強產品本身在國際市場的競爭力，來獲取我們的出口優勢」。

「從過去傳統的服裝玩具，到現在越來越多企業向外輸出的通信產品、清潔能源等高技術產品，中國的外貿出口結構正在調整，這種調整將有一個過程。國內出口企業都應該認清這種趨勢，多研發和製造有技術含金量的產品。」白明說。

案例來源：張倩怡. 人民幣升值：低技術企業陷困境 高技術企業迎機遇［N］. 北京日報，2013-05-24.

問題：

人民幣升值對中國外貿企業會產生什麼樣的影響？

案例導入二：中國開放型經濟的轉型升級之路

伴隨著改革開放應運而生的開放型經濟支撐了中國經濟35年的飛速發展。2008年世界金融危機以來，全球經濟格局產生了深刻變革。中國作為當前世界第二大經濟體，在世界經濟中的地位舉足輕重；中國的開放型經濟作為經濟全球化鏈條上重要的一環，它所面臨的轉型升級任務也顯得迫在眉睫。

開放型經濟的兩種模式是「引進來」和「走出去」，那麼開放型經濟的轉型升級，其實也就是如何更好地「引進來」和如何更好地「走出去」的問題。在此用四個方面的「引進來」和「走出去」來解答這個問題。

持續增量引進來。2011年開始，在珠三角、長三角地區，出現了大批工廠倒閉、用工荒、外資撤資的現象，其中大部分的外資企業撤資原因是「成本上升，特別是用工成本上升」。在外資撤離的形勢下，我們應該開闢新的引資思路，培育新的外資經濟增長點。解決這個難題，最好的辦法就是引領外資「西進」，促進區域間的協調發展。例如，江西省在地域上是中國唯一的上承長三角、下接珠三角的省份，與東部沿海地區一衣帶水，有著其他中部省份無法比擬的區位優勢，擁有滬昆高鐵、長江水道、滬昆和贛粵高速等交通基礎設施。其次，江西是一個人口大省，勞動力供給充足，用工成本相對較低，可以大大緩解外資企業的成本壓力。江西省應該加強政策引導和調節，引導外資企業從東部沿海地區向江西轉移，促進江西省工業化、城鎮化水平的提高，使外資在這裡重煥新生，成為江西省新的經濟增長點，持續推動中國經濟發展。

過剩存量走出去。中國有兩大嚴重過剩，一是產能嚴重過剩，二是外匯儲備嚴重過剩。目前，中國的煤炭、鋼鐵、建材、光伏、電力等諸多行業都出現了不同程度的產能過剩現象，造成的后果就是企業產品庫存過多、產品價格大幅下跌、利潤嚴重縮水、大量的資源浪費等，經濟危機中推出大規模的財政刺激計劃，使得中國的產能利

用率已經從危機前的約80%下降到今天的60%左右。另外，到2012年中國已擁有3萬多億美元的外匯儲備，折合人民幣超過20萬億，是中國政府年度財政總收入的2倍，是中國規模生產總值的1/2，而且每年還在不斷遞增。截至2014年9月，外匯儲備高達3.8萬億美元。另一方面，美元的持續貶值正在掏空中國的外匯儲備，據不完全統計，2007—2013年，因美元貶值造成的中國外匯儲備損失，高達7,000億美元。按照一艘「遼寧」號航母的造價35億美元來計算，過去的6年時間，中國損失了大約200艘「遼寧」號航母！近幾年來，全國性的產能過剩導致了原本就開採成本高、安全壓力大的煤炭陷入困境，而中美、中歐之間「光伏產品貿易戰」的殃及，使得光伏行業也成了產能過剩的「重災區」。中國巨量的外匯儲備對於資源豐富、工業落後的發展中國家是一塊大的「蛋糕」。中國已經成立或者擬成立多家區域性和政策性的出口信貸銀行、通過資本輸出將國內過剩的產能轉移至資本短缺的發展中國家。例如，煤炭、光伏行業應該抓住這個政策機遇，利用我們在井工開採煤礦的技術優勢和良好的光伏產業基礎優勢，將目前已經過剩的產能釋放「出海」。

　　優質要素引進來。衡量一個國家經濟是否是可持續發展的標準，是各生產要素的配置水平和發達程度，當前我們的產品結構單一、低端，難以融入全球價值鏈。還是以江西為例，江西也是一個典型的「基本要素強、高級要素弱」的省份。招商引資最直接的目的肯定是發展經濟，但如果要實現外資帶動產業發展，還要通過外資企業的平臺培育一批高端人才、通過結成戰略合作夥伴融入他們的全球營銷網路，並將他們帶來的先進技術、創新思維、科學的管理方法和企業制度轉化為自己的生產力。江西山好水好，造就了質量上乘的農產品，但江西的農產品附加值其實是很低的，如果能通過「外資先進技術+管理理念+營銷網路」的模式大力發展現代農業，江西的農產品一定能夠享譽世界。

　　優勢要素走出去。資本和勞動力依然是我們最大的優勢。首先是資本，當前中國內需不足，閒置資本大量囤積，中國每年的儲蓄占GDP比例高達40%以上，大約43萬億元，位列世界第一。如果政府能夠通過合理的制度安排和機制制定將這些閒置的資本轉換為對外投融資運作平臺上的資金，將大有可為。其次是勞動力，作為世界上勞動力最充沛的國家，中國的勞務輸出還有很大的發展空間。當前歐美發達國家勞動力嚴重供不應求，是全球吸收外籍勞務人員最多的地區，特別是對於護士、醫生、海員、家政服務、婦幼保健、熟練技術工人等工種的需求十分強勁。

　　集約產業引進來。經濟發展方式之粗放已經嚴重影響到了中國經濟未來的可持續發展，美國、日本等發達國家的單位GDP能耗均大大低於中國，綠色、低碳、環保在這些國家已經不僅僅局限於一種產業理念，而是實實在在地成了全產業的共識。目前，歐美等發達國家已經著手徵收「碳關稅」，首先是中國的高單位能耗產品，有專家預計，一旦「碳關稅」實施，中國將有大批高污染、高能耗的出口型製造企業被淘汰。我們在引入外資的取向方面，除了在環境影響、資源消耗方面設立門檻，更應側重於引進那些掌握了尖端的綠色、低碳、環保、節能、智能技術的企業，除了降低它們自身對資源的消耗、環境的破壞之外，還能帶動中國的節能環保產業的發展。

　　高新產業走出去。高新技術產品也是國際市場上最吃香、附加值最高的產品，中

國在航天、超導、納米等領域掌握著許多世界頂尖技術，如果能及時地將這些技術轉化為產業、產品，中國的高新產業將在國際市場上長袖善舞，一改國際市場對中國製造=廉價+低端的印象。中國的高鐵技術目前在世界處於領先地位，同時也具有最廣闊的市場前景。據國際鐵路聯盟統計，未來10年的海外高鐵基建市場容量將達到3萬億元。目前中國與多個國家簽訂了鐵路建設合作意向。90多個國家希望中國能給予高鐵技術和建設的支持。當前世界處在產業轉型的節點上，新能源、新材料、生物技術將是未來產業發展的新方向。可以說中國與世界都處在新一輪產業競爭的起點上，像江西這樣的省份更應該依託特殊的資源優勢（如稀土、多晶硅等），在新材料領域打造產融貿、產學研一體化的高新產業鏈，在新一輪的競爭中實現彎道超車、進位趕超。

結構優化引進來。產業結構是否合理是衡量一個國家綜合國力的重要標準，中國的產業結構失衡問題由來已久。在歐美等發達國家，三大產業在GDP總量中的比重基本上都保持在第一產業1%～1.5%、第二產業20%～30%、第三產業70%～80%的水平，發展中國家的第三產業比重平均水平為50%，而中國2014年前三季度第三產業占GDP比重為46.7%，低於平均水平，對產業結構進行優化調整，是當前中國經濟面臨的重大課題之一。目前，外資在中國產業結構占的比重中，第二產業仍然是首選，這反而加劇了中國產業結構的失衡，所以當下的招商引資工作，應與國家產業結構調整方向的一致。要大力引進外資進入農業、有選擇性地引進外資進入工業、重點引進外資進入第三產業。此外，旅遊業是第三產業中經濟帶動能力最強的產業之一，具有旅遊資源優勢的省份，應該開放思路，引入外資帶動旅遊業的發展。

中小企業走出去。中小企業旺盛的生命力和推動力，在整個國民經濟中起到了舉足輕重的作用，且已成為中國經濟的中堅力量。為什麼這麼說？中國目前有中小企業4,200多萬家，它們貢獻著約50%的稅收、60%的GDP、70%的出口和80%的就業崗位，99.8%的企業屬於中小企業。而在走出去的企業中，絕大部分是國有企業。一方面，中小企業大多是民營企業，民營企業「走出去」相對於國有企業其實具備許多體制機制方面的優勢，但政府對於民營資本的扶持力度非常有限，民營企業「走出去」獲得的政策、金融等支持相對偏少，中小企業寧願參與國內慘烈無序的競爭，也不願「孤身出海」。在入圍2013年ENR（全球工程建設領域權威雜誌）國際最大承包商250強的53家中國企業中，竟沒有一家是民營企業。另一方面，中小企業自身體量小、抗風險能力弱、國際化人才不足，導致在海外市場難以形成規模經濟，往往走一種「短平快」「遊擊戰」的模式。中小企業走出去，需要政府和企業的雙輪驅動。首先，政府要給予企業必要的資金和政策扶持，提供國外市場的政治、法律、稅率、基礎設施、項目、風險等方面的市場信息服務。其次，企業自身也可以通過進入國有大型企業的海外產業鏈（如分包、物流、勞務輸出等方式），或者組成多個企業聯合體等方式「曲線出海」。如此一來，中國的中小企業在國際舞臺上，勢必成為一股不可忽視的力量。無論是站在過去、現在、未來的哪個角度看，開放型經濟都將長期引領著中國經濟的發展。

案例來源：胡立儉. 中國開放經濟的轉型升級之路［J］. 中國經濟周刊，2014（49）.

問題：

1.「中國的產業結構失衡問題由來已久」，針對此問題，政府在宏觀經濟政策制定方面做出了怎樣的調整？

2. 試概括中小企業在中國國民經濟發展中的作用。

【學習目標】

1. 瞭解匯率及其標價。
2. 掌握匯率種類和匯率制度。
3. 掌握蒙代爾-弗萊明模型。
4. 掌握蒙代爾-弗萊明模型的應用。
5. 理解用對稱方法分析南—北關係。

【關鍵術語】

匯率　直接標價法　間接標價法　固定匯率制　浮動匯率制　名義匯率　實際匯率　蒙代爾-弗萊明模型

【知識精要】

1. 名義匯率是用一國通貨交換另一國通貨的比率，實際匯率是交換兩國生產物品的比率，它表示為名義匯率乘以兩國價格水平的比率。

2. 蒙代爾-弗萊明模型是小型開放經濟的 IS-LM 模型。它把價格水平作為給定的，然後說明引起收入和匯率波動的因素。

3. 蒙代爾-弗萊明模型說明了在浮動匯率下，財政政策不影響總收入，但貨幣政策能夠影響總收入。

4. 蒙代爾-弗萊明模型說明了在固定匯率下，財政政策影響總收入，但貨幣政策不影響總收入。

【實訓作業】

一、名詞解釋

1. 匯率
2. 直接標價法
3. 間接標價法
4. 固定匯率
5. 浮動匯率

二、簡要回答

1. 當一國經濟既處於通貨膨脹又有國際收支赤字狀況時，應當採取什麼樣的政策措施？
2. 在市場經濟中，如何使國際收支自動得到調節？
3. 簡述人民幣的升、貶值對中國國際收支的影響。

三、論述

1. 說明固定匯率制度的運行。
2. 完全資本流動的含義是什麼？在小國和大國模型中，資本完全流動帶來的結果有什麼不同？

【實訓作業答案】

一、名詞解釋

1. 匯率：指一個國家的貨幣折算成另一個國家貨幣的比率，它表示的是兩個國家貨幣之間的互換關係。
2. 直接標價法：指用以單位的外國貨幣作為標準，折算成一定數額的本國貨幣來表示的匯率。
3. 間接標價法：指用以單位的本國貨幣作為標準，折算為一定數額的外國貨幣來表示的匯率。
4. 固定匯率：指一國貨幣同他國貨幣的匯率基本固定，其波動限於一定的幅度之內。
5. 浮動匯率：指一國不規定本國貨幣與他國貨幣的官方匯率，聽任匯率由外匯市場的供求關係自發地決定。

二、簡要回答

1. 當一國經濟既處於通貨膨脹又有國際收支赤字狀況時，應當採取什麼樣的政策措施？

答：在開放經濟中，政府宏觀經濟政策的最終目標應該是實現宏觀經濟的均衡和內外均衡，即使宏觀經濟處於充分就業的水平上，並且沒有通貨膨脹的壓力，經濟均衡增長，國際收支平衡。如果一國經濟出現國內非均衡或國外非均衡，則可以採取相應的財政、貨幣、對外貿易政策的組合，使宏觀經濟趨向既定的目標。

當一國處於通貨膨脹和國際收支赤字狀況時，政府應當採取如下的政策組合：

（1）緊縮性的貨幣政策，如出售債券回籠貨幣、提高存款準備金和再貼現率等。緊縮性的貨幣政策使國內利息率上升，一方面可以使投資下降，壓縮總需求，有利於物價水平下降，減輕通貨膨脹壓力；另一方面進口量亦隨收入水平的下降而減少，使

國際收支赤字減少。同時，較高的利息率可以減少國內資本的外流，並吸收更多的國外資本流入，改善國際收支狀況。

（2）緊縮性的財政政策，如削減財政支出、提高稅率等緊縮性的財政政策可以抑制總需求，以配合緊縮性貨幣政策的影響。

（3）貿易保護性政策，如提高進口關稅、進口許可證與進口配額、非關稅壁壘等；外匯管制政策，如制定限制外匯流出、促進外匯流入的政策等。貿易保護性政策和外匯管制政策可以促進資本流入，有效地改善國際收支狀況，但會影響與本國經濟往來密切的國家的利益，因此，需要考慮對方的反應，以免採取報復措施。

總之，一國處於國內外均衡時，應當根據具體情況將各種經濟政策加以適當的配合。一般來說，財政政策的作用對國內經濟活動的調節效果比較直接；外貿、外匯調節國際收支效果比較顯著，但同時又會影響多邊貿易關係，而貨幣政策是通過利息率來間接地調節國內總需求水平及國際收支狀況的。在實際運用中，應考慮各種政策對經濟總量的不同影響，相互配合、相互補充，以有利於宏觀經濟，同時實現國內外的均衡。

2. 在市場經濟中，如何使國際收支自動得到調節？

答：在市場經濟中，當一國國際收支失衡時，主要是通過價格、收入、匯率等的變化，使國際收支自動得到調節，趨向平衡。歷史上在金本位制度下，如果一國發生了國際收支逆差，外匯供不應求，匯率就要上升，這時該國就要輸出黃金，於是貨幣發行量及存款都要收縮，物價就會下降，這樣出口增加，進口減少，國際收支狀況得到改善。反之，則會發生相反的過程。這樣，國際收支的不平衡就會通過黃金流通機制自動得到調節。金本位制被紙幣本位制取代後，這種經濟中的自動調節作用是通過影響國民收入、物價水平及資本流動等各方面的變化，使國際收支自動得到調節的。例如，一國發生國際收支順差時，國內金融機構持有的國外資產增加，使銀行信用擴張，銀根鬆弛，利率下降，由此使：

（1）國內消費和投資都增加，國民收入水平提高，進口增加，縮小了原來的國際收支順差。

（2）國內總需求增加，物價上漲，從而削弱本國商品在國際市場上的競爭能力，出口下降，進口增加，縮小了原來的國際收支順差。

（3）資本外流，外國資本流入受阻，也縮小了貿易順差。

（4）對外匯的供給大於需求，匯率下降，本國貨幣升值，出口減少，進口增加，減少了貿易順差。

反之，如果出現國際收支逆差，則能通過相反的調節過程，使國際收支狀況自動得到改善。

總之，在市場經濟中，國際收支推移會影響利率、收入、匯率水平在市場作用下發生相應變化，從而自動調節國際收支狀況。這種自動調節機制尤其為古典主義所強調。

3. 簡述人民幣的升、貶值對中國國際收支的影響。

答：一國貨幣匯率的變動對其國際收支的影響是多方面的。匯率的升值與貶值是

一個問題的兩個方面，它們方向相反，作用也正好相反。現以匯率貶值為例，從一般理論到實際情況，分析人民幣匯率的變動對中國國際收支的影響。

（1）人民幣貶值對貿易收支的影響。一國匯率變化對其國際收支的一個最為直接也是最為重要的影響是對貿易收支的影響。這一影響一般表現為，在滿足馬歇爾-勒納條件並且存在閒置資源的條件下，一國貨幣貶值能夠促進本國商品的出口，並能自動抑制外國商品的進口，從而能夠起到改善本國貿易收支差額的作用。

對出口而言，人民幣貶值後，一方面，等值人民幣的出口商品在國際市場上能夠比貶值前折合更少的外幣，使中國商品在國際市場的銷售價格下降，競爭力增強，出口擴大；另一方面，如果中國出口商品在國際市場上的外幣價格保持不變，則人民幣貶值會使等值外幣收入兌換成比貶值前更多的人民幣收入，使中國出口商的出口利潤增加，從而使其出口積極性提高，出口生產擴大。

對進口而言，其作用與出口正好相反。人民幣貶值後，一方面，以外幣計價的進口商品在中國銷售時能夠折合的人民幣價格比貶值前提高了，導致中國進口商成本增加、利潤減少，從而引起進口數量相應減少；另一方面，如果維持原有的人民幣售價，則需要壓低進口品的外幣價格，這勢必會招致國外出口商的反對，從而降低中國進口商的積極性，減少進口。因此，本幣貶值會自動地抑制商品的進口，並促使部分對進口品的需求轉向本國的進口替代品。

從人民幣貶值的實際效果來看，通常貶值能夠對中國的貿易收支起到一定的推動作用。這主要是由貶值之後出口品（主要是中低檔勞動密集型商品）的增長引起的。但由於中國對進口品的需求彈性較低，並且受到結構性因素的制約，進口對於貿易收支的改善作用並不明顯。

（2）人民幣貶值對非貿易收支的影響。貨幣貶值對一國經常帳戶也可能起到改善作用。因為，貶值之後，外國貨幣的購買力相對提高，貶值國的國內服務變得相對低廉，因而增加了一國旅遊和無形貿易對外國居民的吸引力，促進了本國對外非貿易收入的增加；另一方面，貶值後，國外的旅遊和其他勞務開支對本國居民的吸引力相對減弱，從而抑制了本國對外的非貿易支出。但是，貶值對一國的單方面轉移收支卻可能因為貶值而產生不利影響。以外國僑民贍家匯款收入為例，貶值後，一單位外幣所能換到的人民幣增加，對僑民而言，一定以人民幣表示的贍家費用就只需要用較少的外幣來支付。這就意味著中國的外幣僑匯數量將會下降。

（3）人民幣貶值對國際資本流動的影響。人民幣貶值後，1單位外幣可以折合更多的人民幣，一般而言，這會促使外國資本流入增加，國內資本流出減少，使一國資本帳戶得到改善。但是貶值對中國資本帳戶收支的具體影響，還應取決於人們對人民幣走勢的預期。如果人民幣貶值後，人們認為貶值的幅度還不夠，匯率的進一步貶值將不可避免，即貶值引起了進一步的貶值預期，那麼人們會將資本從中國轉移到其他國家，以避免損失；如果人們認為貶值已使得人民幣匯率處於均衡水平，那些原先因人民幣定值過高而外逃的資金就會流回中國；如果人們認為貶值已經過頭，即人民幣價格已低於正常的均衡水平，其后必然出現向上反彈，那麼，就會將資金從其他國家調撥到中國，以從中牟利。

（4）人民幣貶值對外匯儲備的影響。當今，大多數國家採用了多元化的外匯儲備管理辦法。由於儲備貨幣的多元化，匯率變化對外匯儲備的影響也複雜化了。本國貨幣對某一貨幣的貶值究竟會在多大程度上對本國的外匯儲備產生影響，需要從多方面加以分析：①要明確中國外匯儲備的幣種結構；②要計算各儲備貨幣的升貶值幅度；③根據外匯儲備構成中不同幣種的權重，結合各貨幣的升貶值幅度，衡量出一定時期內儲備幣種匯率變化對一國外匯儲備的綜合影響；④要考慮儲備貨幣中軟硬幣的利率差異，與匯率漲跌相比較，從而得出一定時期內不同貨幣匯率變化及利率變化對一國外匯儲備總體影響的分析結論。

三、論述

1. 說明固定匯率制度的運行。

答：在固定匯率制下，一國中央銀行隨時準備按事先承諾的價格從事本幣與外幣的買賣。以美國為例，假定美聯儲宣布，它把匯率固定在每1美元兌換100日元。為了有效實行這種政策，美聯儲要有美元儲備和日元儲備。

一般地說，固定匯率的運行是會影響一國貨幣供給的。仍以美國為例，假定美聯儲宣布將把匯率固定在1美元兌換100日元，但由於某種原因，外匯市場均衡匯率是1美元兌換150日元。在這種情況下，市場上的套利者發現有獲利機會：他們可以在外匯市場上用2美元購買300日元，然后將300日元賣給美聯儲，從中獲利1美元。當美聯儲從套利者手中購買這些日元時，向他們支付的美元自動地增加了美國的貨幣供給。貨幣供給以這種方式繼續增加直到均衡匯率降到美聯儲所發布的水平。

如果外匯市場均衡匯率為1美元兌換50日元，則市場的套利者通過用1美元向美聯儲購買100日元，然后在外匯市場上以2美元賣出這些日元而獲利。而當美聯儲賣出這些日元時，它所得到的1美元就自動地減少了美國的貨幣供給。貨幣供給以這種方式繼續下降直到均衡匯率上升到美聯儲所宣布的水平時為止。

2. 完全資本流動的含義是什麼？在小國和大國模型中，資本完全流動帶來的結果有什麼不同？

答：完全資本流動是指一國居民可以完全進入世界金融市場，該國政府不阻止國際借貸。這意味著，該國在世界金融市場上想借入或借出多少就可以借入或借出多少。

小國模型中的「小國」是指該國只是世界市場的一小部分，從而其本身對世界利率的影響微不足道。在小國模型中，資本完全流動帶來的結果是，該國的利率必定等於世界利率，即等於世界金融市場上的利率。

大國模型中的「大國」則是指該國經濟對世界經濟有不可忽視的重要影響，特別是該國經濟足以影響世界金融市場。對於大國模型，資本完全流動帶來的結果是，該國的利率通常不由世界利率固定。其原因在於該國大到足以影響世界金融市場。該國給國外的貸款越多，世界經濟中貸款的供給就越大，從而全世界的利率就越低。反之，該國從國外借款越多，世界利率就會越高。

【實訓活動】

實訓活動　政府文件解讀

目的：
認識開放經濟下的短期經濟模型。

內容：
1. 時間：90 分鐘。
2. 地點：多媒體教室。
3. 人數：任課班級學生人數。

步驟：
第一步：教師選擇與教學內容相關的、播放時長約為 45 分鐘的影像資料。

第二步：組織學生觀看並提示學生在觀看資料的同時注意提煉影像資料中關於開放經濟國家經濟增長的原因。

第三步：教師提出引導性問題，並請學生作答。為了更好地調動學生回答問題的積極性，可以將學生的回答內容作為平時成績予以記錄，最終作為期末綜合考評成績的一部分。

第四步：教師針對教學效果做總結。

問題研討：
1. 是什麼原因使一個「小國家」脫穎而出，躍居世界經濟大國前列？
2. 開放是否會引起一國外匯儲備的增加？
3. 影響一國外貿的重要因素有哪些？

實訓點評：
主要是通過觀看影像資料，讓學生瞭解開放型經濟的國家經濟發展模式。

實訓材料： http://v.youku.com/v_show/id_XMzMyMzYwNDcy.html？spm=a2h0j.8191423.item_XMzMyMzYwNDcy.A.

【案例研究及案例使用指南】

案例 1　匯率調整利好出口

企業：「東莞製造」出口競爭力增強，但傳導效果不會立竿見影

繼前日人民幣兌美元匯率下調 2%後，昨日人民幣兌美元中間價再走低，較前一日下調 1.6%，為 2012 年 10 月 11 日以來的新低。

在出口企業遍地開花的「世界工廠」東莞，人民幣貶值無疑是最令企業主們興奮的消息，因為人民幣貶值意味著對於歐美客戶而言，「東莞製造」的價格更便宜了，相應的東莞出口產品的國際競爭力也有所增強。

不過，也有企業主表示，人民幣貶值對東莞出口企業而言雖然是利好消息，提振

了企業的信心，但實際作用不可能立竿見影，而具體作用有多大，還要看人民幣后市走向。

影響：傳統製造業出口競爭力增強

前日，人民幣兌美元匯率貶值近2%，昨日繼續下調1,000多個基點，報6.33。「這對東莞的製造業，尤其是出口企業而言，無疑是重大利好消息。」東莞市紡織服務行業協會名譽會長陳耀華指出，一直以來國內的人力成本持續增長，加上人民幣升值等因素，中國的出口商品相對東南亞和印度，在價格上占了劣勢；而人民幣貶值後，東莞外貿企業的國際競爭力增強，尤其是對在國內採購原料的傳統製造業而言，如紡織、制鞋、玩具等。

東莞哈一代玩具董事長肖森林舉例說，原本61萬元人民幣的商品，歐美客戶需要花10萬美元，而現在則9萬多美元就夠了，「對歐美客戶而言，會感覺中國商品更便宜了；對東莞出口企業而言，產品的國際競爭力就增強了」。

而從事紡織行業20多年、原東莞永嘉盛針織發展部經理羅慶華也告訴記者，人民幣貶值，東莞出口型企業直接受益，而對東莞大量貿易公司而言也是好事。「產品價格優勢明顯了、競爭力強了，我們接單也容易了。」

企業：傳導效應至少要2個月后才會顯現

東莞哈一代玩具目前是內銷和出口各占一半比例，對於人民幣貶值的消息，雖然肖森林和其他外貿企業主一樣興奮，但他表現得十分理性。「這個利好消息帶來的更多的是信心的提振，至於真正的效果，是不可能立竿見影的，傳導效應至少要2個月後才會顯現，而且最終效果有多大，還要看人民幣接下來的走勢。」

東莞一家大型鞋廠市場部徐女士告訴記者，外貿出口一般按照訂單確定時的匯率計算，或者會事先約定「某段時間內匯率超過某個點，雙方再商議」。因此，人民幣兌美元短期內變化，並不會對企業經營造成太多實質性影響。

這幾年，人民幣兌美元的持續升值，使得東莞眾多外貿型出口企業在歐美經濟不景氣、訂單銳減的衝擊下「雪上加霜」。「人民幣升值吞噬了原本就微薄的利潤，接單就可能虧本，不接單呢又浪費產能。」位於大朗的一家毛織企業老板劉先生說，去年以來，每逢毛織企業開工淡季（冬季），自己都給工人放假，到旺季才開工。「現在敢接一些單了，一些單也可以去談了，說不定還能把東南亞一些訂單搶回來。」

案例來源：黃江潔. 匯率調整利好出口［N］. 廣州日報，2015-08-13（20）.

思考題

匯率變動如何影響一國進出口？

案例1 使用指南

第一步：目標設定參考。本案例可以配合本章教學及高鴻業主編《西方經濟學（宏觀部分·第六版）》的第十八章教學及學習使用。同時，學生應該對匯率理論內容有所閱讀，通過對案例的學習，瞭解匯率變動對一國對外貿易的影響。

第二步：背景介紹。「匯率」簡稱為ExRate，亦稱「外匯牌價」「外匯行市」或

「匯價」等。ExRate 是英文的「Exchange Rate」（匯率）的縮寫。是一種貨幣兌換另一種貨幣的比率，是以一種貨幣表示另一種貨幣的價格。由於世界各國（各地區）貨幣的名稱不同，幣值不一，所以一種貨幣對其他國家（或地區）的貨幣要規定一個兌換率，即匯率。從短期來看，一國（或地區）的匯率由對該國（或地區）貨幣兌換外幣的需求和供給所決定。外國人購買本國商品、在本國投資以及利用本國貨幣進行投資會影響本國貨幣的需求。本國居民想購買外國產品、向外國投資以及外匯投機影響本國貨幣供給。在長期中，影響匯率的主要因素主要有相對價格水平、關稅和限額、對本國商品相對於外國商品的偏好以及生產率。

第三步：理論學習。匯率變動會對一國經濟產生較大的影響。

第一，對一國國際收支的影響。

（1）對貿易收支的影響。匯率變動會引起進出口商品價格的變化，從而引起一國進出口貿易發生變化，也就引起了貿易收支的變化。如果一國貨幣的匯率下浮，即本幣貶值、外幣升值，則有利於該國增加出口，抑制進口。原因有三：①國外對該國商品需求增加。如果該國貨幣匯率下浮，以外幣表示的出口商品價格就會下降，當出口商品具有較大價格需求彈性時，就會誘使國外居民增加對該國出口商品的需求，可能會使出口大幅度增加。②出口商品積極性提高。由於該國貨幣匯率的下浮，出口同樣數量的商品，換回本國貨幣的數量更多，增加了出口商的利潤，從而刺激出口的積極性。③進口受到抑制。如果該國貨幣匯率下浮，就會使以本幣表示的進口商品的價格上漲，使該國商品與進口商品的性能價格比發生變化，購買進口商品變得不經濟，從而使該國居民減少對進口商品的需求，達到抑制進口的效果。相反，如果一國貨幣匯率上浮，即本幣升值、外幣貶值，則有利於該國減少出口而擴大進口。

（2）對非貿易收支的影響。一國貨幣匯率下浮或上浮，對該國國際收支經常項目中的旅遊和其他勞務收支的狀況也會產生一些影響。如果一國貨幣匯率下浮，外國貨幣的購買力相對提高，該國的勞務商品價格相對降低，這無疑對外國遊客或客戶增加了吸引力，擴大了非貿易收入的來源。如果一國貨幣匯率上浮，外國貨幣購買力相對下降，該國的勞務商品價格相對提高，就會減少非貿易收入的來源；同時，由於本國貨幣購買力的相對提高，使外國勞務商品價格相對降低，還會刺激非貿易支出的增加。

第二，對資本流動的影響。

當一國貨幣匯率存在下浮趨勢時，資本所有者擔心該國貨幣匯率下跌造成損失，就會將資本調出國外，一旦該國貨幣匯率下跌並終止，上述資本外逃停止；相反，該國貨幣匯率具有上升趨勢時，資本所有者為了取得貨幣匯率上浮帶來的收益，就會將資本調入該國，而一旦該國貨幣匯率上升並終止，資本流入就會停止。

第三，對外匯儲備的影響。

匯率變動對外匯儲備的影響表現在兩個方面：一是匯率變動會引起外匯儲備實際價值的變動；二是匯率變動會引起一國國際收支的變動，從而引起外匯儲備變動。如果儲備貨幣的匯率上升，會增加外匯儲備的折算價值；如果儲備貨幣匯率下跌，則會減少外匯儲備的折算價值。此外，如果一國貨幣匯率下浮后處於偏低的狀態，則有利於出口而抑制該國進口，導致貿易順差，會增加該國外匯儲備。由於該國存在貿易順差，其貨幣

有升值的趨勢，就會吸引外資流入，又將導致資本項目的順差，也會增加該國外匯儲備。相反，若一國貨幣匯率由於上浮處於偏高的狀態，則會形成貿易項目和資本項目的雙逆差，會減少該國外匯儲備。

同時，匯率變動也會對一國國內經濟產生影響。第一，對國內物價的影響。在貨幣發行量一定的情況下，本幣匯率上升會引起國內物價水平下降。因為本幣匯率上升、外匯匯率下降，就會使以本幣表示的進口商品在國內售價相對便宜，刺激進口增加，並帶動用進口原料生產的本國產品價格下降。另外，由於本幣匯率上升，以外幣表示的出口商品在國外市場價格升高，降低了出口商品的競爭力，促使一部分出口商品轉內銷，增加了國內市場供給量，也會引起國內物價水平的下降。在貨幣發行量一定的情況下，本幣匯率下浮會引起國內物價水平上升。因為本幣匯率下浮，一方面有利於本國商品出口，出口商品數量增加會使國內市場供應發生缺口，促使價格上漲。另一方面，進口商品用本幣表示的價格因本幣匯率下跌而上升，促使進口的生產資料價格提高，導致以此為原料的國產商品價格上漲，同時，進口的消費資料也因本幣匯率的下浮而價格上漲，進口商品數量減少，國內市場商品供應相對減少，引起國內物價總水平上漲。第二，對國內利率水平的影響。在貨幣發行量一定條件下，本國貨幣匯率上升，使國內利率總水平上升。因為本幣匯率上升會對商品出口和資本流入產生不利的影響，而對商品進口和資本流出產生有利的影響，引起本國外匯收入減少、外匯支出增加，從而使國內資金總供給減少，引起國內利率總水平上升。相反，本國貨幣匯率下降，有利於增加本國外匯收入，國內資金供應增加，導致國內利率總水平下降。因此，凡是貨幣匯率高估而有逆差的國家，其國內利率水平必偏高；凡是貨幣匯率低估而有順差的國家，其國內利率水平必偏低。第三，對國內就業和國民收入的影響。在其他條件不變時，本幣匯率下跌，有利於出口而不利於進口，從而有利於本國第一產業、第二產業和第三產業的發展，促進國內就業崗位增多和國民收入增加；反之，由於本國貨幣匯率上升，不利於出口而有利於進口，限制了本國經濟的發展，必然減少國內就業量和國民收入。在經濟進入相對過剩、國內就業壓力日益加大的情況下，許多國家不時採用各種措施降低本國貨幣匯率，以達到增加國民收入和充分就業的目的。

第四步：討論思考題目。可以選擇根據思考題分組討論，每組學生輪流發言，組內相互補充發言，各組學生代表相互點評。

第五步：學習總結或教師點評。教師對案例研討中的主要觀點進行梳理、歸納和點評，簡述本案例的基礎理論，在運用基礎理論對案例反應的問題進行深入分析後，輔以適當的框圖進行總結。

案例備註說明：該案例對於初學者比較困難，可以在結束學期教學或在通讀《西方經濟學（宏觀部分·第六版）》完畢以後，使用更佳。當然對於自學能力比較強的學生而言可以直接使用。

案例2　從外儲驟降看「不可能三角」難題咋解

央行9月7日公布的官方儲備資產情況顯示，8月末中國外匯儲備的餘額為

35,573.81 億美元，較 7 月下降 939.29 億美元，創歷史最大單月降幅。8 月 11 日，央行宣布新一輪匯改，人民幣匯率中間價將更緊密地與前一日的收盤現貨匯率相一致。在放任人民幣在隨后的三個交易日內貶值 4% 之后，央行官員表示「人民幣調整已經基本完成」。

但此次調整，僅僅是糾正了在岸外匯市場中間價和收盤價的偏離，在岸和離岸人民幣匯率仍有 1,000 點左右的匯差，較匯改之前分歧加大，貶值預期加重。人民幣對美元中間價形成機制改革首月，外匯儲備出現驟降，這是中國在平衡「不可能三角」過程中所付出的代價。

「不可能三角」的理論解釋

1963 年，蒙代爾發表論文首次分析了開放經濟中貨幣政策和財政政策的短期效果。在開放的經濟體中，假定資本高度流動，這樣國外利率和國內利率完全一致（如果不一致，資本套利行為會讓其最終趨於一致）。

分兩種情況，第一種是固定匯率制，中央銀行必須無條件滿足公眾在這個特定匯率水平下的外匯需求，並因此投放相應的本幣數量，從而喪失對貨幣供應量的控制。換個更容易理解的邏輯，當利率和匯率都被固定住之後，一國的貨幣政策當然就失去了用武之地。這時，財政政策優勢突顯，因為政府支出的增加不會導致利率的上漲，從而避免了對私人投資形成擠出，最終有效地對國民收入和國內經濟活動施加影響。第二種是浮動匯率制，中央銀行不再干預外匯市場。當政府支出增加的時候，利率有上升的趨勢，資本加速流入，本國匯率因此升值，出口形勢開始惡化，從而抵消了政府增加支出對於拉動經濟增長的效果。此時，財政政策無效。但貨幣政策異軍突起，增加貨幣供應量將降低本國利率，導致資本外流和匯率貶值，淨出口改善再反過來刺激經濟增長。這時，貨幣政策就成為影響經濟活動強有力的工具。

經濟學上的「蒙代爾-弗萊明模型」與這篇論文有著密切的關係，論文分析簡潔，結論卻豐富、清晰而有力：在開放的經濟體中，貨幣政策在固定匯率制下對刺激經濟毫無效果，在浮動匯率制下則效果顯著；財政政策在固定匯率制下對刺激經濟效果顯著，在浮動匯率制下則效果甚微或毫無效果。

1999 年，美國麻省理工學院教授克魯格曼在蒙代爾-弗萊明模型的基礎上，結合對亞洲金融危機的實證分析，提出了「不可能三角」。「不可能三角」原則選出模型的一部分結論指出，一國不可能同時實現貨幣政策獨立性、匯率穩定以及資本自由流動三大金融目標，只能同時選擇其中的兩個。如果三者都想實現，就會像亞洲金融危機時的泰國，最終陷入混亂。

外匯儲備驟降是維護匯率穩定的代價

中國似乎是個突破「不可能三角」的特例。在過去 30 年裡，中國一直在奮力同時實現這三者，而且絕大多數時間都能維持其貨幣政策獨立性，並對人民幣的匯率實施有效管理。人們自然而然地推斷中國對資本流動給予了嚴格管制。但事實上，中國資本項目的開放度不低。根據外管局資料，在 7 大類 40 項資本交易項目中，只有 10 項不可兌換，除個人直接跨境投資、衍生品交易外，主要跨境資本交易都有正規渠道。

中國的資本管制主要是對短期跨境資本流動進行管理，即通過 QDII（合格境內機

構投資者）和 QFII（合格境外機構投資者）等限額體系對短期跨境資本的投資主體和投資額度進行控制。2015年4月，央行行長周小川明確提出「中國將努力在今年實現人民幣資本項目可兌換」，可見中國資本項目的開放已完成大半。而且，模型裡面關於資本自由流動的概念和我們由此聯想到的「資本項目的開放」並不是一回事。在模型中，但凡因為逐利所引發的資本進出國境都算是資本流動，並不僅限於資本項目。如果考慮到偽造貿易背景的經常項目下的資金流動和地下錢莊運作的非法資金流動，中國的跨境資本流動程度將更高。

那麼中國是如何突圍「不可能三角」原則的？其中一個解釋是「不可能三角」理論只考慮了極端的情況，並沒有論及中間情況。為什麼不可以將三個政策目標各放棄一半，從而實現另外一半的政策效果呢？

2001年，中國經濟學者易綱，在「不可能三角」基礎上提出了擴展三角理論框架，並提出簡明的 $X+Y+M=2$ 公式。其中 X 為匯率，Y 代表貨幣政策，M 代表資本流動狀態。三個變量變動範圍均在0到1之間，分別代表各項政策目標的全然無效和全然實現，其餘中間值表示中間狀態。觀察過去10年中國經濟的運行，資本項目的有限開放、人民幣匯率的漸進式升值以及貨幣政策在掣肘中內外兼顧，難道不正是在中間地帶的艱難平衡嗎？

在此過程中，貨幣政策主要為衝銷干預所掣肘。在開放經濟體的固定匯率制下，當本國貨幣面臨幣值變動的壓力時，中央銀行被動買進或售出外匯，貨幣供應量將相應增加或減少。衝銷政策的目的是抵消貨幣供應量的變化：當中央銀行買進外匯的同時，賣出等量證券；賣出外匯的同時，買進等量證券。因此，衝銷干預事實上是央行外匯資產和債券資產的互換。

然而衝銷干預的成本是昂貴的。人民銀行在2003年就已售罄之前累積下來的政府債券，隨後開始出售新發行的中央銀行票據。由於銷售這些央票所支付的利息要高於以外國債券形式持有的外匯儲備的資產收益，央行的資產負債表受到衝擊。於是另一個廉價的衝銷工具——存款準備金率被重用，一度被提到21.5%的全球古今罕見的高水平，相當於對商業銀行課以重稅。

與升值不同的是，在貶值週期中衝銷干預最大的成本就是消耗一國長期積攢的外匯儲備。當一國貨幣面臨貶值壓力時，企業和居民持有外幣的意願上升，央行根據需求的上升增加外匯儲備的供給，否則將導致本幣加速貶值。而如此做的代價當然是消耗一國的外匯儲備。在東南亞金融危機中，泰國就是因為外匯儲備損耗殆盡而宣布放棄固定匯率制，導致泰銖大幅貶值，從而觸發危機。從2014年6月至2015年7月，中國外匯儲備從3.99萬億美元的高點降到了3.65萬億美元，大約降了3,000億美元。

在人民幣對美元中間價形成機制改革首月8月份，外匯儲備出現驟降，較7月下降939.29億美元，創歷史最大單月降幅。主要的影響因素有三方面：一是央行在外匯市場進行操作，向市場提供外匯流動性，即在市場上投放美元儲備以防止人民幣貶值；二是外匯儲備委託貸款項目在8月份進行了一些資金提款；三是8月份國際市場一些主要金融資產價格出現不同程度回調，造成外匯儲備相關部分縮水。

上述金額從外匯儲備中做了相應扣減，其中前兩項外匯儲備的下降在很大程度上

反應為境內其他主體持有外匯資產的增加：一方面企業和個人外匯存款持續增加，其中 8 月份較 7 月份又增加了 270 億美元；另一方面金融機構外匯流動性也十分充裕。其他境內主體持有外匯資產的增加意味著企業、居民和金融機構的資產配置更加豐富，這是中國「藏匯於民」戰略的效果。但同時，「藏匯於民」也意味著中國民間持有美元的意願上升，如果央行不投放美元儲備，人民幣在市場上將加速貶值。所以這 939.29 億美元基本可以視作防止人民幣貶值的維繫成本。

更重要的是，蒙代爾在 20 世紀 60 年代初就曾指出，衝銷干預不可行，因為衝銷干預具有內在邏輯上的矛盾，會將經濟拖入更加不確定的狀態。本幣升值往往伴隨著經濟過熱，中央銀行買進外匯賣出證券，賣出證券的行為回籠了資金量，在此過程中，固然利率上升能夠起到給經濟降溫的作用，但由此導致的資本加速流入卻加重了原有的本幣升值壓力。反之亦然。8 月 26 日，人民銀行宣布下調存款準備金率和存貸款基準利率。此次雙降無疑會強化人民幣貶值預期，加劇當前的資本外流，受到了一些輿論的詬病。但是在經濟下行和人民幣貶值的雙重壓力下，作為衝銷政策一部分的雙降，必然會面臨政策內在的邏輯矛盾，必然需要兩害相權取其輕。

當前中國面臨的貨幣匯率形勢

2011 年開始，中國的 GDP 開始進入下行的通道，GDP 從 10% 的高位回落到 7% 的水平。伴隨著經濟增速下降的是全社會投資回報率的下降，2013 年已經跌到歷史最低值。進入 21 世紀以來，中國經濟一直保持較高的無風險收益率水平，從而對外資流入形成很大的吸引力。最初是對房地產的投資奠定了中國較高的無風險收益率，以至於海外的華人、留學生都將這十年稱為「失去的十年」。

在房地產市場的引擎熄火之後，地方政府融資平臺繼續提供較高的無風險收益率，因為籌資方對資金本息的償還並不完全依賴於投資的回報，地方政府的稅收和土地收入都使其在償還貸款時擁有很大的騰挪餘地，大大增強了其支付高額利息的能力。債務置換之後，融資平臺中屬於政府的債務被納入預算，這塊無風險收益率被行政力量強行打壓下來，變成市政債券的低利率。然而，這時的中國又適時出現了一塊新的無風險收益，即股市收益。股市的紅火從 2014 年下半年開始，持續了一年的時間。但 2015 年 6 月發生異常波動，從此股市一路下行，中國經濟就此沒有了突出的無風險收益的領域。

國內經濟數據疲弱和投資回報率的下降使得外商直接投資保持謹慎；「一帶一路」走出去的政策鼓勵境外投資加速；再加上美國經濟的強勁復甦和對美聯儲加息的預期，多重因素導致資金開始流出中國。中國國際收支從 1999 年以來持續的「雙順差」，逐漸轉變為「經常項目順差、資本和金融項目逆差」的新格局。根據外匯管理局公布的數據，2015 年二季度中國經常項目順差 4,687 億元人民幣，資本和金融項目逆差 4,687 億元人民幣。至此，中國已連續五個季度呈現「經常項目順差、資本項目逆差」的狀況。

2012 年是一個分界點，中國跨境資金流動呈雙向變動，流入減少、流出增加，人民幣升貶值預期也是在這一年出現反轉，人民幣出現貶值預期，並從 2014 年下半年開始愈演愈烈。2015 年 6 月以來，中國經濟增長乏力、人民幣貶值預期加重以及金融市

场的动荡令形势愈发复杂。对於下一阶段的汇率和货币形势，笔者预计央行将和往常一样继续在三角的中间地带艰难平衡，和升值周期不同的仅仅是，操作的方向是相反的。在经济减速和货币贬值的背景下，海外资金开始流出中国。

首先，稳定人民币汇率预期是央行必保的首要任务。比贬值更可怕的是持续的贬值预期，不要自得于 3.6 万亿的外汇储备，仅 8 月当月，外汇储备就消耗掉 939.29 亿美元。目前境内人民币各项存款馀额 134 万亿元，只要其中 15% 左右的存款需要兑换成美元，就能将外汇储备消耗殆尽。在本次股市的动荡中，「国家队」的救市给汇率政策提示预警，那就是不宜和趋势作对。遏制人民币贬值预期有两种选择——大贬或小贬，但成败的关键在於之后能否在适当的位置上稳定住。一次性贬值 20%，能够彻底消灭贬值预期，节约外汇储备，提升出口竞争力，这在技术层面是最有效的方式，也是很多专家学者所呼吁的。但汇率问题从来就不仅仅是技术层面的问题，大幅度的贬值对於国家在世界上的形象，对於民众在全世界范围内的优越感都有较大的挫伤，并非上策。所以央行会继续动用外汇储备干预市场，保持汇率稳定。预计今年下半年人民币兑美元汇率将以 6.4 ~ 6.5 的水平为中轴，上下波动，回到类固定汇率的轨道上，外汇储备将继续消耗。在这里需要特别强调的是，切不可走渐进式升值的老路，进行渐进式贬值，对於贬值预期而言这不是在释放而是在饲养。

其次，下调存款准备金率将成为一个常规性操作。在人民币升值的周期里，上调存款准备金率曾被作为常规性的冲销干预手段被频繁使用，那麼反之亦然。预计央行将逐步下调存款准备金率，在 2015 年剩下的几个月里，存款准备金率仍有 2~3 次下调的可能。这是保证货币供应量不因干预行为而变化的对冲操作，甚至不能算是宽松的货币政策。而且在商业银行利润增长乏力的背景下，下调存款准备金率将给商业银行减负，增强其在经济下行期支持实体经济的能力。

最后，减缓资本项目的开放速度可以给汇率和货币政策更大的空间。资本项目自由化曾被许多人奉为圭臬，理由是资本的自由流动可以促进资源在世界范围内实现效率最大化，从而改善民众的福祉。要素的自由流动固然可以带来资源的优化配置，但是人，这个最基本的要素永远也不可能实现在全球范围内的自由流动。那麼，当资本被允许自由进出国境的时候，资本的持有者却只能被迫留在资本流出的国家，束以待毙，这未尝不是一项灾难。

所以中国应该庆幸股市暴跌发生在资本项目尚未开放的今天。亚洲金融危机后，各国政府和经济学界纷纷反思资本项目自由化的理念和实践，资本项目自由化也被请下了经济学神坛。近日公安部在全国组织开展打击地下钱庄集中统一行动，央行也发布紧急通知，要求办理代客远期售汇的银行交存 20% 的无息风险保证金。预计近期将会有更多强有力的措施出抬，限制资金跨境流动，资本项目开放的速度也将随之放缓。固然人民币国际化进程的推进需要资本项目开放予以配合，但在远虑和近忧之间，还是要优先解决近忧。

案例来源：赵幼力. 从外储骤降看「不可能三角」难题咋解［N］. 上海证券报，2015－09－16（A03）.

思考題

闡述「不可能三角」的含義。

案例 2 使用指南

第一步：目標設定參考。本案例可以配合本章教學及高鴻業主編《西方經濟學（宏觀部分·第六版）》的第十八章教學及學習使用。同時，學生應該對匯率理論內容有所閱讀，通過對案例的學習，瞭解匯率變動對一國對外貿易的影響。

第二步：背景介紹。第二次世界大戰后首先對固定匯率制提出異議的是米爾頓·弗里德曼（Milton Friedman）。他在 1950 年發表的《浮動匯率論》一文中指出，固定匯率制會傳遞通貨膨脹，引發金融危機，只有實行浮動匯率制才有助於國際收支平衡的調節。接著，英國經濟學家詹姆斯·米德（James Meade）在 1951 年寫成的《國際經濟政策理論》第一卷《國際收支》一書中也提出，固定匯率制度與資本自由流動是矛盾的。他認為，實行固定匯率制就必須實施資本管制，控制資本尤其是短期資本的自由流動。該理論被稱為米德「二元衝突」或「米德難題」。羅伯特·蒙代爾（Robert Mundell）在研究了 20 世紀 50 年代國際經濟情況以后，提出了支持固定匯率制度的觀點。20 世紀 60 年代，蒙代爾和 J. 馬庫斯·弗萊明（J. Marcus Fleming）提出的蒙代爾－弗萊明模型（Mundell-Fleming model）對開放經濟下的 IS-LM 模型進行了分析，堪稱固定匯率制下使用貨幣政策的經典分析。該模型指出，在沒有資本流動的情況下，貨幣政策在固定匯率下在影響與改變一國的收入方面是有效的，在浮動匯率下則更為有效；在資本有限流動情況下，整個調整結構與政策效應與沒有資本流動時基本一樣；而在資本完全可流動情況下，貨幣政策在固定匯率下在影響與改變一國的收入方面是完全無能為力的，但在浮動匯率下，則是有效的。由此得出了著名的「蒙代爾三角」理論，即貨幣政策獨立性、資本自由流動與匯率穩定這三個政策目標不可能同時達到。1999 年，美國經濟學家保羅·克魯格曼（Paul Krugman）根據上述原理畫出了一個三角形，他稱其為「永恆的三角形」，清晰地展示了「蒙代爾三角」的內在原理。在這個三角形中，a 頂點表示選擇貨幣政策自主權，b 頂點表示選擇固定匯率，c 頂點表示資本自由流動。這三個目標之間不可調和，最多只能實現其中的兩個，也就是實現三角形一邊的兩個目標就必然遠離另外一個頂點。這就是著名的「三元悖論」。

第三步：理論學習。「蒙代爾三角」形象地說明了「三元悖論」，即在資本流動、貨幣政策的有效性和匯率制度三者之間只能進行以下三種選擇：①保持本國貨幣政策的獨立性和資本的完全流動性，必須犧牲匯率的穩定性，實行浮動匯率制。這是由於在資本完全流動條件下，頻繁出入的國內外資金帶來了國際收支狀況的不穩定，如果本國的貨幣當局進行干預，即保持貨幣政策的獨立性，那麼本幣匯率必然會隨著資金供求的變化而頻繁波動。②保持本國貨幣政策的獨立性和匯率穩定，必須犧牲資本的完全流動性，實行資本管制。在金融危機的嚴重衝擊下，在匯率貶值無效的情況下，唯一的選擇是實行資本管制，實際上是政府以犧牲資本的完全流動性來維護匯率的穩定性和貨幣政策的獨立性。③維持資本的完全流動性和匯率的穩定性，必須放棄本國貨幣政策的獨立性。依據開放經濟條件下進行宏觀經濟分析的蒙代爾－弗萊明模型，在

固定匯率制下，如果資本自由流動，則一國不可能執行獨立的貨幣政策，任何企圖通過增減貨幣量來影響國內利率以實現政策目標的努力都將被巨額資本的迅速流動及央行保持固定匯率的承諾所抵消。因為，國內市場上的利率是由國際利率水平和外匯匯率的預期變動率決定的；國內貨幣市場和商品市場正是在這一利率水平的自發作用下實現均衡的。「三元悖論」原則的理論內涵經歷了「米德二元衝突—M-F模型—三元悖論」這樣一個發展歷程。現在，「三元悖論」原則已經成為國際經濟學中的一個著名論斷。但是，該理論是高度抽象的，只考慮了極端的情況，即完全的貨幣政策獨立、完全的固定匯率和完全的資本自由流動，並沒有論及中間情況。正如弗蘭克爾指出的，「並沒有令人信服的證據說明，為什麼不可以在貨幣政策獨立性和匯率穩定兩個目標的抉擇中各放棄一半，從而實現一半的匯率穩定和一半的貨幣政策獨立性」。這不能不說是「三元悖論」理論在具體目標選擇問題分析方面的局限。

　　第四步：討論思考題目。可以選擇根據思考題分組討論，每組學生輪流發言，組內相互補充發言，各組學生代表相互點評。

　　第五步：學習總結或教師點評。教師對案例研討中的主要觀點進行梳理、歸納和點評，簡述本案例的基礎理論，在運用基礎理論對案例反應的問題進行深入分析後，輔以適當的框圖進行總結。

　　案例備註說明：該案例對於初學者比較困難，可以在結束學期教學或在通讀《西方經濟學（宏觀部分·第六版）》完畢以後使用更佳。當然對於自學能力比較強的學生而言可以直接使用。

第八章　經濟增長

【案例導入】

案例導入一：全球經濟增長的前景分析

　　30多年的快速增長，大大增強了中國整體經濟實力，使得中國成功邁入了上中等收入國家的行列。中國經濟的崛起和快速發展促使了全球經濟重心的東移；入世使得中國經濟與全球經濟更加深度融合。回顧中國經濟發展的歷程，長期高速增長不僅離不開內部不斷改革所激發的動力，也離不開對外開放所帶來全球市場融入和全球產業轉移的機遇。隨著中國經濟規模的不斷擴大和與全球經濟的深度融合，外部環境的變化和波動將密切影響中國經濟的走勢，因此有必要深入分析全球經濟增長的前景。

　　經濟全球化使得全球經濟增長越來越複雜，影響全球經濟增長及格局變化的因素也越來越多。這裡主要從經濟週期、人口結構、全球化趨勢、能源環境約束以及科技進步等方面出發，對影響未來10~20年全球經濟增長狀況的主要因素進行趨勢性分析。

　　從經濟增長的長週期來看，全球經濟正處在經濟增長長週期中的衰退和調整階段。過去200年，全球經濟發展已經經歷了以蒸汽機、鐵路、電力、汽車以及信息技術革命為階段性標誌的5個長週期。20世紀80年代中期開始的計算機應用和信息技術革命使得世界經濟維持了多年的高速增長，全球經濟年均增長速度達到3.5%。但是2008年爆發的國際金融危機終結了全球經濟增長的上升趨勢。從經濟增長的長週期來看，全球經濟可能正處在經濟增長兩個長週期之中的衰退和調整階段。過去的經濟增長史證明，每一次週期性的經濟上升都得益於新技術的推廣和大規模應用，但是當新技術對生產力推動的潛力逐漸耗盡之後，世界經濟將進入衰退和調整階段。因而世界經濟的全面復甦並重新進入長期增長的上升通道將依賴於新一輪革命性技術的出現和廣泛應用。

　　全球人口總量繼續增加，增速不斷放緩；老齡人口比例明顯上升，人口總撫養比將出現拐點。根據聯合國預測，全球人口將由2010年的近70億增長至2020年的76.6億和2030年的83.2億。雖然全球人口總量仍將繼續增長，但是人口增長的速度自20世紀80年代以來一直在不斷下降。未來20年間全球人口增長速度將由過去30年的1.5%左右逐漸下滑到年均1%以下。在增速不斷下降的同時，全球人口的年齡結構也在發生著巨大的變化。全球老齡人口比重將由2010年的9%左右上升到2030年的13.8%。同時人口總撫養比也將由2010年的52.4%下降到2015年的近40年來的最低點51.6%，然后一改過去40年來的下降趨勢開始逐步上升，到2030年將上升到53%。

從總體來看，未來20年全球人口總量繼續增加，但人口增長的速度將不斷趨緩，人口老齡化不斷加劇，人口總撫養比將出現轉折性變化，轉為逐步上升。

國際金融危機加劇了貿易摩擦和競爭，經濟全球化進程陷入調整期，但經濟全球化仍然是長期趨勢。全球化一直是全球經濟發展的大趨勢。但國際金融危機的爆發使得各國熱衷於通過加強貿易保護來進行經濟自救，貿易摩擦出現頻率不斷升高；同時也使發達國家加強金融監管，發達國家金融業的發展速度放慢降低了國際資本流動的動力，發展中國家開放金融市場的態度也變得更加謹慎。不僅如此，國際金融危機還使圍繞國際金融體系的改革呼聲不斷。經濟全球化的進程會因國際金融危機而陷入調整期。但從長期來看，新技術的發展將進一步深化全球產業分工，信息技術的普及將改變全球貿易方式，跨國公司的擴張將繼續推動國際貿易的發展，全球治理體系的改革將重塑全球經貿聯繫，經濟全球化將是不可逆轉的趨勢，也將是促進全球經濟增長不可或缺的重要推動力量。

新能源技術的發展將改變全球能源和經濟格局，日益嚴峻的氣候變化問題將加速全球經濟增長模式的改變。能源、資源是經濟社會發展的基本要素。長期以來，傳統能源的分佈和經濟發展水平的空間分佈不一致導致能源供求的不平衡，致使能源問題一直是影響全球經濟、政治穩定的重要因素。然而，能源技術的最新進展向人們展示了新能源技術將可能改變未來全球的能源和經濟格局。最近掀起的一場「頁岩氣革命」就是一個典型的例子。頁岩氣技術飛速進步使得美國天然氣產量超過俄羅斯，成為世界第一大天然氣生產國。可以預計，頁岩氣技術的發展和擴散不僅將變革全球天然氣市場格局，甚至將影響全球製造業的生產佈局。

全球科技發展正朝著多極化的方向發展，各國圍繞科技的競爭將日趨激烈。創新與技術進步是全球財富創造最重要的動力源泉。這些年來，世界科技發展正不斷朝多極化方向發展。資料顯示，最近10年，新興經濟體的科技研發費用正在迅速上升，1995—2005年，中國、南非、俄羅斯等9個非OECD國家的年均研發費用增長率達到15.5%，比OECD國家整體的增長率高了近10個百分點。技術的追趕將繼續成為新興經濟體實現經濟趕超的重要動力。此外，國際金融危機發生後，歐美等國家更加重視新能源、生物技術、信息等新技術產業的發展，加大力度支持新興產業的發展，為經濟發展尋找新空間，為增加就業創造機會。可見，圍繞科技的競爭將日趨激烈，也將對全球經濟增長格局造成深遠的影響。

這裡我們採用世界銀行開發的全球可計算一般均衡模型，結合前面對影響全球經濟增長的因素分析，從中長期的角度給出未來20年全球經濟增長的一個趨勢性結果。

全球經濟進入一個長期波動和低速增長期將是大概率事件。短期來看，全球經濟仍然深陷國際金融危機的泥潭之中。但從中長期來看，這並不會改變未來10年至20年全球經濟增長的趨勢。未來10年至20年，全球經濟增長的速度將低於過去20年的增長水平，預計年均為2.9%，而且長期來看將呈現趨勢性下降。

案例來源：國務院發展研究中心課題組. 全球經濟增長的前景分析［N］. 經濟日報，2012-12-24（11）.

問題：
1. 經濟增長的源泉是什麼？
2. 說明經濟增長與經濟發展的關係。

案例導入二：樊綱：技術進步和制度改革是增長的關鍵

中國經濟50人論壇、新浪財經和清華經管學院聯合舉辦的新浪·長安講壇第264期日前召開。論壇學術委員會成員、中國經濟體制改革研究會副會長、中國經濟改革研究基金會國民經濟研究所所長樊綱發表了題為「中國的發展潛力、增長要素與風險管理」的主題演講。樊綱表示，進入21世紀第二個10年，中國經濟的潛在增長率確實有所下降，但是變化並不會太大，預計「十三五」期間仍會在7%以上，位於7%到7.5%的區間以內。在促進增長的四大要素中，勞動、制度的貢獻率可能略有下降，但是資本和知識的貢獻率肯定會有所增長。當然，實際增長情況還要看能否將潛在增長率充分發揮出來，這需要一系列的改革和政策調整。

十三五潛在增長率應在7%以上

好的正常增長，是指充分利用了潛力而且沒有通貨緊縮的增長率。2016年到2020年，中國的潛在增長率大約是7%到7.5%。中國對美國的追趕指數只有13%，差距巨大，潛力也巨大。

樊綱從十二五規劃評估和十三五規劃制定談起。

他說，現在有人認為中國經濟增長速度好像偏低，只有7%多一點，一個通常說法是中國經濟告別了兩位數的高增長時代，進入一個比較低的增長時代。對這個說法，我一直有不同的看法，尤其是不同意那句話：中國經濟告別了兩位數的高增長時代。

樊綱認為，這句話有兩個問題。第一，中國過去30多年，絕大多數時候不是兩位數增長。看看統計數據，過去10年中國有兩次兩位數增長，一次是2004年到2007年，一次是2009年到2010年。第二，過去20年，中國經濟增長速度超過9%一定通貨膨脹，超過10%，一定既通貨膨脹又資產價格膨脹。兩位數增長從來就是過熱增長，從來是中國政府要防的。

什麼是好的正常增長呢？經濟學有個術語叫潛在增長率，是指充分利用了潛力而且沒有通貨緊縮的增長率。如果實際的增長速度和潛在增長速度基本吻合，就沒有產能過度利用和通貨膨脹。分析潛在增長率有兩個基本的方法，一個是要素分解法，另一個比較直觀的方法是濾波法。總說中國過去30多年是高增長，但是如果把價格因素引起的通貨膨脹去掉，也就是7%到9%之間，潛在增長率從來不是10%以上。

所以現在中國經濟其實是迴歸正常，並不是到了低增長階段。

研究未來的增長潛力，也是研究未來要將增長目標穩定在什麼地方。這就得先看看中國未來潛在的增長率是什麼。這裡就要用到要素分析法。基本的結論是，2016年到2020年中國的潛在增長率至少在7%以上，很難有個具體的數，只能大概有一個區間，7%到7.5%。

現在國內一個重要觀點是中國勞動力短缺，因此到了「十三五」期間潛在增長率

可能到 6.4%。但是樊綱表示，他們仔細研究了得出這一結論的模型，認為這些模型都犯了一個重要的錯誤，就是沒有計算人力資本，沒有考慮到學校教育的正面影響。

樊綱認為，現在研究增長的模型通常已經不僅僅用勞動力作為一個變量，而是用人力資本作為一個變量。人力資本是根據勞動力受教育的年限進行折算出來的，是經過技術加工之後的勞動力，相當於資本的概念，裡面包含著技術的含量。現在所謂的內生增長理論，其實就是因為包含知識的因素在裡邊。所以最近這幾十年，計算增長模型必須用人力資本的概念替代勞動力的概念。

還有一個用來分析中國經濟目前狀態和今后增長潛力的因素，就是看它和發達國家的差距。發展經濟學一個基本的原理就是差距產生動力，發展的過程最終就是趨同的過程，人均收入水平趨同，經濟發展水平趨同。用另一句話說就是趕超。中國現在在世界上的水平還是相當低的，人均 GDP 去年年底是 6,700 美元，今年大概是 7,400 美元左右，說起來已經接近高中等收入國家，但是其實比起發達國家差距還十分大。世界人均 GDP 最高的是挪威，10 萬美元，瑞士也有 8 萬美元。美國、日本的人均 GDP 也都在 5 萬美元左右。

按去年年底算，中國對美國的追趕指數只有 13%，也就是說把美國作為標杆算，中國的人均 GDP 只有美國人均 GDP 的 13%。差距巨大，因此潛力也巨大。同一個指數，韓國 1979 年達到 13%，之後又高速增長了 20 年，可見增長的潛力還是比較大的。30% 是很重要的一個指標，戰後 60 年，很少有發展中國家追趕指數超過 30%。按 PPP（購買力平價）算，有些國家人均 GDP 早年比美國高，但是由於一次又一次危機，陷入中等收入陷阱，最近這些年很多國家沒有超過 30%，巴西說是很高，但也只有 20% 左右，墨西哥、智利還更高一點。東南亞國家也沒有超過 30%，印度和印度尼西亞現在還低於 10%。四小虎都沒有過 30%，過 30% 的只有四小龍。新加坡幾乎和美國持平了，中國香港和西歐持平，在 70% 左右，韓國和臺灣這些年持續不斷增長，現在在 60% 以上。

首先一個坎是超越 30%，第二個坎是進入 60%、70% 的團隊，但是受到的壓力很不一樣。越過 30% 這個坎是世界經濟學界普遍認為比較難的，20% 的時候可能是面對中等收入陷阱的時候，也就是容易出事的時候。真正過了 30%，進入高收入階段，很多問題就會不一樣。中國現在正處在這個坎上，不僅僅是「十三五」期間，可能再多一些時間才能邁過去。

知識與資本是未來增長的主要要素

增長要素四大方面，勞動力和制度改革的貢獻也許比過去小，但仍然有貢獻。知識進步和資本這兩項可能貢獻比過去大。綜合加在一塊比過去可能低了一點，但是 7% 左右的潛在增長率是有的。

樊綱表示，中國經濟和發達國家的差距，既是潛力，又是挑戰。橫向歷史比較，西方起飛的時間大概是 1780 年前後，瓦特蒸汽機工業革命開始的時候。中國則大概是在 1980 年，起飛相差 200 年。西方隨后又經過 70 年，發生了第二次法國大革命，爭取權利、民主，反特權，要求建立社保制度。中國發生這類事情大概是在起飛後 30 年，2010 年這些問題開始暴露了，中國有西方的經驗教訓，搞了社保制度，政府也很重視，

於是社會問題還能應對，不至於發生革命。這是大的歷史畫面。

談到中國經濟增長的要素，樊綱表示，按照現在的發展經濟學歸納，增長一般有四個大的要素：勞動、資本、知識、制度。其中，知識、制度是軟性的，不是硬件；資本很大程度上也屬於軟件，比如金融資本也是資本組成的一部分，但是它需要一部分虛擬資本和實體資本相配合，這樣才能夠有資本市場，資本市場才能起到作用。經濟越往前發展，增長的要素越不是硬件本身，而是軟件。比如說制度，講的是人與人之間的關係，但是制度創造價值，因為制度改善效益。最直觀的例子是農村承包改革，人還是那些人，地還是那些地，技術還是那個技術，但是實行聯產承包責任制，三年時間就解決了糧食短缺問題。然后是知識。人類財富增長的根源就是技術進步。因為技術的發展，原來的廢石頭現在變成了鐵礦，從裡面能煉出鐵來作為生產原材料，這就是知識和技術創造的價值。

相當早的時候，增長模型就把生產力的提高、技術進步帶來的增長當作一種增長的要素。后來又加進了制度，現在研究勞動和資本之外就是研究知識和制度。勞動力變成人力資本，資源變成資本，裡面都包含著知識的要素。

當年有一個著名的悖論，那時候大家分析說美國有那麼多資本，輸出的產品一定是資本密集型的。結果，研究來研究去，發現美國出口的產品當中，勞動力工資成本占大頭，是勞動密集型的。后來通過仔細研究包括理論的進步，發現原來美國的出口不是勞動密集型，是知識密集型，是人力資本密集型的。它出口的都是由大學畢業生生產出的東西，是人力資本生產出的東西，這就和附著在人身上的知識對應了起來。

從這個角度看，中國今后確實還存在增長潛力。

第一，現在都說勞動力供給減少了，人口紅利沒了。樊綱表示，勞動力是一個被很多人用錯的概念。中國勞動力總量再有 5 到 6 年就可能停止增長，中國的老齡化也逐步在提高，但是也有兩個因素會抵消勞動力總量增長放緩的趨勢。

首先，中國還有 30% 甚至更多的勞動力是農業勞動力。他們的轉移還遠遠沒有完成。中國現在勞動力短缺，工資迅速上漲，不是因為勞動力轉移完了，是因為制度上有缺陷阻礙了勞動力的轉移。如果下一階段中國能夠真正重視農民工進城的問題，所謂的勞動力短缺就會得到緩解，而且能夠基本保證我們未來 10 年、20 年的勞動力供給。其次，中國這些年教育水平有了長足的進步，教育條件有改善，尤其是硬件，改善得挺快。

第二，再講資本。中國現在有點資本過剩，中國的儲蓄比起可以用的投資來顯得太多了，整個 GDP 的 50% 都被儲蓄了起來。這個儲蓄主要不是家庭儲蓄，而是企業儲蓄和政府儲蓄。儲蓄起來就得投資，不投資就會變成外匯儲備投到外國去。所以現在中國鼓勵企業走出去，允許個人、企業利用更多的外匯到國外投資。

關鍵的問題還是技術進步和制度改革。中國過去 30 年沒什麼創新，這個很正常，西方發展 200 年了，中國剛開始，最初 20~30 年就是學習、引進、消化、吸收、模仿。中國沒有經過一定實際累積不可能有創新的能力。但是現在經過 20 到 30 年，中國越來越多的企業走進前沿或者接近前沿了，各個行業逐步開始具備創新能力。

這裡特別要說的一點是，創新是一個很廣義的概念，既包含科技創新，又包含其

他方方面的創新，特別是商業模式的創新、管理方法的創新、產品品牌的創新或者是銷售渠道的創新。

然後是制度改革。總的來說，也許制度紅利不像過去那麼大，但是潛力仍然巨大。

綜合四大方面，勞動力和制度改革的貢獻也許比過去小，但仍然有貢獻。知識進步和資本這兩項可能貢獻比過去大。綜合加在一塊比過去可能低了一點，但是7%左右也是符合這種要素分析的。

只有做對事情才能發揮潛在增長率

樊綱說，還要強調的是，儘管中國有潛力，但是要想讓潛力發揮出來，實現潛在增長率，保持穩定增長，那還要做各種正確的事情。比如說，社會要穩定不能出大亂子，就要建立社會保障體系，緩解居民收入差距，反腐敗；還要努力發展教育，搞城市化，調整結構，減少污染，保持宏觀經濟基本穩定，別過熱，別出大的危機。不要像拉美那樣，金融危機、經濟危機、社會危機再加上政治動亂，一次一次打斷增長。

最後一部分，他講到了「十三五」期間面臨的各種挑戰和風險。

第一是經濟結構、產業結構要轉型。不是說轉產，而是提升它的結構，提升它的生產力。政府有選擇地支持鼓勵某些產業發展的政策叫產業政策。樊綱表示，「十二五」一個重大的教訓就是，政府對所選擇的產業實施的鼓勵其發展的政策有非常大的負面效果，結果導致光伏、LED產能嚴重過剩。「十二五」產業政策方向當然對，但是中央政府在五年規劃中提出來，上下都當作重點，全國28個省將這兩個作為戰略新型產業，各級政府給補貼，資本市場也湊熱鬧，然後就出現一窩蜂。政府鼓勵發展不能用這種方式，要更多讓市場選擇，因此我們提出一個普惠式的產業政策。

普惠式的產業政策就是鼓勵各行各業應用新技術，對所有中小企業進行減稅或者是某種激勵政策，不要有選擇地鼓勵某些產業，而是讓各行各業提高競爭力。這樣，各行各業勞動成本提高了，競爭激烈了，但是用不著轉產放棄原來的產業，而是要努力提高生產力進行技術升級，其他的讓市場去選。

第二，如何進行創新驅動和科技發展。「十二五」的又一個重大的教訓，是科技發展政策不成功。巨大的投入沒有產出多少真正的新技術，這是科技界、教育界公認的。而且大量的投入，加上大量的補貼，扭曲了人們的動機，反倒使創新動力不足。很多大學教授忙著填表申請經費，沒工夫做科研；企業為了爭當科技創新企業，弄了一些垃圾專利，就是為了申請政府補貼。政府的資源應該集中在基礎科研領域，而鼓勵市場創新的資源可以通過風險投資的方式。風險投資不是政府一家單獨搞，而是政府選擇風險投資項目。這樣政府就可以不再去花冤枉錢，也不再擔心補貼扭曲市場。

然後是城市化，農民進城的問題。在這方面，樊綱認為，眼光不要老盯著戶籍制度，應該逐步淡化戶籍制度，強化人均公共服務供給的概念。農民進城可以沒有戶口，但是可以漸進地與原來有戶口的人獲得平等的公共服務供給。這樣從長遠來講，沒戶口的人能享受到的公共服務越來越多，社會逐步趨於平等，原來的戶籍制度也就可以逐步淡出。

還有，在「十三五」期間，新型城市化一定要大力提上日程。要推進農村土地制度改革，推進農民進城城市化的進程，增進人力資本，提高教育水平，提高競爭力，

為日后進入高收入階段創造條件。

此外，現在中國之所以窮，是因為70%左右的人沒有受過初中或高中教育。樊綱說，現在我們提出一個想法，「十三五」期間能不能開始在有條件的地方逐步推行十二年義務教育制度。這樣使我們基礎勞動力水平能夠提高，從而收入能夠提高，生產力可以提高，如此，我們就真正進入了高收入階段。

生態平衡和可持續發展，「十三五」期間是關鍵時刻，從現在開始到「十三五」期間也是一個好的窗口。「十三五」期間最好發展新型可再生能源和清潔可再生能源。這需要很多政策，主要應該在需求方採取政策，鼓勵使用消費，並通過需求方傳導到供給方的方式發展新能源產業，而不是一個勁地鼓勵生產忘記了消費。

化解金融風險、避免經濟波動，是宏觀經濟問題。過去10年中，兩次經濟過熱遺留下大量的后遺症。產能過剩、債務問題、影子銀行、地方融資平臺這些都懸在我們頭上，儘管可控，但是畢竟導致了投資增速偏低，讓大家感覺風險比較大。今后還需要一段時間處理。

問與答

問：您提到打破部門格局，請問具體有什麼建議？

樊綱：政府部門之間相互有利益衝突，有利益的時候就去爭利益，沒利益的時候就躲著，這是政府部門的問題，說明政府關係沒調節好。還有重合的地方，有些方面利益衝突還很大。這應該是政府體制要加強改革的問題。比如進一步確定發改委的作用、職能。這個也有一些討論，怎麼能夠加強它的協調機制而弱化它的執行功能。但現在最缺的是協調，國務院必須要有日常的協調。

問：很多學者認為中國應該越快轉成消費拉動經濟越好，但是政府部門的聲音似乎總是強調投資還是非常重要的，對投資和消費關係的調整您怎麼看？

樊綱：人人都知道中國應該增加消費，但是增加消費不是政府政策能解決的，不是光靠政府補貼能解決的，這涉及一系列的問題，涉及70%的人收入比較低這一問題。這70%裡面，一半是農民工，一半是農民，這兩部分人群這兩年收入增長還是比較快的，但是絕對水平仍然比較低。這些人的收入不能提高消費就不能提高。只有通過長期努力提高底層收入水平才能真正提高消費水平。簡單搞個新農合、新農保那也沒有多少錢，提高不了多少消費。根本問題還是要全國逐步統籌整個社保體制，這也是一個歷史進程。背后的特殊問題，說句實在話，是因為中國人太多了，實現充分就業這個歷程太長了。這是中國的一個特殊問題，揭示了發展經濟學的一些基本原理，這個不是一時半會兒能解決的。

反過來講，政府有些部門說的話不是完全沒有道理，儲蓄率那麼高的時候，你不投資，剩下那塊干嘛去，不投就變成外匯儲備，就會產生外匯儲備的問題。所以我們還得投，只好多投點基礎設施，利用這個機會為未來打一個好的基礎。但這樣一來，效率自然低下，腐敗又容易產生。這是一個歷史性難題，要努力去解決。我們也不指望它一天就能解決，一年調整一個百分點已經是一個成就了。

問：您提到要化解金融風險，避免經濟波動，您對防範債務風險的方法有什麼建議？

樊綱：債務風險說起就話長了。現在地方債務比較嚴重，企業生產能力過剩，導致那些債務到現在還起來也比較難，這個恐怕要經過兼併重組。企業多搞一些直接融資，出讓一些產權，實現兼併重組化解風險，這個也需要一定的時間。而且有一些就是壞帳。比如剛才說的那些光伏產業，一個企業 200 多億壞帳，就得通過各種方法來消化。

地方融資平臺的問題主要是機制錯配。修高鐵、修地鐵都是長期的項目，結果用的是銀行貸款，五年、十年這樣的短期貸款，那一定是有問題的，五年的貸款到期了可能項目還沒有建成。機制錯配問題怎麼解決呢？趕快用一些長期的融資辦法，或者是 PPP（公共私營合作制）投資，或者是投資股份制。西方的很多鐵路是用股份制，然後是長期的政府債券，這樣達到機制相互適應，搞長期建設不能用短期貸款進行融資。地方這些項目，多數還是好項目，但短期來講就可能是壞帳。

以前預算法沒有改的時候，中央政府應該多替地方發債，現在預算法改了，地方可以多發點債，但是前提條件是地方融資平臺借了錢，要把它納入正規，把它的機制改變。這裡面的餘地還是很大的。中央政府的財政赤字每年只有 1.9%，今年年初有人提了一個觀點，說 3% 又怎麼了？如果地方融資平臺借款能夠被替代一部分的話，整個政府債務和 GDP 的比例關係就可以下降，市場上馬上就會認識到這件事是收斂的而不是發散的，它就有希望解決。這樣就可以逐步把問題清理，為今後的發展打下一個比較好的基礎。

案例來源：方燁. 技術進步和制度改革是增長的關鍵［N］. 經濟參考報，2014-12-15（8）.

問題：
1. 認真閱讀案例，充分理解中國的增長潛力。
2. 如何認識城市化過程中農民進城的問題？

【學習目標】

1. 瞭解國民收入長期趨勢和波動。
2. 理解經濟增長和經濟發展。
3. 掌握增長核算。
4. 掌握新古典增長模型及其應用。
5. 理解促進經濟增長的政策。

【關鍵術語】

經濟增長　經濟發展　新古典增長模型　穩態

【知識精要】

1. 在宏觀經濟學中，經濟增長通常被定義為產量的增加，產量既可以表示為經濟

的總產量，也可以表示為人均產量。經濟增長的程度可以用增長率來描述。

2. 從廣義的意義上說，經濟發展不僅包括經濟增長，而且還包括國民的生活質量，以及整個社會經濟結構和制度結構的總體進步。總之，經濟發展是反應一個經濟社會總體發展水平的綜合性概念，而宏觀經濟學所著重研究的卻是經濟增長。

3. 在新古典增長模型的穩定狀態下，人均收入增長率僅僅由外生的技術進步率決定。

4. 在新古典增長模型中，儲蓄率的增加不能影響穩態增長率，但確實能提高收入的穩態水平。

5. 資本的黃金律水平是指使穩態人均消費量達到最大化的資本量。其條件是資本的邊際產品等於勞動的增長率。

6. 內生增長理論試圖解釋在新古典增長模型中作為外生變量的技術進步變量。有關的模型試圖解釋通過研究與開發創造知識的決策。

【實訓作業】

一、名詞解釋

1. 經濟增長
2. 經濟發展
3. 穩態

二、簡要回答

1. 簡述經濟增長的黃金分割律。
2. 什麼是新古典模型的基本公式，它有什麼含義？

三、論述

1. 評述新古典增長理論。
2. 試論西方學者關於經濟增長因素分析的主要內容和觀點。你認為其中有哪些可供我們注意和借鑑的地方？

四、問題計算

1. 設一個經濟的人均生產函數為 $y=k^{0.5}$。如果儲蓄率為28%，人口增長率1%，技術進步速度為2%，折舊率為4%，那麼，該經濟的穩態產出為多少？如果儲蓄率下降到10%，而人口增長率上升到4%，這時該經濟的穩態產出為多少？

2. 在新古典增長模型中，已知生產函數為 $y=2k-0.5k^2$，y 為人均產出，k 為人均資本，儲蓄率 $s=0.1$，人口增長率 $n=0.05$，資本折舊率 $\delta=0.05$。試求：

（1）穩態時人均資本和人均產量；
（2）穩態時人均儲蓄和人均消費。

【實訓作業答案】

一、名詞解釋

1. 經濟增長：一般地，在宏觀經濟學中，經濟增長被定義為產量的增加。其中，產量既可以表示為經濟的總產量（GDP 總量），也可以表示為人均產量（人均 GDP）。

2. 經濟發展：反應一個經濟社會總體發展水平的綜合性概念，不僅包括經濟增長，而且包括國民的生活質量，以及整個社會各個不同方面的總體進步。

3. 穩態：指包括資本存量和產出在內的有關內生變量將不會隨時間的推移而變化的一種狀態。

二、簡要回答

1. 簡述經濟增長的黃金分割律。

答：經濟增長的黃金分割律是經濟增長理論中的一個重要結論。是由經濟學家費爾普斯運用新古典增長模型分析得出的，他認為如果使資本-勞動比率達到使得資本的邊際產品等於勞動的增長率這樣一個數值則可以實現社會人均消費的最大化。假定經濟可以毫無代價地獲得它今天所需要的任何數量的資本，但將來它不得不生產出更多的資本存量。黃金分割律的內容是，欲使每個工人的消費達到最大，則對每個工人的資本量的選擇應使資本的邊際產品等於勞動的增長率。如果目標是走上使每個工人的消費最大化的穩定增長道路，黃金分割律決定的數量是一個經濟一開始應該選擇的每個工人的資本量。

2. 什麼是新古典模型的基本公式，它有什麼含義。

答：新古典模型的基本公式是 $sf(k)=k+nk$，式中 $k=K/L$，表示資本與勞動之比，即一年中按人口平均的資本增量。n 為人口增長率，s 為儲蓄率，$f(k)=Y/L$，表示每個勞動力的平均產量或人均收入。那麼，相應的 $sf(k)$ 指人均儲蓄。

公式表明，一個社會的人均儲蓄被用於兩個部分：一部分為人均資本的增加 k，即為每個人配備更多的資本設備，這可稱為資本的深化；另一部分為每一個增加的人口配備的資本設備 nk，這可以稱為資本的廣化。在新古典增長模型中，穩定增長的條件為人均資本不發生變化，或者說每人使用的資本不變，這就要使人均儲蓄正好等於資本的廣化。在公式中就是 $k=0$，$sf(k)=nk$。

三、論述

1. 評述新古典增長理論。

答：（1）新古典增長理論放棄了哈羅德-多馬模型中關於資本和勞動不可替代的假設。模型的假設前提大致是：①全社會只生產一種產品；②儲蓄函數為 $S=sY$，s 是作為參數的儲蓄，且 $0<s<1$；③不存在技術進步，也不存在資本折舊；④生產的規模報酬不變；⑤勞動力按一個不變的比率 n 增長。

索羅推導出新古典增長模型的基本方程為：$sf(k)=k+nk$，其中，$k=K/L=$資本/勞動力，大致為每一個勞動力所能分攤到的（或按人口平均的）資本設備；$\dot{K}=dk/dt=$每單位時間 k 的增加量，即按人口平均的資本增加量；$f(k)=y=Y/L=$每個勞動力的平均生產量，大致為按人口平均的產量；s 為儲蓄比例，n 為人口增長率。

這一基本方程式說明，一社會的人均儲蓄可以被用於兩個部分：一部分為人均資本的增加 k，即為每一個人配備更多的資本設備，這被稱為資本的深化。另一部分是為每一增加的人口配備每人平均應得的資本設備 nk，這被稱為資本的廣化。大致意思是說，在一個社會全部產品中減去被消費掉的部分（c）以後，剩下來的便是儲蓄；在投資等於儲蓄的條件下，整個社會的儲蓄可以被用於兩個部分：一部分用於給每個人增添更多的資本設備（即資本深化），另一部分則為新生的每一人口提供平均數量的資本設備（即資本的廣化）。

（2）新古典增長理論的四個關鍵性結論：

①穩態中的產量增長率是外生的。在上面的模型中為 n，它獨立於儲蓄率 s。

②儘管儲蓄率的增加沒有影響到穩態增長率，但是通過增加資本-產量比率，它確定提高了收入的穩態水平。

③產量的穩態增長率保持外生。人均收入的穩態增長率決定了技術進步率，總產量的穩定增長率是技術進步率與人口增長率之和。

④如果兩個國家有著相同的人口增長率、相同的儲蓄率和相同的生產函數，那麼它們最終會達到相同的收入水平。如果兩個國家有著不同的儲蓄率，那麼它們會在穩態中達到不同的收入水平，但如果它們的技術進步率和人口增長率相同，那麼它們的穩態增長率也將相同。

（3）新古典增長理論穩定增長的條件及其政策含義

對應於既定的人均資本量 K，$f(k)$ 是人均產出量，這些產出減去消費後的儲蓄量為 $sf(k)$。如果 $sf(k)>nk$ 社會的人均儲蓄在用於為新增人口配備人均資本所需要的資本量 nk 后仍有餘額，則意味著每個人都可以繼續增加人均資本量，即 $\dot{K}>0$。這表明，人均資本量將會進一步增加，從而縮小儲蓄與新增人口配備資本的需要量之間的差距。相反，如果 $sf(k)<nk$，意味著現在的儲蓄不夠為新增人口配備資本，從而人均資本傾向於下降。因此，當 $\dot{K}=0$ 時，經濟實現穩定增長。在穩定增長狀態下，人均產量保持不變，因而經濟將會以人口增長率增長。

從新古典增長模型中可以得出結論，經濟可以以人口增長率實現穩定增長。

此外，模型也包含著促進人均收入增加的政策含義。事實上，實現人均產出量增加有三種途徑：一是提高總產量，即提高技術水平，二是提高儲蓄率，三是降低人口出生率。這對發展中國家尤為重要。

（4）新古典增長理論的缺陷及其發展。

①理論方面。首先，模型中不包含社會的目標，因而並不能說明穩定增長的福利特徵。其次，新古典增長理論假定經濟中的生產函數具有規模報酬不變的性質，即投入增加一倍，產出也相應增加一倍。這一假定往往和事實不相符。對大多數工業化國家來說，由於這些國家的生產資料配置比較合理，整個經濟各部門間相互協調能力較

強，再加上信息傳遞較為準確有效，所以生產資源的總體利用效率高，其結果就是少量的生產投入有可能帶來大量的產出。而一些發展中國家由於不具備工業化國家的生產條件，再加上一些其他的因素，就可能導致規模報酬遞減。最後，在新古典增長模型中，穩態增長率是外生的，這樣該模型就無法對勞動力增長率和技術進步率做出解釋。從而也就不能對控制人口增長率、提高技術進步速度提出有意義的政策建議，而事實上，這兩個參數對許多發展中國家是相當重要的。

②實踐方面。首先，從新古典增長模型中得到一個重要的結論，就是不同國家的經濟增長有著趨同性，即有著相同基數和人口增長率的國家最終會接近於相同的穩態增長率（儘管收入的穩態水平可能各異）。但是據統計，在不同的國家之間往往存在著增長率的較大差異，這顯然與新古典增長理論的趨同論相悖。其次，在模型中，生產技術水平、人口增長率以及儲蓄率都被假定為不變，這在一定程度上限制了模型的應用。最後，規模收益不變不是生產的一般特徵。

針對上述問題，西方經濟學家們在20世紀80年代中期以後再次掀起一股增長理論熱，並對新古典增長模型進行了擴展。擴展主要包括：把效用函數作為目標引入增長模型之中；利用人力資本說明技術進步；把人口增長和儲蓄率看成是經濟當事人最優化選擇的結果；利用知識投資的外在性說明生產的規模收益遞增等。其中，增長理論的新發展主要表現為把傳統理論中某些變量內生化，故這些發展也被稱為內生經濟增長理論或新增長理論。

2. 試論西方學者關於經濟增長因素分析的主要內容和觀點。你認為其中有哪些可供我們注意和借鑑的地方？

答：經濟增長是一個複雜的經濟和社會現象。影響經濟增長的因素很多，正確地認識和估計這些因素增長的貢獻，對於理解和認識現實的經濟增長和制定促進經濟增長的政策都是至關重要的。因此，經濟增長因素分析就成為現代經濟增長理論的重要研究部分，很多西方學者都投入到這一研究中來。下面介紹兩位美國經濟學家丹尼森和庫茲涅茨對經濟增長因素的分析。

（1）丹尼森對經濟增長因素的分析。

在經濟增長因素分析中首先遇到的問題是經濟增長因素的分類。丹尼森把經濟增長因素分為兩大類：生產要素投入量和生產要素生產率。關於生產要素投入量，丹尼森把經濟增長看成是勞動、資本和土地投入的結果，其中土地可以看成是不變的，其他兩個則是可變的。關於要素生產率，丹尼森把它看成是產量與投入量之比，即單位投入量的產出量。要素生產率主要取決於資源配置狀況、規模經濟和知識進展。具體而言，丹尼森把影響經濟增長的因素歸結為六個：①勞動；②資本存量的規模；③資源配置狀況；④規模經濟；⑤知識進展；⑥其他影響單位投入產量的因素。

丹尼森進行經濟增長因素分析的目的，就是通過量的測定，把產量增長率按照各個增長因素所做的貢獻分配到各個增長因素上去，分配的結果用來比較長期經濟增長中各個因素的相對重要性。

丹尼森的結論是，知識進展是發達資本主義國家最重要的增長因素。丹尼森所說的知識進展包括的範圍很廣。它包括技術知識、管理知識的進步和由於採用新的知識

而產生的結構和設備的更有效的設計，還包括從國內外的有組織的研究、個別研究人員和發明家簡單的觀察和經驗中得來的知識。丹尼森所謂的技術知識是，關於物品的具體性質和如何具體地製造、組合以及使用它們的知識。他認為，技術進步對經濟增長的貢獻是明顯的，但是只把生產率的增長看成大部分是採用新的技術知識的結果則是錯誤的。他強調管理知識的重要性。管理知識就是，廣義的管理技術和企業組織方面的知識。在丹尼森看來，管理和組織知識方面的進步更可能降低生產成本，增加國民收入，因此它對國民收入的貢獻比對改善產品物理特性的影響更大。總之，丹尼森認為，技術知識和管理知識進步的重要性是相同的，不能只重視前者而忽視後者。

（2）庫茲涅茨對經濟增長因素的分析。

庫茲涅茨對經濟增長因素的分析運用的是統計分析方法，通過對國民總收入及其組成部分的長期估量、分析與研究各國經濟增長的比較，從各國經濟增長的差異中探索影響經濟增長的因素。他認為經濟增長的因素主要是知識存量的增長、勞動生產率的提高和結構方面的變化。

知識存量的增長。庫茲涅茨認為，隨著社會的發展和進步，人類社會迅速增加了技術知識和社會知識的存量，當這種存量被利用的時候，它就成為現代經濟高比率的總量增長和迅速的結構變化的源泉。但知識本身不是直接生產力，由知識轉化為現實的生產力要經過科學發現、發明、革新、改良等一系列中間環節。在知識的轉化過程中需要一系列仲介因素，這些仲介因素是：對物質資本和勞動力的訓練進行大量的投資；企業家要有能力克服一系列從未遇到的障礙；知識的使用者要對技術是否適宜運用做出準確的判斷等。在這些仲介因素作用下，經過一系列知識的轉化過程，知識最終會變為現實的生產力。

勞動生產率的提高。庫茲涅茨認為，現代經濟增長的特徵是人均產值的高增長率。為了弄清什麼導致了人均產值的高增長率，庫茲涅茨對勞動投入和資本投入對經濟增長的貢獻進行了長期分析。他得出的結論是，以人均產值高增長率為特徵的現代經濟增長的主要原因是勞動生產率的提高。

結構變化。庫茲涅茨認為，發達的資本主義國家在它們經濟增長的歷史過程中，經濟結構轉變迅速。從部門來看，先是從農業活動轉向非農業活動，后又從工業活動轉移到服務性行業。從生產單位的平均規模來看，是從家庭企業或獨資企業發展到全國性甚至跨國性的大公司。從勞動力在農業和非農業生產部門的分配來看，以前要把農業勞動力降低50個百分點，需要經過許多世紀的時間，現在在一個世紀中，由於迅速的結構變化，農業勞動力占全部勞動的百分比能夠減少30到40個百分點。庫茲涅茨強調，發達國家經濟增長時期的總體增長率和生產結構的轉變速度都比它們在現代化以前高得多。庫茲涅茨把知識力量因素和生產因素與結構因素相聯繫起來，以強調結構因素對經濟增長的影響。製造業結構不能滿足現代經濟增長對它提出的要求，需求結構變化緩慢、消費水平低，不能形成對經濟增長的強有力刺激。

（3）西方學者關於經濟增長因素分析借鑑之處。

丹尼森經濟增長因素的分析和庫茲涅茨對經濟增長因素的分析，在一定程度上描述了資本主義經濟發展的事實，因而為我們研究西方經濟提供了可供參考的資料。它

對社會經濟問題採取綜合分析的方法，對我們也有一定的啟示，特別是它強調了知識進步在經濟增長中的重要作用，對於我們認識現代化生產的特點，尤其是對於發展中國家制定正確的經濟發展戰略，都具有重要的借鑑意義。

四、問題計算

1. 設一個經濟的人均生產函數為 $y=k^{0.5}$。如果儲蓄率為28%，人口增長率1%，技術進步速度為2%，折舊率為4%，那麼，該經濟的穩態產出為多少？如果儲蓄率下降到10%，而人口增長率上升到4%，這時該經濟的穩態產出為多少？

答：穩態條件為：$sf(k)=(n+g+\delta)k$，

代入數值得 $0.28k^{0.5}=(0.01+0.02+0.04)k$，得：$k=16$，

從而，$y=4$

如果 $s=0.1$，$n=0.04$，則：$k=1$，$y=1$

2. 在新古典增長模型中，已知生產函數為 $y=2k-0.5k^2$，y 為人均產出，k 為人均資本，儲蓄率 $s=0.1$。人口增長率 $n=0.05$，資本折舊率 $\delta=0.05$。試求：

（1）穩態時人均資本和人均產量；

（2）穩態時人均儲蓄和人均消費。

答：（1）新古典增長模型的穩態條件為：$sy=(n+\delta)k$

將有關關係式及變量數值代入上式，得：

$0.1(2k-0.5k^2)=(0.05+0.05)k$

$0.1k(2-0.5k)=0.1k$

$2-0.5k=1$

$k=2$

將 $k=2$ 代入生產函數，得相應的人均產出為：

$y=2\times2-0.5\times2^2=4-0.5\times4=2$

（2）相應地，人均儲蓄函數為：$sy=0.1\times2=0.2$

人均消費為：$c=(1-s)y=(1-0.1)\times2=1.8$

【實訓活動】

實訓活動　政府文件解讀

目的：

認識經濟增長。

內容：

1. 時間：25～30分鐘。

2. 地點：任意。

3. 人數：任課班級學生人數。

4. 合作人數：根據班級人數分成若干小組。

步驟：
第一步：教師選取有關經濟增長的文獻資料。
第二步：組織學生觀看並運用相關知識分析影像資料中的開放經濟條件下國家經濟的增長。
第三步：請各小組根據資料內容進行問題的提煉，同時組織小組同學進行問題討論，並形成論文文稿。
第四步：提交論文。

問題研討：
開放經濟條件下的經濟增長。

實訓點評：
主要是通過閱讀政府文件報告，讓學生瞭解一國經濟增長的內涵及其影響因素。

實訓材料： http://news.xinhuanet.com/fortune/2016-03/05/c_128775704.htm。

【案例研究及案例使用指南】

案例 1　吳敬璉：中國經濟增長的關鍵驅動力

2015 年 10 月 25 日上午，清華大學產業發展與環境治理研究中心（CIDEG）成立十周年慶典暨學術研討會在清華大學主樓接待廳隆重舉行。會上國務院發展研究中心吳敬璉研究員做了題為「中國經濟增長的關鍵驅動力」的報告。

吳敬璉首先表示，中國經濟增長從 2011 年就走上了一個降速的下行的通道，同時存在著的一系列經濟矛盾開始顯露出來。因此，對於中國當前碰到的問題，以及在未來的發展路徑上需要採取什麼樣的方向、政策，中國經濟增長的主要動力是什麼？就變成現在不管是學術界還是政界討論的一個核心的問題。由此，吳敬璉認為，對這個問題的分析有兩種分析框架，並引出了不同的方略，不同的對策。

吳敬璉稱：「第一種分析方法，就是從需求側進行分析，在中國大家把它叫作『三駕馬車』的分析方法。為什麼中國經濟增長走入了一個下行的通道？是因為需求乏力。總需求由三個部分組成，就是所謂『三駕馬車』——投資、消費和淨出口。這種分析方法源自於凱恩斯主義的短期分析框架。就是說產出是由需求決定的，而需求按照凱恩斯主義的短期分析框架是由四個項目組成的，即投資、消費、淨出口和財政赤字。在中國把它簡略為『三駕馬車』，就是投資、消費和出口。」

吳敬璉表示：「中國的經濟增長進入下行通道，是因為需求不足，這三駕馬車的力量不夠。所以由這種分析得出的結論，就是要使得中國經濟增長保持一個比較高的速度，解決辦法就是增加需求。尋找各種增加需求的辦法都試過了，最後落腳到投資，即通過增加投資來提高經濟增長的速度。這種分析方法用的對策，在我看來，在理論上存在一個很大的問題，就是它用了凱恩斯主義的短期的分析方法，去研究中國的一個長期增長的問題，當然對於凱恩斯主義的經濟學他的基本判斷是不是對，在我們這裡是有爭論的。但是不管是對還是不對，用一個短期的分析方法去研究一個長期的問

題，在理論上恐怕是有很大的問題的。另外從實際的表現來說，中國其實用這種方法來應對GDP增速下降已經有很長的時間了，特別是全球金融危機發生以後，在2009年採取了非常強的刺激政策，想提高經濟增長速度。在2009—2010年很短的時期內，經濟增長速度從年增長6%左右提高到8%以上，甚至到了10%，但是很短暫，到了2010年的年末又開始進入了下行的通道。從2010年到現在，幾乎每年或者隔一年就會採用這個強刺激的方法。」

但是這樣做的結果是什麼呢？吳敬璉認為產生了兩個負面的結果。「一個負面的結果就是投資的拉動效果越來越差，因為在這個能夠支持增長的中低速中，如果你只是靠其中一個因素，比如靠投資去拉動經濟增長的話，它的結果一定會發生所謂投資的回報遞減這樣一個傾向，特別到了最近兩年，這個刺激的作用幾乎等於零。就是說投資的刺激已經越來越缺乏效果了，這是一個方面。另一方面，過度的投資使得我們國民的資產負債表的負債率，也就是所謂槓桿率變得越來越高，從各種研究機構的研究來看，中國現在各級政府的資產負債表、企業的資產負債表，再加上居民的資產負債表，整個資產負債表的槓桿率是GDP的250%~300%，顯然它已經造成了很大的債務累積，威脅到我們的整個資產負債表的安全，蘊藏著出現系統性風險的可能性。因為，我們在實際上也不可能把增加投資作為提高經濟增長速度的主要的手段。」

吳敬璉指出，許多經濟學家都認為前一種分析方法和由此引出的政策方向是有問題的，並且都認為應該主要從供給側的各種因素去分析中國經濟增長的驅動力量在哪裡。從供給側的因素去分析，經濟增長是由三個因素決定的。「一個因素就是新增的勞動力，一個因素是新增的資本投資，另外一個因素就是效率的提高，或者說TFP，就是全要素生產率的提高。」這樣一種分析的框架，用來解釋過去三十年中國經濟之所以能夠取得高速的增長是很有說服力的，並且用這個分析方法去尋找中國今後能夠穩定增長的動力也是很有效的。

吳敬璉指出，今年3月25號，青木昌彥教授特別對比了中國和日本，中國和韓國。他指出很重要的一點，就是由於勞動力從低效部門向高效部門轉移，庫茲涅茨曲線在中國已經進入了一個轉折點。他根據日本和韓國的增長的變化過程，認為當農村勞動力只占全部勞動力的20%左右時，庫茲涅茨曲線就進入一個轉折，在這以後，城市化過程就變得非常平緩，速度就降低，也就是說，庫茲涅茨進程在這個時候就進入了末期。所以靠這樣一個因素來推動經濟增長已經乏力了，必須要找到新的經濟增長的驅動力量。「那麼這個驅動力量是什麼？歸根到底一句話，就是要增加索羅餘量，也就是要提升全要素生產率。所以得出結論：中國今後要保持持續穩定增長，主要的驅動力量應該是轉變經濟增長方式，從主要依靠投資、靠投入資源，轉到主要依靠技術進步、靠效率提高，一句話，就是轉變經濟增長的模式。」

對於經濟模式的轉變，中國已經倡導多年。吳敬璉表示，2015年是中國官方正式提出需要轉變經濟增長方式的第二十年，1995年在制定第九個五年計劃的時候，中國領導就提出中國經濟增長模式太粗放，要在九五計劃就是1996到2000年的五年中間實現經濟增長模式的轉變。「但是問題是這個過程進行得非常緩慢，特別是第十個五年計劃期間，經濟增長依舊更多地依靠了投資，依靠了海量的投資，所以在制定十一五計

劃，就是 2005、2006 年的時候就研究了這個問題，為什麼五年計劃規定了要轉變經濟增長的模式，但是一直沒有得到轉變呢？學術界和政府部門做了很多的研究，最後得出了一個結論——這個結論是對的——就是因為存在體制性障礙，『體制性障礙』是從 2003 年中共中央一個關於完善社會主義市場經濟的決定裡面提出的。經濟增長模式的轉變之所以不順利，當時做了很多研究，最後得出的結論跟這個決定上的這句話是一致的，就是因為存在體制性障礙。」

吳敬璉認為，如果是體制性障礙使得經濟增長模式的轉變不順利，那麼唯一的出路就是推進改革，通過改革消除這些體制性的障礙。

案例來源：http://business.sohu.com/20151026/n424177557.shtml.

思考題
1. 什麼是供給側？
2. 關於供給側改革，你知道多少？

案例 1 使用指南

第一步：目標設定參考。本案例可以配合本章教學及高鴻業主編《西方經濟學（宏觀部分·第六版）》的第十九章教學及學習使用。同時，學生應該對經濟增長理論的發展和演變等內容有所閱讀，通過對案例的學習，理解宏觀經濟學中關於經濟增長理論的內容。

第二步：背景介紹。供給與需求，是市場經濟的一對矛盾統一體，兩者互為表裡，同生並存。理論上講，在任何一個時期，都要既重視供給側，也重視需求側。但就某一個特定的階段而言，由於要素稟賦不一、外部環境條件不一、施政目標不一，宏觀經濟管理上往往需要選擇著重在供給側發力還是在需求側發力。1997 年亞洲金融危機以來，中國宏觀調控總體而言是以需求側管理為主的。

需求側管理的理論基礎來自於凱恩斯理論中的國民收入均衡分析。簡言之，凱恩斯認為經濟增長主要源於投資、消費與淨出口這「三駕馬車」的拉動，用公式表示為：

$$Y = C + I + G + NX$$

其中，Y 代表總產出，C 是消費，I 是投資，G 是政府支出，NX 是淨出口。

當經濟出現下滑時，需求側理論認為這主要是由於有效需求不足所致，因此對策就是千方百計地提高有效需求。在政策層面，需求側管理的主要政策工具是財政政策與貨幣政策的協調配合，其中，貨幣政策側重於總量調節，財政政策側重於結構調整。依情況不同，共有緊財政-緊貨幣、緊財政-松貨幣、松財政-緊貨幣、松財政-松貨幣四種政策組合方式。

改革開放以來，中國推動計劃經濟體制向市場經濟體制轉軌的同時，十分重視需求管理。比如，改革開放之初，在沿海一帶主要依靠「三來一補」，借力的是海外需求。在國內，由於基礎設施匱乏，長期依靠的是以政府投資為主進行的數輪基礎設施建設。在 1997 年亞洲金融危機和 2008 年全球經濟危機以後，先後都採用了「積極財政政策」與「穩健貨幣政策」的搭配。多年以來，無論是中央還是地方，政府拉動經

濟增長均主要在投資與出口兩個方向上用力。可以這樣說，需求側管理已成為過去一個時期中國政府在推動經濟增長中使用得最多、最為得心應手的方法。

需求側管理對推動中國經濟增長曾發揮了重大的作用。但是，隨著時間的推移，需求側管理所產生的副作用正日漸明顯。2015年11月，習近平總書記在中央財經工作領導小組第十一次會議上強調，要著力加強供給側結構性改革，引發各界高度關注，被認為是高層經濟思路上的重大變化。

結合黨的十八屆五中全會「釋放新需求，創造新供給」的表述以及習總書記講話精神，當前中國推進供給側結構性改革的主要含義，是從「需求管理」到「供給管理」的重大調整。

第三步：理論學習。供給側的含義：如果用一個公式來描述「供給側改革」，那就是「供給側+結構性+改革」。其含義是用改革的辦法推進結構調整，減少無效和低端供給，擴大有效和中高端供給，增強供給結構對需求變化的適應性和靈活性，提高全要素生產率，使供給體系更好地適應需求結構變化。改革五大任務「去產能、去庫存、去槓桿、降成本、補短板」，這15個字構成當前供給側改革重點任務，其中包括處置僵屍企業，化解房地產庫存，防控金融風險，降低企業成本和補充供給短板等具體方面。供給側改革實質：①供給方式。供給側改革實質上就是改革政府公共政策的供給方式，也就是改革公共政策的產生、輸出、執行以及修正和調整方式，更好地與市場導向相協調，充分發揮市場在配置資源中的決定性作用。說到底，供給側改革，就是按照市場導向的要求來規範政府的權力。離開市場在配置資源中的決定性作用談供給側改革，以有形之手抑制無形之手，不僅不會有助於經濟結構調整和產業結構調整，還會損害已有的市場化改革成果。②供給結構。從中國中央政府「推動供給側結構性改革，著力改善供給體系的供給效率和質量」等明確表示看，供給側改革就是以市場化為導向、以市場所需供給約束為標準的政府改革。從供給側改革的階段性任務看，無論是削平市場准入門檻、真正實現國民待遇均等化，還是降低壟斷程度、放鬆行政管制；無論是降低融資成本、減稅讓利民眾，還是減少對土地、勞動、技術、資金、管理等生產要素的供給限制，實際上都是政府改革的內容。③改革角度從中國政府改革的角度看，供給側改革可謂中國改革開放近40年時間裡最深刻的一次政府功能轉變。經濟結構調整、產業結構調整，要求政府在公共政策的制定和執行上，多方面降低對中國經濟的供給約束，使產業、企業的自然活力不受限於作為公共政策供給方的政府的約束。

第四步：討論思考題目。可以選擇根據思考題分組討論，每組學生輪流發言，組內相互補充發言，各組學生代表相互點評。

第五步：學習總結或教師點評。教師對案例研討中的主要觀點進行梳理、歸納和點評，簡述本案例的基礎理論，在運用基礎理論對案例反應的問題進行深入分析後，輔以適當的框圖進行總結。

案例備註說明：該案例對於初學者比較困難，可以在結束學期教學或在通讀《西方經濟學（宏觀部分·第六版）》完畢以後使用更佳。當然對於自學能力比較強的學生而言可以直接使用。

案例 2　中國經濟增長未來以何驅動

我要講的題目是「經濟環境與戰略」。經濟環境現在稱「新常態」，什麼是新常態？是不是比如說我們過去是高速增長，現在是中高速？假如真是這樣，我認為跟企業家就基本沒關係了。因為就算是高速增長也不能保證每個企業都高速增長，照樣有那麼多企業垮掉，中高速在全球那就是了不起的高速。降速實際上對每個行業、每個企業的影響微乎其微。

這個話題為什麼有意義？我擔心咱們不是從高速增長到中高速甚至是中速，而是到低速，沒準來一個大起大落，這是國際國內都關心的問題。如果出現那樣的情況，確實對企業家是很大的挑戰，這是整個經濟環境發生的特別大的劇烈變化。

比如像 2008 年美國的金融危機對全球的衝擊，如果你在溫州，趕上溫州這幾年，又趕上地產的衝擊，你經營得很好，擔保方、交易方都垮了，跟你賴帳那就麻煩了。所以最應該關心的是經濟環境會不會出現大的波動，如果出現大的波動，政府就有應對，如果應對得很好大家日子就好過。如果手忙腳亂應對錯了，我們的麻煩就更大了。我想經濟環境的核心恐怕在這方面。

中國經濟已經增長了 30 多年，未來的增長前景，我個人總體上是比較樂觀的。說到中國經濟，我讚同林毅夫等經濟學家所說的「有潛力」。但是潛力不是現實，潛力發揮不出來的太多了，印度經濟也非常有潛力。有潛力的地方很多，但是最后能不能實現，取決於太多因素。應該說我們目前的挑戰，是非常尖銳的。因為這個挑戰並非今天才存在，改革開放 30 餘年一直都存在。尤其 2008 年金融危機到現在，轉眼 6 年過去了。改革開放 10 年的時候，我們就寫過一篇文章。末尾就是中國面臨三個前景：第一個是高速增長的前景，第二個是出現動亂的前景，第三個是長期停滯的前景。改革開放 30 年的時候我們又寫了一篇，最主要的是分析過去支撐中國高速增長的因素，都已經發生了變化。原來的因素不僅支撐不了高速增長，恐怕也支撐不了中高速增長。

中國經濟增長的四輪驅動

當時的分析是，中國經濟過去幾十年的增長有四大因素在支撐，或者叫「四輪驅動」。

第一是改革開放。我的觀點就是對外開放對於中國的意義完全不亞於改革的意義。如果我們關起門來搞改革，我們今天恐怕還沒走多遠。中國一直處在大變革的時代，從開放當中獲益，我們依靠后發優勢，大大縮短了和發達國家的距離。現在的麻煩是，一開始我們改革開放的時候美國人沒認為有大變革，認為撒下一點麵包渣你願意怎麼撿就怎麼撿，撿了 30 年之后美國認為不一樣了，現在從某種意義上說，中國與美國在很多領域成了對手，大差距的好處在慢慢地消失，反過來人家開始把中國作為競爭對手進行防範、博弈、圍追堵截。對外開放這些年來實際上已經產生變化，這是改革開放 30 年分析的一個問題。我們過去主要靠開放，靠后發優勢，儘管這點優勢今天還有，但已經大大縮小了，而且負面的因素在不斷增加。

第二是市場化。一方面通過雙軌制，通過引進市場因素，逐步使得整個經濟市場化；另一方面發展民營經濟，引進外資，對國企進行改造，這個產生了巨大的推動力。

30年以后，問題也大了，市場化的好處有了，市場化存在的問題也逐步暴露出來。企業改革這一塊更是這樣，我們的國企改革，經過了幾十年，有很大的進展，但是應該說30年前提的第一步還沒有邁出來。35年前開始就說「政企分開」，現在國企、央企根本都沒有「政企分開」。

第三是靠農村，農村的聯產承包責任制，也就是分田到戶，提供了經濟發展的第一支火箭式推動力。1984年以前最大的就是「包產到戶」，令農村煥發了活力，給中國領導人以信心。因為過去從來吃不飽飯，在那個信心的前提下進行城市的改革。但鄧小平沒想到鄉村的發展，更沒想到幾億農民到城裡打工，這些因素帶來的變化推動了我們后來的發展和增長，但這些因素的推動力正在消失，相關問題也在出現。每家兩三畝地的種植顯然束縛了農業的規模經濟，農民進城打工給中國成為世界工廠提供了最強有力的基礎。所以我們有廉價的勞動力，但是現在問題也開始暴露出來了。就是長期的候鳥式遷移，經濟發展了，各方面的成本上升了。但是中國勞動力、人力成本的提升非常有限。農村人普遍讀到初中畢業就開始輟學了。所以現在是中國經濟需要提升的時候，人不提升，下面的增長就會遇到瓶頸。

第四，跟地方競爭有關係。中國國家大，靠財政承包和地方經濟推動了經濟發展。我覺得中國做企業的人可能都有一個機會，各個地方競相用更優惠的力度吸引投資。對這種使得中國經濟迅速發展的做法，儘管中國很不滿意，但是在別人看起來，比如印度就覺得中國的投資環境已經是天堂了。

經濟增長靠結構變化

因此原來的推動力都開始在衰減，中國要想繼續增長靠什麼？現在經常講到靠技術進步，靠教育，靠創新，這些只能保證一般的增長。中國的技術創新比不上美國，中國的人力資本也比不上美國，中國一天兩天也改不成美國那種有利於創新的體制。這些因素，美國每年增長2%就感覺很好了。如果中國把自己的目標定在2%~3%，剛才講的那些因素就足夠了。但是如果說中國「新常態」只不過從10%降到5%左右，這樣一般化的因素是支撐不了的，因為全球都沒有。中國經濟在這個階段，為什麼還有比較高的潛在生產力？技術創新這些都是對的，但解決不了問題。在「金磚四國」裡中國也是在最頂端，什麼才能支撐這個？實際上只有靠中國在這個階段的結構轉換了。最大的結構就是農民從低產的農業中走出來，到高產出的工業和第三產業。因為現在農民一般在土地上的產值也就1,000元人民幣，但如果他們出來到城裡當小工，馬上產出就變成好幾萬。所以我個人覺得，這個收益是支撐今后20年左右中國經濟還能夠在一個較高水平上增長的主要原因。中國現在戶籍人口城鎮占35%左右，65%是農村戶口。農民工進來了兩個多億，但是中國基本上是候鳥式的，到40歲左右就開始回流。家屬絕大部分還不在身邊，還有幾千萬的兒童是留守的。

經濟增長要達到5%，主要還要靠結構變化。這個結構是所有的發達國家所具備的潛力，所有的企事業都是這樣，在這個轉換當中除了正常的技術進步、創新，最主要的是因為中國處在這個階段，有大量的人口，總人口當中很大比例從低產的農業部門轉向高產出的工業部門和服務業部門，這是他們帶來的。而這種轉變同時跟另外一個轉變也是一致的，就是在從農村這種規模經濟比較差的、集聚度比較低的地方進入城

市。城市是高度集聚的，上班時間縮短，交流、溝通的成本降低，包括這麼多企業，同樣是互聯網企業擠在一起，同樣是金融企業在一條街上從低產出的產業向高產出的產業轉移。另外也是規模不那麼集聚向規模集聚的地方轉移。這兩個比較大的變化，才是中國有可能繼續維持高速增長的動力。

但是實現這個增長需要對中國的政策進行重大調整。我們看到這幾年來中國已經開始提出城市化和新型城鎮化。但中國目前所採取的行動是不夠的……經濟環境，恐怕最主要的取決於我們的政府、社會怎麼樣來回應我們這個時代的挑戰。

下面我講講企業戰略與經濟環境的關聯。這也是老生常談。企業經營有一句話，我覺得還是很有深意的——做正確的事，比把事做正確要重要十倍。做事情本身跟未來的方向不一樣，你很辛苦很努力，但是仍然掙扎得很淒慘，最后不成功對不起周圍的一大批人。所以我覺得所謂企業的戰略，作為企業的主要領導人，就是要選對正確的事情去做。

案例來源：華生. 中國經濟增長未來以何驅動［N］. 經濟觀察報，2014-11-24（46）.

思考題

經濟增長的決定因素是什麼？

案例2 使用指南

第一步：目標設定參考。本案例可以配合本章教學及高鴻業主編《西方經濟學（宏觀部分·第六版）》的第十九章教學及學習使用。同時，學生應該對經濟增長理論的發展、演變等內容有所閱讀，通過對案例的學習，理解宏觀經濟學中關於經濟增長理論的內容。

第二步：背景介紹。200餘年的發展歷史其實就是經濟學200多年的發展史。以拉姆齊1928年的經典論文為分水嶺，經濟增長理論可以分為兩個階段。

第一階段：1928年以前的經濟增長理論的奠基階段，這一階段的增長理論被稱為古典增長理論（為了與新古典增長理論的稱呼相一致）；1928年以后是經濟增長理論的成熟階段，這一階段的增長理論包括新古典增長理論和內生增長理論。

增長理論的奠基階段（古典增長理論）：亞當·斯密、拉姆齊。從經濟學的發展角度看，古典增長理論先后跨越了古典經濟學、新古典經濟學兩個範式，所以古典經濟增長理論其實包括了很多特徵完全不同的增長理論。亞當·斯密《國富論》中的「分工促進經濟增長」的理論、馬爾薩斯《人口原理》中的人口理論、馬克思《資本論》中的兩部門再生產理論（或馬克思再生產圖式），都是屬於古典經濟學範式的增長理論。而熊彼特《經濟發展理論》中的「創新理論」、阿倫·楊格《遞增的報酬和經濟進步》中的「斯密定理」則可以歸入新古典經濟學範式的增長理論。古典增長理論是一個豐富多彩的思想庫，而這些思想或理論又有著不同的分析框架、不同的研究思路。在現代經濟學家看來，作為古典經濟學家的亞當·斯密、馬爾薩斯、馬克思等人是將經濟理論與增長理論完全結合起來的一代人。如果經濟增長研究的是「為什麼有的國家遠遠富於其他國家」「如何解釋真實收入隨時間的大幅度提高」的話，那麼，古典經

濟學家無疑是真正的增長理論家，古典經濟學是經濟增長理論發展的第一個高潮時期。

第二階段：增長理論的成熟階段，主要是以現代經濟增長理論為代表。

（1）現代經濟增長理論的起點。通常認為，現代經濟增長理論的起點是哈羅德-多馬模型的出現。如果從研究的內容上看，哈羅德-多馬模型確實可以作為現代經濟增長理論的起點。因為哈羅德-多馬模型是將凱恩斯的思想動態化的典型例子，它試圖在凱恩斯的短期分析中整合進經濟增長的長期因素，並強調資本累積在經濟增長中的重要性。但是，如果從方法上具備了研究動態問題的角度來說，那麼，現代經濟增長理論的真正起點開始於1928年的拉姆齊。這一年，英國經濟學家弗蘭克·拉姆齊在《經濟學期刊》上發表了一篇題為「儲蓄的一個數理理論」的經典論文。所以，新古典方法論上的起點最早可以前推到拉姆齊。20世紀60～70年代卡斯和庫普曼斯的工作主要是運用拉姆齊的思想對索羅模型進行新古典式的改造。

（2）現代經濟增長理論發展的三個高潮。現代經濟增長理論經歷的第一個高潮階段是20世紀40年代，這一階段的工作主要是由哈羅德、多馬開創的，他們是凱恩斯主義經濟學家，致力於將凱恩斯的短期分析動態化。第二階段是20世紀50年代中期，索羅和斯旺建立的新古典增長模型推動了一個持續更久、規模更大的興趣浪潮。這次浪潮在1970年到1986年間經過一段相對被忽視的時期後又重新興起。第三次浪潮開始於20世紀80年代，主要是因羅默和盧卡斯的研究工作而興起的。這次浪潮引發了內生增長理論的發展，而內生增長理論是針對新古典模型中理論上、實證上的缺陷而產生的。

（3）現代經濟增長理論的特徵。現代經濟增長理論最核心的特點不是體現在研究結果上，而是體現在研究方法上。在古典增長理論階段，研究經濟增長問題並沒有一個固定的研究方法，這就使得經濟增長理論呈現出研究方法與研究結論豐富多彩的特徵。現代經濟增長理論則是通過不斷採用標準化、主流化的研究方法，形成對經濟增長問題的系統研究成果。現代經濟增長理論的研究方法可以簡單地概括為兩個方面：新古典的分析框架——代理人的最優化決策與動態時間序列方法。

現代經濟增長理論的另一個特點體現在研究結論上。與古典增長理論豐富多彩的結論不同，現代經濟增長理論的結論顯示了良好的可比性、擴展性，它對經濟增長源泉的不同解釋都可以放到生產函數中加以比較。從這個意義上說，不同的增長理論可以很容易地比較彼此之間的差異，同時也有利於經濟增長理論在現有基礎上的進一步發展。

第三步：理論學習。經濟增長問題實質上是討論經濟社會潛在生產能力的長期變化趨勢，這種趨勢可以用一套長期產出增長的趨勢線來表示。產出在長期中究竟按什麼規律變化？在宏觀經濟學中，對此問題的回答有兩個互為補充的分析方法。一是增長理論，它把增長過程中要素供給、技術進步、儲蓄和投資的互動關係模型化。二是增長核算，它試圖把產量增長的不同決定因素的貢獻程度數量化。

（1）多馬經濟增長模型。哈羅德和多馬為研究經濟增長而建立的理論模型，是當代增長經濟學中的第一個廣為流行的經濟增長模型，通常稱為哈羅德-多馬經濟增長模型。他們的出發點都是凱恩斯的「有效需求原理」。

（2）哈羅德模型。哈羅德模型有這樣一些假定：①社會的全部產品只有一種，這

意味著，全社會所有產品不是用作消費品就是用作投資品，故稱為一個部門的增長模型；②規模報酬不變；③資本-產量比率（K/Y）、勞動-產量比率（L/Y）以及資本-勞動比率（K/L）在增長過程中始終保持不變；④不存在技術進步，資本存量為 K 且沒有折舊。

哈羅德模型包括形式相似但含義迥然不同的三個方程，論述了實現穩定狀態均衡增長和充分就業狀態均衡增長所需具備的條件，以及加速數與乘數相互使用所引起的經濟週期繁榮階段的累積性擴張與衰退階段的累積性緊縮。

經濟增長受以下幾方面的制約：

（1）資源約束。包括自然條件、勞動力素質、資本數額等方面。

（2）技術約束。技術水平直接影響生產效率。

（3）體制約束。體制規定了人們的勞動方式、勞動組織、物質和商品流通、收入分配等內容，規定了人們經濟行為的邊界。

關於經濟增長問題的研究大致有兩類：一類純粹考慮經濟增長，一般建立所謂一般增長模式；另一類引入制度因素來研究經濟增長問題。前一類以哈羅德-多馬增長模型為主要代表，后一類以匈牙利經濟學家科爾奈增長論為主要代表。

第四步：討論思考題目。可以選擇根據思考題分組討論，每組學生輪流發言，組內相互補充發言，各組學生代表相互點評。

第五步：學習總結或教師點評。教師對案例研討中的主要觀點進行梳理、歸納和點評，簡述本案例的基礎理論，在運用基礎理論對案例反應的問題進行深入分析後，輔以適當的框圖進行總結。

案例備註說明：該案例對於初學者比較困難，可以在結束學期教學或在通讀《西方經濟學（宏觀部分·第六版）》完畢以後使用更佳。當然對於自學能力比較強的學生而言可以直接使用。

案例 3　世界經濟增長與新科技革命

2015 年新年的鐘聲已經響過月餘，但是世界經濟並沒有一元復始、萬象更新，不知春天何以開啟。確實，與以往危機不同，本輪金融危機發生至今已歷 7 年，從最初的次貸危機到國際金融危機，這種多米諾模式，引起全球經濟前所未有的分化，而且到目前為止，世界經濟仍難以擺脫危機影響。從歷史規律看，科技進步在經濟週期轉換中發揮著至關重要的作用，每次危機之後的真正恢復與新的增長支撐形成，有待於科學技術水平、生產組織模式和效率等經濟基礎發生革命性突破。

第一，2014 年世界經濟發展繼續分化，除美國外主要經濟體多顯疲態。從世界銀行統計的數據來看，2013 年全球 GDP 增長率為 2.25%，這一數字自 21 世紀以來僅高於 2001、2002、2008、2009 這 4 個年份，而這 4 年均是近兩次經濟或金融危機形成的谷底。從發達國家來看，2014 年美國可能是唯一恢復較好的大型經濟體；歐元區經濟增長預計為 0.8%，歐洲經濟仍掙扎於零增長邊緣，2014 年三季度整體 GDP 增速環比折年率僅 0.2%，法、意等國失業率都在 10% 以上，歐元區「火車頭」德國也未能延續

此前表現出的較強增長勢頭；日本經濟高開低走，2014年二季度GDP環比折年率一度下滑7%，三季度繼續技術性下滑，儘管日本連續推出量化寬鬆舉措，但是國內生產總值仍然連續兩個季度出現收縮。澳大利亞受大宗商品價格下滑影響，失業率一直在6%，國內生產總值增長率低於3%。新興經濟體表現也不盡如人意。俄羅斯受到油價下滑和歐美制裁影響步入寒冬，全年盧布匯率下跌超過50%，通脹直逼10%，經濟增長約1%。巴西、南非、印度尼西亞等新興經濟體也不同程度減速，甚至衰退。這一切都表明，全球經濟原有運行模式難以為繼，主要經濟體之間始終未能形成歷史上的「趨勢一致性」增長局面，相反的是各國此起彼伏地出現問題。

在全球經濟運行格局出現明顯分化的同時，最近區域性衝突不斷爆發。在全球經濟增速放緩的情況下，社會不穩定會進一步推升全球避險情緒，進一步阻礙經濟復甦進程。

展望2015年，IMF（國際貨幣基金組織）認為世界經濟面臨強勁逆流，大幅下調全球經濟增長預期，除美國外，全球各地的增長預期幾乎全都下調。IMF認為全球2015年經濟增長率僅為3.5%（去年10月預計為4%），其中，日本陷入技術性衰退，2015年經濟增長率為0.6%，歐元區為1.2%，中國為6.8%，美國則達到3.6%。因此，包括歐元區、日本、俄羅斯、印度在內的經濟體增速都將出現減緩，OPEC（石油輸出國組織）的貿易活動有所減少，長期增長放緩將對需求造成嚴重不利影響。

第二，觀察人類社會經濟發展史，波浪式前行、螺旋式上升並形成一個又一個社會經濟臺階，應該是一般規律。社會經濟邁上一個新臺階之前，往往會出現較長時期的經濟停滯甚至衰退，習慣上稱為「發展陷阱」，而突破「發展陷阱」有待於經濟革命。關於經濟革命，目前雖然缺乏權威性的定義和共識，但應該是指由於經濟基礎的根本性變化，帶來經濟增長質的飛躍和經濟規模持續擴張。由於推動經濟革命的關鍵因素是科技，我們習慣於把人類歷史上的巨大變化稱為科技革命，也稱為工業革命，但其實質和結果都是經濟革命。觀察近250年來人類經歷的三次科技革命和經濟週期，不難得出這樣的結論：經濟上行期的長度取決於經濟基礎中最重要的技術進步所釋放的推動力能夠維持多久，技術進步越具有革命的性質，推動的經濟上行期就越長；同樣，經濟下行衰退期的長度也取決於新的具有革命性的技術進步醞釀時間的長短。

從歷史規律來看，經濟危機往往是孕育誕生重大科技突破的黃金時期。一方面，投機走到盡頭，創新動力開始激發；另一方面，科技創新所需的各項要素成本降低，新科技應用於工業生產所需的資源，包括金屬、能源、各種物資等，也都不斷降低價格。1825年經濟危機帶來了蒸汽動力火車；1857年經濟危機孕育了能量守恒定律和細胞學等，隨後帶來電力的發明以及現代生物醫藥產業；1929年至1933年大蕭條孕育了原子能、空間技術和電子計算機；20世紀70年代的經濟低潮則催生了互聯網信息技術的大發展。當前正處於本輪國際金融危機的后期，很有可能孕育突破性的科學技術成果，包括中國在內的全球各國應積極地為此創造條件。

未來經濟革命性突破會發生在哪些領域？我們可以從以往科技革命的共性特徵和演變趨勢上找到一些線索：每一次科技革命都建立在上一次基礎之上，而新的科技突破也必然延續這樣的趨勢，建立在既有成果上，解決當前束縛人類生產生活進一步提

升的突出問題。第一次是用機器生產代替了人力，第二次使人類社會電力化，第三次則帶來了通信方式及生產效率的全方位變革。機器的應用引發了對電力能源的需求，而信息技術革命的基礎又是電力革命。每次科技革命都伴隨生產力及生活方式的跨越性變化。此外，科技革命越來越表現出「技術群」的特點。第一次主要是蒸汽機，第二次涉及電力、汽車、現代醫藥等，而到第三次更是分佈到信息技術、航天、原子能、生物技術、新材料等眾多領域。原因在於人類生產活動越來越複雜，各領域之間必須高度交叉融合、相互支撐。綜合技術進步和產業發展的歷史規律以及近年來發達國家政府部門和大型財團的戰略動向，材料創新、能源利用、智能經濟以及效率革命將共同構成未來經濟基礎的革命性突破方向。

第三，雖然對於現在處於第幾次產業革命，以及德國工業4.0算不算工業革命，存在不同的理解，但是各個發達國家開始重新重視先進製造業的發展確實是個不爭的事實。這裡我們先審視一下發達國家的「再工業化」浪潮，重點看一看德國、美國和日本。

德國向來以高質量製造和貿易強國著稱。為保障核心競爭力，2012年底，德國產業經濟聯盟向德國聯邦政府提交《確保德國未來的工業基地地位——未來計劃「工業4.0」實施建議》。工業4.0是利用信息與通信技術和生產製造技術的深度融合，通過信息物理系統技術建設與服務聯網，在產品、設備、人和組織之間實現無縫集成及合作。德國認為近十年來企業核心競爭力發生進化，企業的核心競爭力已經從產品質量控制轉移到了客戶價值創造，這種變化對企業的能力提出了前所未有的要求。在工業4.0時代，消費者可以直接向智能工廠定制商品且價格更低，淘寶這樣的電子商城也將面臨極大壓力。過去企業出售的商品主要是產品，消費者使用后才會產生價值，比如紡織品、食品、家具、車輛等，現在企業向客戶提供的則是價值，以及各種系統和基於系統的服務。為客戶創造價值意味著企業需要能夠生產更複雜、更先進的產品和系統。德國正在堅定地推進工業4.0，當前德國經濟仍然保持增長與此不無關係。

再看一下美國。2009年初，美國開始調整經濟發展戰略，同年12月，公布《重振美國製造業框架》，2011年6月和2012年2月，相繼啓動《先進製造業夥伴計劃》和《先進製造業國家戰略計劃》，實施「再工業化」。這些計劃促進了美國先進製造業的發展。美國的「再工業化」，包括調整、提升傳統製造業結構及競爭力和發展高新技術產業兩條主線。比如，3D打印技術產業已成為美國「十大增長最快的工業」之一。美國政府提出「再工業化」旨在達到「一石數鳥」效果：短期刺激經濟復甦、緩解嚴重失業、緩和社會矛盾；中期結構調整，培育新的增長動力，促進經濟再平衡；長期目標是抓住新一輪產業革命之機，謀劃戰略主導權，重塑國家競爭優勢。美國「再工業化」與「製造業迴歸」是奧巴馬上臺以來大力推動並已初見成效的一項經濟戰略，跨國公司海外製造業已出現迴歸美國的初步跡象。

最後看看近鄰日本。雖然其2014年GDP只有中國的一半，但是日本安倍政府高度重視高端製造業的發展，大規模編製技術戰略圖。首先，政府加大了開發企業3D打印機等尖端技術的財政投入。其次，快速更新製造技術，提高產品製造競爭力。近年日本製造業出現了3個新現象。一是採用「小生產線」的企業增多：本田公司通過採取

新技術減少噴漆次數、減少熱處理工序等措施把生產線縮短了40%，並通過改變車身結構設計把焊接生產線由18道工序減少為9道，建成了世界上最短的高端車型生產線。二是採用小型設備的企業增多：日本電裝公司對鋁壓鑄件的生產設備、工藝進行改革，使得鑄造線生產成本降低了30%，設備面積減少80%，能源消耗降低50%。三是通過機器人、無人搬運機、無人工廠、「細胞生產方式」等突破成本瓶頸：佳能公司從「細胞生產方式」到「機械細胞方式」，再到世界首個數碼照相機無人工廠，大幅度提高了成本競爭力。

無論是從工業增加值指標，還是從經常貿易帳戶餘額來看，美歐發達國家在國際金融危機以來推行的「再工業化」發展戰略已取得了初步成效。

當前應該是我們實現中華民族偉大復興面臨的難得歷史契機。為了抓住新科技革命機遇，中國需要加快工業設備更新升級，發展「精細工業化」，打造世界工廠2.0版。要推進工業固定資產全面更新，尤其是先進裝備製造業技術更新、普通加工工業設備升級，抓住這期間創造出的巨大投資機會。要瞄準高端製造產業目標，通過產業升級實現核心技術自主化、高端產品國產化、出口產品高附加值化。發展高端製造產業，一方面要瞄準全球生產體系的高端，大力發展具有較高附加值和技術含量的高端裝備製造產業和戰略性新興產業；另一方面，要立足製造業現有基礎，著力推動鋼鐵、有色、石化、汽車、紡織等傳統製造業由加工製造向價值鏈高端延伸。打造高端製造業高地，要以結構調整為主線，以自主創新為動力，以轉變方式為途徑，以提高質量和效益為目標，通過高端化、高質化、高新化、集約化和綠色化的路徑來實現。

案例來源：黃志凌.世界經濟增長與新科技革命［N］.經濟日報，2015-03-03（14）.

思考題

促進經濟增長的政策有哪些？

案例3 使用指南

第一步：目標設定參考。本案例可以配合本章教學及高鴻業主編《西方經濟學（宏觀部分·第六版）》的第十九章教學及學習使用。同時，學生應該對經濟增長理論的發展和演變等內容有所閱讀，通過對案例的學習，理解宏觀經濟學中關於經濟增長理論的內容。

第二步：背景介紹。2015年，中國研發支出為14,220億元，研發投入強度（研發支出與GDP之比）為2.1%；創新績效在全球40個主要國家中排名第11位。目前中國科技創新正努力從「跟蹤、並行、領跑」並存，「跟蹤」為主，向「並行」「領跑」為主轉變，隨著科技創新能力的持續提升，研發支出對中國經濟發展的促進作用漸增，其資本屬性愈加明顯。儘管中國研發支出總量持續穩居世界第二，且仍以高於中國GDP增速的水平逐年增長，但R&D經費的累積投入量與主要創新型國家差距較大。1991—2014年，中國24年來的R&D經費累計投入量不及美國近3年、日本近6年和德國近10年的R&D投入。中國的研發支出需要持續保持快速增長態勢，科技創新才能盡快補上過去的短板，從而加快縮小與歐美發達國家的差距。「十三五」期間，中國

將切實加強財政研發投入，建立完善多元投入機制，促進全社會研發投入持續較快增長，保障到 2020 年研發投入強度達到 2.5%。

第三步：理論學習。新經濟增長理論：①理論含義：在 20 世紀 80 年代中期，以羅默、盧卡斯等人為代表的一批經濟學家，在新古典增長理論重新思考的基礎上，討論了經濟增長的可能前景，它全力解決經濟增長根本原因這個問題。新經濟增長理論強調經濟增長不是外部力量，而是經濟體系內部力量作用的產物。它重視對知識外溢、人力資本投資研究和開發、收益遞增、勞動分工專業化、邊干邊學、開放經濟等問題的研究。新經濟增長理論的「新」是區別於新古典增長理論而言，將經濟增長源泉完全內生化，因此，這一理論又被稱為「內生經濟增長理論」。②理論發展：20 世紀 40 年代以來，英國經濟學家哈羅德和美國經濟學家多馬根據凱恩斯收入決定論的思想，將凱恩斯理論動態化和長期化，推演出「哈羅德-多馬」模型。這個模型突出了「資本累積」在經濟增長中的決定性作用。假定資本-產出比不變，則經濟增長決定於儲蓄率，即資本累積率，從而為經濟增長找到了一種似乎合理的持久動力和源泉。該模型的重大作用是指出了發展中國家經濟匱乏從而阻礙經濟增長這一要害，也指明了只要資本持續形成，經濟便會持續增長。但這一模型存在不少缺陷，受到后來很多經濟學家的批評：首先，資本-產出比不變是不可能的，這意味著資本和勞動的不可替代性。其次，該模型過分強調「資本累積」作為經濟增長的決定性因素，卻忽略了技術進步的作用，且具有「刀鋒」性質，即經濟增長是不穩定的，因此不被認為是經濟增長的正統模型。由於它的不足，后由索羅、斯旺等經濟學家從理論和實證方面，不斷修改前人的經濟模型，20 世紀 50 年代掀起了新古典增長理論大潮。新古典增長理論描述了一個完全競爭的經濟、資本和勞動投入的增長引起產出的增長，新古典生產函數決定了在勞動供給不變時資本的邊際產出遞減。新古典增長理論模型強調資源的稀缺性，強調單純物質資本累積帶來的增長極限，卻無法解釋經濟長期增長問題，它以收益遞減為前提，而長期增長必然以收益遞增為前提，雖然引入了技術進步，但技術進步本身是外生決定的、不確定的資源，難以對經濟長期增長做出合理而有說服力的解釋。並且由於新古典增長理論假設市場是完全競爭的，要素報酬遞減和規模收益不變，這意味著市場信息充分，產品同質，不存在技術壁壘、知識產權等問題。但是這種過於理想的市場環境卻不能帶來理想的收益。③理論完善：由於索羅模型的缺陷，羅默、盧卡斯等人建立了在收益遞增和不完全競爭假設上的新經濟增長理論。羅默的知識累積增長模型把知識作為一個獨立的新要素引入生產函數中，認為知識累積是經濟增長的主要源泉，提高經濟增長率即努力增加研究與開發部門的資源投入以提高知識累積率。盧卡斯的專業化人力資本增長模型認為專業化人力資本累積才是經濟增長的真正來源。新經濟增長理論在許多方面都有重大突破，它的技術內生化表明經濟增長源於廠商極大化的投資努力，較好地說明了經濟長期增長的源泉和動力，將人力資本和知識引入經濟增長模型，突破了傳統的收益遞減理論。新經濟增長理論較好地解釋了不同國家和地區經濟增長和人均收入拉大的原因，即越發達的國家，人力資本、知識累積和技術進步越多，產生越多的收益，吸引了大量發展中國家的資本，從而差距不斷拉大。同時，新經濟增長理論也為知識產權保護提供了大量依據，認為知識發現或技

術創新需要某種壟斷權力且這種權力很有用,可以使這些思想發明者願意將自己的資源用到生產新思想上。

對於中國現存的東西部差距問題,新經濟增長理論給予了我們很好的啟示。在改革開放的三十幾年裡,東西部在經濟發展中形成了太大的差距。那麼西部怎樣才能逐漸縮小與東部沿海城市的差距呢?西部可充分發揮其后發優勢和比較戰略優勢,積極引入人力資本、知識進步,拋棄傳統的過分強調物質資本的舊觀念,逐步發展成一個從「模仿」東部發展戰略到「創新」的經濟體制。西部缺少的更多的是知識、技術等「創造性資源」。全球化條件下提出了更多更新穎的經濟要素如知識、信息、創新能力、核心技術等,這些將成為提高經濟效益的主要源泉。因此,啟示就是加快西部人力資源培育和開發步伐,不斷創造和完善有利於推進技術進步,充分發揮人力資本作用的制度環境,努力進行制度改革創新等。

第四步:討論思考題目。可以選擇根據思考題分組討論,每組學生輪流發言,組內相互補充發言,各組學生代表相互點評。

第五步:學習總結或教師點評。教師對案例研討中的主要觀點進行梳理、歸納和點評,簡述本案例的基礎理論,在運用基礎理論對案例反應的問題進行深入分析後,輔以適當的框圖進行總結。

案例備註說明:該案例對於初學者比較困難,可以在結束學期教學或在通讀《西方經濟學(宏觀部分·第六版)》完畢以后使用更佳。當然對於自學能力比較強的學生而言可以直接使用。

第九章　宏觀經濟學的微觀基礎

【案例導入】

案例導入一：外資青睞中國消費市場

　　中國勞動力成本的上漲，一方面削弱了外資對中國勞動密集型製造業投資的熱度；另一方面，中國就業人員工資的增加為國內消費市場的擴大提供了相當的基礎支撐，推動外企加碼對中國國內消費市場和產品的投資幅度。

　　據商務部統計，中國2014年全年社會消費品零售總額達26.2萬億元，同比增長12.0%，扣除價格因素，實際增長10.9%。儘管這兩項數據比前一年同期分別放緩1.1和0.6個百分點，但全年最終消費對GDP增長的貢獻率達到51.2%，比前年提高3個百分點，成為拉動經濟增長的主引擎。澳新銀行大中華區首席經濟學家劉利剛日前指出，作為世界第二大經濟體，中國經濟正在轉型升級，中國的市場更大了而不是縮小了。根據澳新銀行的研究，到2020年，中國消費市場潛力將位居世界第二。

　　正是基於中國消費市場的巨大體量和多年兩位數的高增長，一些消費產品類的國際知名企業開始或已經加大了對中國相關市場的投資力度。

　　2月14日，全球第四大巧克力製造商費列羅宣布，將於2015年上半年建立在中國的首家工廠。費列羅2014年財報顯示，費列羅正在中國進行一個總投資額為50億元的項目，並已經在浙江杭州註冊了子公司——費列羅食品（杭州）有限公司。費列羅十分看好中國的巧克力市場。AC尼爾森數據顯示，2014年9—11月的3個月裡，全球巧克力消費下跌了1.8%，其中歐洲、美國市場下跌2%，亞洲市場則微增1.8%。而同時中國巧克力市場正展現巨大的潛力，中國每年人均巧克力的消費水平為200克，英國每年人均巧克力消費為10千克，是中國的50倍之多。

　　另外，中國每年龐大的新生兒群體也吸引了國際知名奶粉企業的目光。據乳業專家介紹，中國每年有1,600萬~2,000萬的新生人口，0~5歲的嬰幼兒有0.8億~1億，2014年中國奶粉市場將突破850億元。目前，跨國奶粉集團惠氏、美讚臣、多美滋和雀巢在中國國內奶粉市場的份額分別約為12.2%、12.1%、7.5%和4.3%，然而，中國市場對高端奶粉的需求依然十分旺盛。這吸引著越來越多的國際奶粉品牌來參與中國高端奶粉市場的競爭。去年底，法國知名嬰幼兒奶粉品牌法瑞康悄然登陸中國市場。法國FrilabSA集團在中國的戰略合作夥伴惠州市百吉瑞醫藥公司相關負責人表示，法瑞康的生產工廠擁有全球排名第三的實力，目前其嬰幼兒配方奶粉二段和三段已經陸續在廣東、北京、河北、河南、四川、廣西、遼寧、新疆等地銷售。

復星集團副董事長兼 CEO 梁信軍認為，儲蓄下降導致消費能力上升，特別是和中國中產階層相關聯的消費行業將是市場的投資熱點。

商務部新聞發言人沈丹陽日前介紹說，「經濟發展新常態下，中國利用外資領域也將出現一些趨勢性變化」。其中一個變化是，外資的「興奮點」將向國內消費市場轉變。過去，很多外商來華投資都是集中在加工貿易行業，產品主要是出口國際市場。今後，隨著中國內需潛力凸顯，外資投資的「興奮點」將向國內市場轉變，更加看重消費市場這塊「蛋糕」。國家發改委對外經濟研究所國際合作室主任張建平表示，在中國，消費對經濟增長的貢獻開始超越投資，成為對經濟增長拉動最大的三駕馬車之一。從這個角度來講，對於拓展中國市場的外資而言，中國市場的吸引力非常大。

案例來源：路虹. 外資青睞中國消費市場［N］. 國際商報，2015-03-03（A7）.

問題：

1. 查閱資料並結合案例，說說怎樣理解案例中提及的「經濟發展新常態」。
2. 概括消費對中國經濟發展的影響。

案例導入二：2015 年中國消費大數據統計盤點

據統計，在 2015 年全年中國社會消費品零售總額 30.1 萬億元中，限額以上單位消費品零售額 14.26 萬億元，增長 7.8%。按經營單位所在地分，2015 年全年，城鎮消費品零售額 25.9 萬億元，比上年增長 10.5%；鄉村消費品零售額 4.19 萬億元，增長 11.8%。按消費類型分，餐飲收入 3.23 萬億元，比上年增長 11.7%；商品零售 26.86 萬億元，增長 10.6%。

而限額以上企業商品零售額達 13.39 萬億元，比上年增長 7.9%；其中，糧油、食品、飲料、菸酒類零售額比上年增長 14.6%，服裝、鞋帽、針紡織品類增長 9.8%，化妝品類增長 8.8%，金銀珠寶類增長 7.3%，日用品類增長 12.3%，家用電器和音像器材類增長 11.4%，中西藥品類增長 14.2%，文化辦公用品類增長 15.2%，家具類增長 16.1%，通信器材類增長 29.3%，建築及裝潢材料類增長 18.7%，汽車類增長 5.3%，石油及製品類下降 6.6%。

全年網上零售額 3.877 萬億元，比上年增長 33.3%。其中，實物商品網上零售額 3.242 萬億元，增長 31.6%；非實物商品網上零售額 6,349 億元，增長 42.4%。在實物商品網上零售額中，吃、穿和用類商品分別增長 40.8%、21.4% 和 36.0%。

2015 年全國餐飲收入 3.23 萬億元，其中限額以下單位餐飲收入 2.36 萬億元，同比增長 20.3%，而限額以上單位餐飲收入 0.867 萬億元，增速僅 7%，表明餐飲業日趨迴歸大眾化消費。

2015 年中國居民境外遊消費數據

2015 年中國出境旅遊 1.2 億人次，同比增長了 12.15%，中國公民境外消費 1.2 萬億元人民幣，出境境外旅遊購物消費 0.68 萬億元（其中自由行遊客的消費占比超過 80%，多是海外代購及海淘），中國旅遊研究院《全球自由行報告 2015》顯示，2015 年中國自由行出境人次達到 8,000 萬，平均消費 11,624 元，同比增長 24.1%。

與此同時，2015年國內網上零售額3.877萬億元中，進口電商市場交易規模0.9萬億元，增長率38.5%，而海淘市場由2014年1,500億元猛升至2,400億元，海外奢侈品代購市場規模則由2014年的550~750億元下降至340~500億元，以上支出總額已和國內限額以上單位商品零售13.3萬億元的總額基本持平，外加不菲的教育醫療房產支出，可見國內居民的消費支出及消費渠道已極為多元化。

2015年全國重點大型零售企業銷售數據

　　商務部表示，2015年，國內消費市場運行總體平穩並呈前低后高、小幅回升態勢。消費品市場規模首次突破30萬億元，在較大基數上實現了穩步增長。從2012年突破20萬億元增至30萬億元只用了3年時間，比從10萬億元到20萬億元加快了1年，而此前從1992年的1萬億元到突破10萬億元更是用了16年。同時，消費對國民經濟增長的貢獻率進一步提升至66.4%，比2014年高15.4個百分點。

　　據商務部數據顯示，2015年消費市場的主要亮點為網路零售和綜合業態發展較快。其中，網路消費保持高速增長，線上線下加速融合，移動終端購物比例不斷提升。全國實物商品網上零售額同比增長31.6%，占社會消費品零售總額的比重達到10.8%。而在商務部監測的5,000家重點零售企業中，購物中心銷售額同比增長11.8%，增速比超市、百貨店、專業店分別高5、8.4和11.5個百分點。

　　另據中華全國商業信息中心的統計，2015年全國50家重點大型零售企業商品零售額累計同比下降0.2%，相比2015年前三季度累計增速回落了0.9個百分點，但表現好於2014年全年（2014年全年增速為-0.7%）。全年零售額實現累計同比正增長的企業數量為18家，較上年增加了6家。從各主要商品全年的表現來看，食品、化妝品類零售額分別累計增長0.2%和1.6%；服裝、日用品、家用電器類零售額分別同比下降0.4%、1.4%和3.9%。這五個類別商品增速相比上年全年均呈現不同程度的放緩。受價格持續低迷因素拉動，金銀珠寶類全年零售額累計增長0.5%。

　　案例來源：http://sanwen8.cn/p/171ygP0.html，有刪減.

　　問題：
1. CPI的統計範圍是什麼？
2. 試概括2015年中國消費數據特點。

【學習目標】

1. 瞭解凱恩斯的消費函數。
2. 掌握跨期消費決策。
3. 理解收入變動和實際利率變動對消費的影響。
4. 學習並運用相對收入消費理論、生命週期消費收入理論、永久收入的消費理論投資函數、儲蓄和投資的關係、儲蓄和投資激勵。

【關鍵術語】

消費　棘輪效應　資本存量　企業固定投資　存貨　非意願存貨投資　貨幣需求

【知識精要】

1. 在跨期消費決策模型中，消費者面臨實際預算約束並選擇達到一生最高滿足水平的現期與未來消費。只要消費者可以儲蓄和借貸，消費就取決於消費者一生的資源。

2. 1978 年美國經濟學家羅伯特·霍爾首次推導出理性預期對消費行為的影響。他證明了如果永久收入假說是正確的，而且如果消費者能夠進行理性預期，那麼消費隨著時間推移而發生的變動就是不可預測的。這種不可預測的變動被稱為隨機遊走。根據霍爾的觀點，持久收入假說與理性預期的結合意味著消費的變動遵循隨機遊走方式。

3. 資本的邊際產量決定了資本的實際租賃價格。實際利率、折舊率、一級資本品的相對價格決定了資本的成本。根據新古典模型，如果租賃價格高於資本的成本，企業就投資，如果租賃價格低於資本的成本，企業就不投資。

4. 住房投資取決於住房的相對價格，住房價格又取決於住房需求和現期固定的住房供給。住房需求的增加，提高了住房價格，並增加了住房投資。

5. 企業出於各種動機持有產品的存貨：平穩生產、把它們作為生產要素、避免脫銷以及工作過程中產品儲備。不支持某一特定動機而作用良好的一個存貨模型是加速模型。根據這個模型，存貨量取決於 GDP 的水平，存貨投資取決於 GDP 的變動。

6. 貨幣需求的交易理論，例如鮑莫爾-托賓模型，強調了貨幣作為交換媒介的作用。這些理論預測，貨幣需求正向地取決於支出，反向地取決於利率。

【實訓作業】

一、名詞解釋

1. 消費
2. 棘輪效應
3. 資本存量
4. 企業固定投資
5. 存貨

二、簡要回答

1. 簡述跨期消費決策。
2. 什麼是相對收入消費理論。
3. 簡述永久收入消費理論。

4. 分析企業持有存貨的原因。

三、論述

1. 簡要論述消費理論的幾種觀點。

2. 假設 A 為高收入集團（城鎮居民），B 為低收入集團（鄉村居民），在經濟增長的城市化進程中，B 轉變為城鎮居民，與 A 的收入差距大為縮小。分別用絕對收入假說和相對收入假說說明上述情況對消費的影響。

【實訓作業答案】

一、名詞解釋

1. 消費：指一國居民對本國和外國生產的最終產品和服務的支出，是總支出的最大組成部分。

2. 棘輪效應：杜森貝利理論的核心。指消費者易於隨收入的提高增加消費，但不易隨收入的降低而減少消費，這種特點被稱為棘輪效應。

3. 資本存量：企業在生產和服務中使用的機器設備和建築物構成企業固定投資的存量，或成為資本存量。

4. 企業固定投資：又稱企業固定資產投資，是企業購買用於生產的機器設備和建築物的活動。

5. 存貨：是指企業持有的作為儲備的產品，包括原材料、在生產過程中的產品（在產品），以及產成品。存貨占總支出中很小的一部分，但它在經濟週期中的變動很大，成為經濟研究的重點。

二、簡要回答

1. 簡述跨期消費決策。

答：跨期消費決策是1930年美國經濟學家歐文·費雪提出的消費決策模型，該模型劃分了不同時期，說明消費者面臨的約束條件及偏好，分析理性的消費者如何在現期消費與未來消費之間做出選擇。

為了簡化分析，我們假設一個消費者只面臨兩個時期的消費決策：第一個時期是青年時期，第二個時期是老年時期。在第一個時期消費者取得收入 y_1 並消費 c_1，在第二個時期消費者取得收入 y_2 並消費 c_2。假設沒有通貨膨脹，並且消費者有機會進行借貸或者儲蓄，所以他在任何一個時期的消費都可以大於或小於那一時期的收入。考慮消費者兩個時期的收入如何約束這兩個時期的消費：在第一個時期，儲蓄等於收入減去消費，即 $s=y_1-c_1$，式中，s 為儲蓄。在第二個時期，消費等於累積的儲蓄，包括儲蓄所獲得的利息加第二個時期的收入。即 $c_2=(1+r)s+y_2$，式中，r 為實際利率。由於沒有第三時期，消費者在第二個時期既不儲蓄，也不借貸，只是花光所有積蓄。變量 s 可以代表儲蓄，也可以代表借貸。如果第一時期的消費小於收入，消費者儲蓄，s 大於

零。如果第一時期的消費大於收入，消費者借貸，s 小於零。假定借貸的利率和儲蓄的利率相同，則 $c_2=(1+r)(y_1-c_1)+y_2$。經整理，有 $c_1+c_2/(1+r)=y_1+y_2/(1+r)$。把兩個時期的消費和兩個時期的收入聯繫在一起，是表示消費者跨期消費預算約束的標準方法。如果利率為 0，預算約束表明兩個時期的總消費等於兩個時期的總收入。在利率大於 0 的正常情況下，未來消費和未來收入用 $(1+r)$ 這個因子進行了貼現，貼現後的數值被稱為現值，貼現產生於儲蓄所獲得的利息。也就是說，消費者將現期收入存入銀行，可以獲得一定比例的利息，所以未來收入的價值低於現期收入的價值。同樣，未來消費由賺到利息的儲蓄支付，所以未來消費的成本低於現期消費的成本。因子 $1/(1+r)$ 是用第一期消費衡量的第二期消費的價格，也是消費者為得到 1 單位第二期消費所必須放棄的第一期消費的數量。

2. 什麼是相對收入消費理論？

答：相對收入消費理論由美國經濟學家杜森貝利所提出。他認為消費者會受自己過去的消費習慣以及周圍消費水準的影響，從而消費是相對地決定的。他認為，依照人們的習慣，增加消費容易，減少消費則難。因為一向生活在優裕富足的環境中的人，即使收入降低，多半不會馬上因此降低消費水平，而會繼續維持相當高的消費水準，故消費固然會隨收入的增加而增加，但不易隨收入的減少而減少。因此，就短期觀察，可發現在經濟波動過程中，收入增加時低收入者的消費會趕上高收入者的消費，但收入減少時，消費水平的降低相當有限。杜森貝利理論的消費特徵被稱作「棘輪效應」。同時，杜森貝利相對收入消費理論的另一個方面內容是指消費者的消費行為要受到周圍人們消費水準的影響，這就是所謂「示範效應」。如果一個人收入增加了，周圍人或與他同一階層的人收入也同比增加了，則他的消費在收入中的比例並不會變化；而如果別人的收入和消費增加了，他的收入並沒有增加，但顧及社會地位，也會刻意提高自己的消費水平。

3. 簡述永久收入消費理論。

答：經濟學家弗里德曼提出的一種消費函數理論。它指出個人或家庭的消費取決於持久收入。永久收入是指消費者可以預計到的長期收入。弗里德曼的理論認為，在保持財富完整性的同時，個人的消費在其工作和財富的收入流量的現值中佔有一個固定的比例。該假說認為，個人的收入和消費都包含一個永久部分和一個暫時部分。永久收入和永久消費分別由一個預計的、有計劃的收入成分和消費成分組成；暫時收入和暫時消費則分別由收入方面的意外收益或意外損失以及消費方面的不可預知的變化構成。在長期內，個人消費佔有固定比例的永久收入，在短期內，許多家庭或個人在經濟週期中會面臨一個負值的暫時收入，然而他們的消費與其持久收入相關，因而他們的平均消費傾向增加。由於每個家庭和個人都尋求消費其持久收入的一個固定比例，因而意外的收益或損失將不會影響消費。但在實際運用中，持有收入和消費的價值估計極端困難。弗里德曼的持久收入假說是他的現代貨幣數量論的重要組成部分。

4. 分析企業持有存貨的原因。

答：第一，保證生產的平穩化。商品的市場需求存在波動性，伴隨市場需求的波動，企業的產品銷量也會經歷高漲與低落。由於可以持有一定數量的存貨，企業不必

隨時調整生產以適應銷售的波動，減少因頻繁調整生產線和產量而造成的損失。企業可以在需求低落，產量高於銷量時增加庫存；在需求高漲，產量低於銷量時，減少存貨。

第二，避免脫銷。產品的生產需要時間，不可能瞬間完成，企業常常需要在瞭解顧客需求水平之前做出生產決策，為了避免產品銷量意外高漲而脫銷，企業需要持有一定數量的存貨。

第三，提高經營效率。企業大量訂貨以持有庫存的成本更低一些。

第四，在產品。有些庫存是生產過程中不可避免的，因為有的產品在生產中要求多道工序，當一種產品僅僅部分完成時，會被作為企業存貨的一部分。

三、論述

1. 簡要論述消費理論的幾種觀點。

答：產出與需求是相關聯的，消費又是需求中的重要組成部分。由此，西方的經濟學家們提出了不同的消費理論。

（1）絕對收入假說。該理論認為消費是絕對收入水平的函數，隨著收入水平的上升，邊際消費傾向是遞減的。絕對收入假說是凱恩斯理論的重要組成部分。

（2）相對收入假說。杜森貝利提出：人們的消費會相互影響、相互攀比形成「示範效應」，人們的消費不是決定於其絕對的收入水平而是取決於和別人相比的相對收入水平。消費具有習慣性，當期的消費不取決於當期的收入而是取決於過去所達到的最高收入和最高消費，具有不可逆性，這就是「棘輪效應」。

（3）生命週期假說。莫迪利安尼提出：人的一生可以分為兩個階段，前一階段參加工作掙取收入，第二階段純消費而沒有收入，靠第一階段的積蓄維持消費。這樣，個人的可支配收入和財富的邊際消費傾向取決於該消費者的年齡。它表明在人生的某一年齡段，當收入相對於一生收入高時儲蓄也高，當收入相對於一生平均收入低時，儲蓄也低。同時，他還指出總儲蓄取決於經濟增長率和人口的年齡分佈等變量。

（4）永久收入假說。弗里德曼提出消費行為與人們的持久收入密切相關，而與當期收入很少有關聯。因此，持久收入改變對消費的影響較大，當期收入改變對消費的影響較小。

（5）理性預期學派認為消費者是理性的，是前向預期決策者。消費者利用經驗及信息對未來收入進行預測，從而做出消費決策，而不是將過去收入的平均值作為持久收入水平。

理性預期、生命週期和持久收入消費理論結合在一起就是前向預期理論。

2. 假設 A 為高收入集團（城鎮居民），B 為低收入集團（鄉村居民），在經濟增長的城市化進程中，B 轉變為城鎮居民，與 A 的收入差距大為縮小。分別用絕對收入假說和相對收入假說說明上述情況對消費的影響。

答：（1）絕對收入假說：凱恩斯在《就業、利息和貨幣通論》中提出，消費支出和收入之間有穩定的函數關係，消費函數若假設為 $C=\alpha+\beta Y$，其中 $\alpha>0$，$0<\beta<1$，C、Y 分別是當期消費和收入，β 為邊際消費傾向。凱恩斯認為，邊際消費傾向隨收入 Y 的增

加而遞減。平均消費傾向 C/Y 也隨收入的增加而有遞減趨勢。

相對收入假說：由杜森貝利提出，認為人們的消費會相互影響，有攀比傾向，即「示範效應」，人們的消費不決定於其絕對收入水平，而決定於同別人相比的相對收入水平。同時，消費有習慣性，某期消費不僅受當期收入影響，而且還受過去所達到的最高收入和最高消費的影響。消費具有不可逆性，即所謂「棘輪效應」。

（2）絕對收入假說的說明：城市化使 B 轉變為城鎮居民。為了適應城鎮生活的要求，B 的自發性消費必然提高，導致整個社會自發性消費提高。這樣，在收入增加的過程中，消費傾向幾乎不變，即消費大致按收入增加的比例增加。

（3）相對收入假說的說明：城市化進程使居民相對收入發生變化，從而引起消費傾向的變化：A 相對收入下降，其消費傾向提高；B 相對收入提高，其消費傾向下降。如果這種變化相互抵消，則全社會的消費傾向不變；如果不能抵消，則會變化。

【實訓活動】

實訓活動　通過調查活動解讀十八大文件

目的：
1. 理解消費對經濟增長的影響。
2. 理解消費和投資之間的關係。

內容：
1. 時間：90 分鐘。
2. 地點：商場、超市以及批發市場。
3. 人數：任課班級學生人數。
4. 合作人數：每 3 人分成一個小組。

步驟：
第一步：選取所要展開活動的地點，由老師指定具體的商場、超市或者批發市場。
第二步：各小組按照老師分配的調查任務根據預先設置的調查問卷展開對各類型消費品價格、銷售量的調查。
第三步：調查結束后進行整理統計工作。
第四步：根據統計結果認識不同類型的消費品消費對各商場、超市以及批發市場的影響。
第五步：撰寫小論文。

問題研討：
1. 商場、超市以及批發市場對同一類型商品是如何定價的？定價機制不一致帶來的銷量有什麼變化？
2. 要促進當地經濟發展，在擴大消費能力、提高消費水平方面，地方政府應該制定怎樣的政策？

實訓點評：

1. 同類商品商場定價較高，超市次之，批發市場最低。定價機制不一樣，帶來銷售量也有所不同。

2. 要通過擴大消費能力、提高消費水平來促進地方經濟發展，政府首先應該擴大投資，創造更多的就業崗位，使失業或待業人員就業，形成消費力量；其次應該根據地方消費水平調整工資制度，形成合理的收入分配機制；最後要鼓勵生產、銷售多樣化的商品以供消費者做多元化的選擇。

【案例研究及案例使用指南】

案例1　中國居民消費不足的癥結何在？

中國經濟和世界上其他國家都不同的一大特徵就是儲蓄率非常高。每年全民所生產的財富中用於消費的只占一半左右，另一半都儲蓄起來了。這部分儲蓄的財富都用於投資了。低消費、高儲蓄、高投資基本上是同一回事的不同結果。想要減少投資必須從根本上提高居民消費著手。

高儲蓄和高投資本來都是好事。中國改革開放30多年，由於高投資，全國各地興建了無數高樓大廈、高速公路、發電廠、製造業工廠、飛機場、橋樑、地鐵等，徹底改變了中華大地的面貌。現在的中國真可以當之無愧地稱為「新中國」。可是30多年後的今天情況發生了變化。該投資建設的項目差不多都已建成了，值得投資的機會越來越少，產能已經過剩。

用經濟學的語言說，就是投資的收益遞減。這幾乎是大家一致的看法，中國經濟的投資太高，不能靠投資來維持商品和服務的購買，要用居民消費的購買替代投資的購買。如果全國人民生產出來的物質和服務賣不掉，產品積壓，工廠就不能繼續生產。所以必須用更多的消費替代投資，保持總需求的規模。

消費又分政府消費和居民消費。當下要控制政府消費，減少公款吃喝、公款旅遊。所以增加消費的唯一出路就是增加居民消費。要求老百姓更多地花錢購買，把生產出來的商品和服務都買下來。可是怎樣能讓百姓更多地花錢？這可是一個困難的問題。

如果居民沒有足夠的錢，當然無法增加他們的購買。GDP——中國生產出來的財富總量是百姓的勞動成果，誰生產的財富理應歸誰所有。那就不會發生沒有錢購買的問題。按照經濟學的理論，財富是三要素生產得出的，即勞動、資本和自然資源。如果這三要素都歸居民所有，要素所得就成為居民所得。但事實上除了勞動肯定屬於居民本身，其他兩個生產要素並非都屬於居民。

居民的收入低，他們的消費不可能很高。從國家發表的統計數據看也證明這樣的分析是對的。全國公有和私有企業職工的工資收入不到GDP的20%。好在中國有大約三分之二的GDP產出是私企生產的，私企的資本收益是歸居民中的富有階層所有。他們的收入中減掉儲蓄的部分都用於消費。另外三分之一的國企，他們的資本收益都歸了國家。在居民收入中，還要減掉納稅的部分才可能成為他們的購買力。中國的稅收

（不包括政府服務所收的費和各種罰款）大約占了 GDP 的 20%，其中包括國有企業所交的稅。

從以上的分析可知，中國的居民消費弱的原因和中國的經濟制度，特別是所有制有關。公有制為主的結果必定是要素所得大部分歸了公。居民收入有限，結果是居民消費不足。

但是居民消費不足還有另外的原因。如果居民有了錢還是不敢消費，而是選擇把錢存起來，消費仍然是不足的。不敢花錢的一個主要原因是對自己的經濟前途看不清，沒有把握，所以要多存錢以保安全。西方社會有較為完善的社會保障制度。老年以後的生活、看病、喪葬如果都有保障的話，就敢花錢。中國的情況恰好是對老年人的社會保障不完善，所以即使今天有錢也不敢花。想要振興居民消費必須完善社會保障制度。

實行已久的計劃生育政策也提高了中國人的儲蓄率。孩子少，家庭的負擔變輕，就有多餘的錢存起來。全社會因之有了大量節餘，這種節餘大部分變成了儲蓄。我們稱之為人口紅利。現在想要提升居民消費，就得廢除計劃生育，恢復正常的人口結構，同時也增加家庭養育下一代的開銷，也就是增加居民消費。所以，所謂的人口紅利實際上是人口欠債，以後是要歸還的，不是真正的紅利。

中國還有一些強制儲蓄的政策，也和振興居民消費背道而馳。比如企業和員工繳納的五險一金，就是強迫性的儲蓄。這些政策典型地說明微觀政策和宏觀要求互相抵觸。從微觀的角度看，每個人都應該有養老儲蓄，強制儲蓄並不錯。但是確實更加大了已經過高的儲蓄率，降低了居民的消費能力。

解決這一矛盾的方法是將政府的投資轉換成社會公共消費，提高居民的養老服務。這樣就可以避免要求居民強制性儲蓄。居民中的工薪階層減輕了五險一金負擔，可以增加收入，增加消費。

案例來源：茅於軾. 中國居民消費不足的癥結何在？[J]. 留學生，2015（16）.

思考題

如何認識經濟學中關於消費與儲蓄的關係？

案例 1 使用指南

第一步：目標設定參考。本案例可以配合本章教學及高鴻業主編《西方經濟學（宏觀部分·第六版）》的第二十章教學及學習使用。同時，學生應該對宏觀經濟學的微觀基礎的內容有所閱讀，通過對案例的學習，瞭解宏觀經濟學的微觀基礎。

第二步：背景介紹。種種原因造就了中國居民相當一部分資產以存款的形式存在。那麼，中國居民高儲蓄到底是利還是弊呢？與西方發達國家的超前消費不同，中國人民傾向於將手上的閒錢存入商業銀行。一是因為中國商業銀行存款利率較高，存款的利息比較客觀；二是中國社保和福利體系不健全，人們準備一份儲蓄以免後顧之憂（突發的疾病、「上養老，下養小」等）；三是中國其他投資渠道有限以及人們的理財能力相對缺乏。目前，中國銀行業的存款總額超過 40 萬億元人民幣，人均存款遠超美

國。經濟增長有三寶：投資、消費和出口。理論上，高儲蓄與低消費並存，中國長期的高儲蓄率導致即時消費一直低迷，因此消費對中國的經濟增長貢獻不如投資和出口，大規模的存款加劇了銀行的系統性風險。另外，高消費能夠促進社會生產。美國作為高消費國家，消費對 GDP 的貢獻超過 70%，超前消費、負債消費一直是美式文化的一部分，這確保了美國經濟一直長盛不衰，直至 2008 年的金融風暴發生，暴露出了高消費模式的弊端，美國民眾在失業后，突然發現自己身無分文而負債累累，往後日子自然難過了。與美國的國情不同，現在的高儲蓄對於中國的將來利大於弊。改革開放 30 多年以來，中國高速經濟增長一直由政府主導的基建投資以及出口商品到海外市場來實現，如今兩者的后續動力匱乏，弊端也逐漸顯露出來。前者導致中國產能過剩，后者導致中國的對外貿易順差過大，國內需求不足，而且由於全球經濟疲軟以及製造產業轉移而繁華不再。未來的經濟增長將由居民消費來主導。正所謂，留得青山在，不怕沒柴燒。高儲蓄意味著中國居民未來的資金充足，消費力相當可觀，假設中國出現一個極端情況，明年中國民眾將 40 萬億元存款提取出來全部用於消費，年度經濟增長可不止 10% 了。高儲蓄還意味著中國居民的「彈藥充足」，遭遇金融風暴等突發災難時，可利用手中的儲蓄渡過難關。那麼如何讓民眾大膽地用手中的儲蓄消費呢？歸根到底，還是要健全福利保障體系，讓人們享受最基本的醫療、教育、社保等保障。自然而然，民眾便會大膽地消費。

第三步：理論學習。在西方經濟學消費理論中，一般是將居民收入列為影響消費需求的主要因素。凱恩斯提出絕對收入假說，提出居民收入是消費需求的唯一影響因素，並且居民收入和消費需求之間存在穩定的函數關係。以後的研究基本上是消費的收入效應，絕對收入假說在很大程度上指引了後來消費函數理論的研究方向。1949 年詹姆斯‧杜森貝利提出了著名的相對收入假說。在該消費理論的研究中引入了社會心理學的研究成果。他的相對收入假說提出，居民的消費支出水平受到三個方面因素的影響：一是受當前收入水平的影響；二是受到自己以前曾經取得的消費水平的影響，這種現象被稱為「不可逆轉」的消費；三是受到周圍人消費水平的影響。諾貝爾經濟學獎獲得者米爾頓‧弗里德曼在 1957 年發表論文《消費函數理論》中，提出了著名的持久收入假說。弗里德曼的持久收入假說對消費函數後來的研究產生了較為深遠的影響。持久收入假說理論把居民的收入分為兩部分：即持久性收入和暫時性收入。並指出居民的消費行為主要是與他們的「持久性收入」即可以預計的未來收入有關，而不是與他們的暫時性收入有關。持久收入假說更註重居民對未來能夠取得的收入預期，即自身未來的發展前景。

第四步：討論思考題目。可以選擇根據思考題分組討論，每組學生輪流發言，組內相互補充發言，各組學生代表相互點評。

第五步：學習總結或教師點評。教師對案例研討中的主要觀點進行梳理、歸納和點評，簡述本案例的基礎理論，在運用基礎理論對案例反應的問題進行深入分析后，輔以適當的框圖進行總結。

案例 2　怎樣理解「儲蓄等於投資」

關於總供求均衡，經濟學有個著名的恒等式：儲蓄等於投資。此等式最初由凱恩斯提出，之後便在學界流行，到今天已成為宏觀經濟學的重要基石。眾所周知，20世紀30年代前，經濟學並不分宏觀、微觀，是凱恩斯另起爐竈，於1936年出版了《就業、利息和貨幣通論》，才搞起來宏觀經濟學。

對經濟學要不要分宏觀、微觀，學界一直有爭論，不過此非本文重點，這裡不討論。我認為目前亟待研究的是，儲蓄等於投資到底是不是總供求均衡的條件。如果是，怎樣理解「儲蓄等於投資」；如若不是，那麼總供求均衡的條件又是什麼？這不單是個學術問題，也事關政府調控經濟的思路。茲事體大，有必要予以澄清。

我曾說過，所謂「凱恩斯革命」，否定的是薩伊定律。凱恩斯認為，物物交換時代供給可創造需求，但當紙幣出現後，供求便不可以自動平衡了。他的根據，是邊際消費傾向遞減規律。此規律說，隨著人們收入增長，消費也會增長，但消費增長跟不上收入增長，令消費在收入中的比重下降，儲蓄增加。若儲蓄不能轉化為投資，供求就會失衡。

凱恩斯的這一觀點，追隨者多，也有不少學者為文支持。目前教科書給出的一致解釋是：一個國家假定只有企業與居民兩個部門，不存在稅收，也沒有政府支出和進出口，這樣從收入（供給側）角度看，國民收入＝工資＋利潤＋利息＋地租＝消費＋儲蓄；而從支出（需求側）角度看，國民收入＝投資＋消費。總供求平衡，意味著總收入等於總支出，即消費＋儲蓄＝投資＋消費。等式兩邊都含消費，故左邊的儲蓄必等於右邊的投資。

上述論證看上去邏輯井然、天衣無縫，然而往深處想，這恒等式其實也有疑點，至少有三個問題值得追問：第一，儲蓄的含義究竟為何？是單指居民存款還是包括其他項目？第二，儲蓄等於投資是指「事實相等」還是「應該相等」？第三，總供求平衡是否必須將儲蓄轉化為投資？凱恩斯的《就業、利息和貨幣通論》我讀過多遍，總覺得他講得不夠清晰且自相矛盾，下面說說我的思考。

先說儲蓄。照凱恩斯的說法，收入減消費的餘額為儲蓄，顯然，他講的儲蓄就不只是存款。比如你有10,000元收入，3,000元用於消費，餘下7,000元為儲蓄。假如7,000元儲蓄中你用5,000元買了字畫收藏，用1,000元買股票，剩下1,000元存銀行，這樣看，在凱恩斯那裡儲蓄是一個比銀行存款更寬的概念，我們不妨稱為「廣義儲蓄」。

於是問題就來了，若廣義儲蓄不單指銀行存款，那麼儲蓄大於存款的部分是什麼呢？當然不可能是消費，只能是投資。如上例中居民購買字畫收藏與購買股票皆是投資行為，這一點凱恩斯其實也注意到了。問題是儲蓄本身包括投資，說儲蓄轉化為投資豈不是自相矛盾？可見，凱恩斯講「儲蓄轉化為投資」時的「儲蓄」，並不是廣義儲蓄，而是狹義儲蓄，即居民存款。

再想深一層，如果凱恩斯所講的儲蓄是廣義儲蓄，而廣義儲蓄包括投資與存款，這樣問題又來了：由於供給側的國民收入＝消費＋儲蓄＝消費＋投資＋存款，而居民存款

是為了從銀行取得利息，故存款對居民來講也是投資。換句話說，居民不僅僅是消費者，同時也是投資者。既然存款也是投資，供給側的國民收入也就等於消費加投資了。

所以對第二個問題我的觀點很明確：從國民收入存量看，「儲蓄等於投資」是事實相等。因為國民收入存量是既定量，無論從供給側看還是從需求側看，同一個量不可能不等。但若從國民收入流量看，存款是居民投資，但卻不是企業投資，存款若不能轉為企業投資，總供求流量會失衡。故從流量看，總供求要保持平衡，居民存款（儲蓄）需轉化為企業投資，即儲蓄與投資應該相等。

再談第三個問題，總供求流量保持平衡，儲蓄是否必須轉為投資，舍此別無他法？這問題我認為不能一概而論。前面說過，供給側的國民收入＝消費＋投資＋存款，需求側的國民收入＝消費＋投資。這樣看，要保持總供求流量平衡，存款可向兩個方向轉化：一是轉為投資，二是轉為消費。具體地講，若投資不足，存款可轉為投資；若投資（產能）過剩，存款應轉為消費。

放眼看，大量的中外實踐證明，儲蓄轉化為投資可以擴內需，儲蓄轉化為消費也可擴內需。想想消費信貸吧，消費信貸肇始於歐美，今天風行全球，其實就是支持儲蓄轉化為消費。凱恩斯當年自己說，他主張儲蓄轉化為投資，是因為投資有乘數效應。可事實上，投資有乘數效應，消費也有加速效應，而且迄今為止經濟學並不能證明，對拉動需求擴投資就一定勝於擴消費。

綜上可見，「儲蓄等於投資」並非鐵律，也非總供求均衡的唯一條件。關於總供求均衡，我讚成馬克思的分析。在《資本論》中，馬克思將社會資本再生產分為生產資料與消費資料兩大部類，他指出，社會總資本再生產，必須堅持價值補償與實物補償兩個平衡。這一思想，我認為才是實現總供求平衡應該遵循的原則。

現在的難題，是怎樣實現兩個補償？有一點可肯定，即不能固守「儲蓄等於投資」的教條，否則會作繭自縛。當然，我們也不能走過去計劃經濟時期政府統購包銷的老路。可取的辦法是：要讓市場在資源配置中起決定作用，同時政府也要對市場失靈做相機調節。

案例來源：王東京. 儲蓄為何等於投資［N］. 學習時報，2015-12-28（4）.

思考題

怎樣理解儲蓄轉化為投資可以擴內需，儲蓄轉化為消費也可擴內需？

案例 2 使用指南

第一步：目標設定參考。本案例可以配合本章教學及高鴻業主編《西方經濟學（宏觀部分·第六版）》的第二十章教學及學習使用。同時，學生應該對宏觀經濟學的微觀基礎的內容有所閱讀，通過對案例的學習，瞭解宏觀經濟學的微觀基礎。

第二步：背景介紹。一方面，2008 年金融危機以來，全球主要國家施行寬鬆的貨幣政策，投放高額貨幣以刺激經濟，但並沒有看到接踵而來的全球性通貨膨脹，反而迎來了全球性通貨緊縮。這表明資金並沒有通過預期的投資渠道和方式進入實體經濟。另一方面是儲蓄的增加，隨著瑞典、瑞士和日本的負利率政策，居民選擇持有現金等

保值品規避風險，走出通縮陰影仍未見曙光。怎樣將儲蓄轉化為投資，已成為當前世界經濟的現實議題。

第三步：理論學習。資本形成、勞動投入、技術進步以及制度變遷是經濟增長的重要因素。傳統經濟增長理論認為各要素對經濟增長的貢獻度隨經濟發展階段的不同而相應變化，對發展中國家來說，資本累積對經濟增長的貢獻最為顯著。儲蓄是推動經濟增長的動力，經濟在儲蓄的作用下不斷變化，高儲蓄對於發展中國家而言更是經濟發展中實現資本累積的重要基石。美國經濟學家羅斯托曾將「儲蓄率在10%以上」列為經濟起飛的必要條件之一。改革開放以來，中國經濟之所以能夠獲得高速增長，國民儲蓄「功不可沒」。國內學者實證分析顯示，1978—2003年資本年均增長速度為9.9%，對經濟增長的貢獻率為63%，在GDP年均9.4%的增長中貢獻近6個百分點。國務院發展研究中心發布的研究報告認為，中國的經濟增長模式仍將是一種資本推動型經濟增長，推動「十一五」期間以及2010—2020年中國經濟快速增長的最主要的動力仍將是快速的資本形成，其貢獻率為60%~70%。自1979年改革開放以來，中國儲蓄率就一直保持在32%以上的高水平，並且呈現不斷上升之勢。作為發展中國家，高儲蓄是中國最現實的、具有決定性的經濟增長來源。因此，儲蓄向投資的充分轉化和高投資效率是現階段實現國民經濟持續增長的關鍵環節。

第四步：討論思考題目。可以選擇根據思考題分組討論，每組學生輪流發言，組內相互補充發言，各組學生代表相互點評。

第五步：學習總結或教師點評。教師對案例研討中的主要觀點進行梳理、歸納和點評，簡述本案例的基礎理論，在運用基礎理論對案例反應的問題進行深入分析後，輔以適當的框圖進行總結。

案例備註說明：該案例對於初學者比較困難，可以在結束學期教學或在通讀《西方經濟學（宏觀部分·第六版）》完畢以後使用更佳。當然對於自學能力比較強的學生而言可以直接使用。

案例3　2015年中國固定資產投資增速明顯放緩

2015年，中國固定資產投資下行壓力較大，增速明顯放緩，多項投資指標屢創新低。從主要投資領域看，基建投資保持高速增長，製造業投資和房地產開發投資繼續明顯減速。企業自主投資意願不強、實際融資成本較高、地方政府及融資平臺投資能力受限、PPP（政府和社會資本合作）模式進展較慢、房地產市場庫存仍然較高等成為困擾投資形勢趨穩的主要因素。展望2016年，推進「11+6+3+1」重大工程建設、調低投資項目最低資本金比例、投放專項建設基金、加大企業債券支持力度、增強財政資金投資能力、擴大固定資產加速折舊優惠範圍等一系列利好政策將釋放積極效應，基礎設施和服務業仍將是支撐投資平穩增長的重要領域。綜合判斷，固定資產投資有望呈現穩中略降的態勢，預計增長9%左右。建議推進重大項目建設、用好積極財政政策、降低企業融資成本、推進PPP模式以及深化投資審批制度改革。

一、2015 年固定　　投　的基本特徵

（一）投資增速跌勢明顯

受外需大幅萎縮、內需低迷以及房地產市場週期性調整等因素影響，2015 年中國固定資產投資累計增速呈現「逐月放緩」的態勢。1—10 月，投資增長 10.2%，增幅分別較上年同期和 2014 年全年回落 5.7 和 5.5 個百分點。逐月看，除 6 月、10 月短暫企穩外，投資累計增速逐月放緩。10 月環比增長率僅為 0.72%，表明投資增速下行壓力依然較大。固定資產投資價格指數跌至 100 以下，1—9 月，投資價格指數為 98.5%，分別較上年同期和 2014 年全年回落了 2.2 和 2 個百分點。剔除價格因素后，1—9 月投資實際增長 11.9%，同比回落 3.4 個百分點。

（二）基礎設施投資快速增長

製造業、基礎設施和房地產開發是固定資產投資的三大領域，基本決定著投資走勢。1—10 月，製造業、基礎設施、房地產開發投資分別增長 8.3%、17.4% 和 2%，增幅同比分別放緩 5.2、4 和 10.4 個百分點。三大領域投資規模合計占總投資的 74%，拉動投資增長 7 個百分點。基礎設施投資是支撐投資增速的主要因素，高出投資增速 7.2 個百分點。其中，水利、環境和公共設施管理業投資增長較快，增速高達 19.8%。

在主要行業中，1—10 月，高耗能行業投資增長 4.6%，同比回落 6.4 個百分點，比製造業投資增速低 3.7 個百分點。裝備製造業投資增長 10.4%，同比回落 3.3 個百分點，比製造業投資增速高 2.1 個百分點。可見，裝備製造業投資快於製造業投資，更快於高耗能行業投資。

（三）第三產業投資比重有所提高

從投資的產業結構看，1—10 月，第一產業投資占比 2.8%，同比提高 0.4 個百分點；第二產業投資占比 41.1%，同比降低 0.8 個百分點；第三產業投資占比 56.1%，同比提高 0.4 個百分點。第三產業投資仍是穩定投資增速的主要力量，即使剔除房地產開發投資、基建投資（不含電、熱、氣及水生產供應業）後同比增速仍為 13.7%，高出總體投資 3.5 個百分點，其中衛生和社會工作服務業投資增長 29.5%，同比加快 4.5 個百分點。

（四）中部地區投資增速較快

1—10 月，東、中、西部地區投資分別增長 8.5%、14.5% 和 8.7%，同比放緩了 6.1、3.1 和 9.1 個百分點，同期東、中、西部地區房地產開發投資分別同比放緩 10.1、9 和 12.5 個百分點。東部地區部分經濟發達省份及時推動產業結構調整，轉型升級取得較好進展，經濟發展重新煥發活力，投資效率提高，引領帶動作用逐步增強。中部地區促投資的政策力度較大，投資增速相對較高，回落幅度較小。西部地區及部分資源省份面臨能源資源需求低迷、產能過剩、房地產市場調整等多重不利因素，投資減速幅度較大。

（五）民間投資增速顯著放緩

1—10 月，民間投資增長 10.2%，同比回落 7.8 個百分點，與總體投資增速持平。民間投資占全部投資的比重達到 64.7%。國有及國有控股投資增長 11.4%，高出民間投資增速 1.2 個百分點。民間投資疲弱反應出企業自主投資意願不強，國有及國有控

股企業在促投資中扮演著重要角色。

（六）到位資金增速降至個位數

1—10月，投資到位資金增長7.3%，同比回落5.1個百分點。資金覆蓋率（到位資金/投資完成額）為1.05，低於歷史同期水平。其中，國內貸款同比下降4.5%，連續八個月累計增速為負，信貸資金約束比較明顯。自籌資金同比增長8.5%，回落7.5個百分點。國家預算內資金同比增長21.1%，加快6.8個百分點。

（七）新開工項目增長緩慢

1—10月，新開工項目（不含房地產開發）計劃總投資33.7萬億元，僅增長4.1%，同比回落9.6個百分點，增速為歷史同期極低水平。其中，億元以上新開工項目不足的問題比較突出。施工項目（不含房地產開發）計劃總投資93.8萬億元，增長5.3%，同比回落6.2個百分點。

二、固定　投　底部尚未充分探明

當前，固定資產投資下行壓力仍然較大，底部尚未充分探明。投資領域需要密切關注的主要問題有：企業自主投資意願不強、實際融資成本較高、地方政府及融資平臺投資能力受限、政府和社會資本合作模式進展較慢、房地產市場庫存仍然較高。

（一）企業自主投資意願不強

今年以來，市場需求總體偏弱，工業領域價格和企業效益低迷，PPI（生產者物價指數）當月同比連續44個月下跌，工業企業利潤受到明顯侵蝕，自主投資意願不強。1—10月份，工業企業利潤總額下降2%。產能過剩矛盾仍在持續發酵，工業產成品存貨增速不斷下降，PMI（採購經理人指數）產成品庫存指數低於榮枯線，工業企業整體仍處在去庫存階段，缺乏擴大再生產的投資意願。同時，房地產市場下行調整，房地產企業開發投資意願也明顯降低，土地購置面積深度下滑，到位資金增速保持個位數，房屋新開工面積持續下降。應該說，民間投資主體對投資形勢的反應比較靈敏，從而製造業投資（民間投資比重超過85%）、房地產開發投資（民間投資比重超過70%）增速同比明顯回落。

（二）實際融資成本較高

經濟下行時期信貸收縮更為明顯，融資難、融資貴等問題依然困擾著企業生產經營。儘管金融機構貸款加權平均利率同比有接近130個基點的下行，但價格水平同比下降更多。此外，貸轉存款、貸轉承兌、借款搭售等行為比較普遍，擔保、評估、公證等融資相關費用較高。據調查，企業實際融資成本普遍高達10%以上，部分中小企業甚至超過20%。融資成本居高不下，對中小企業以及民營企業發展造成較大影響，直接影響了其投資能力。

（三）地方政府及融資平臺投資能力受限

受公共財政收入低速增長、土地出讓收入大幅減少以及償債高峰期等因素影響，地方政府可用於投資建設的財力明顯不足，引導帶動社會資本的能力較弱。1-10月份，公共財政收入同口徑增長5.4%，政府性基金收入同口徑下降24.1%。此外，作為基礎設施的主要建設者，地方融資平臺因脫鈎政府信用，疊加土地市場遇冷，融資成本和難度大幅度提高，投資能力顯著削弱。

（四）政府和社會資本合作模式進展較慢

政府力推政府和社會資本合作模式（PPP 模式）以吸引社會資本進入市政公用領域和公共服務領域，拓寬投資資金來源。財政部先後推出兩批共 236 個 PPP 項目，總投資額 8,389 億元；國家發改委發布的 PPP 項目共計 1,043 個，總投資額 1.97 萬億元。目前來看，實際效果並不理想，項目簽約率不足兩成。項目收益率不高、政府治理水平有待提高、政府信用約束制度尚未建立等是制約 PPP 模式推進的主要因素。此外，在已經簽約的 PPP 項目中，社會資本方主要是國有企業，民營企業參與程度偏低。

（五）房地產市場庫存仍然較高

儘管二季度以來商品房銷售持續回暖，量價齊升，但受制於庫存基數較大，特別是三、四線城市去庫存化壓力較大，房地產開發企業投資意願仍然疲弱，房地產投資增速一路下行，8、9、10 月份當月增速連續為負。庫存高企壓制著房地產投資意願，土地購置面積、房屋新開工面積等先行指標雙雙深度下滑。截至 2015 年 10 月底，全國商品房待售面積高達 6.86 億平方米，平均去庫存週期仍然長達 7.2 個月，部分三、四線城市甚至在 20 個月以上。房地產銷售走強帶動房地產開發投資回升一般需要 6~9 個月的傳導期，在庫存高企的情況下傳導期會顯著延長，因而房地產投資形勢不容樂觀。

三、2016 年固定　　投　增速　　　回落

2016 年是「十三五」開局之年。從「十三五」時期投資形勢看，固定資產投資有望築底企穩。一方面，推動經濟轉型升級和降槓桿將抑制投資增長。另一方面，改革紅利釋放、新興產業以及服務業快速發展等將支撐投資增長。展望 2016 年，固定資產投資增速還將繼續探底，預計回落到 9%左右。其中基礎設施投資高增速、製造業投資低增速、房地產開發投資極低增速，甚至大概率出現下降態勢。

（一）促進投資穩定增長的有利因素

推進「11+6+3+1」重大工程建設。國家大力推進 11 大類重大工程包建設，建立重大工程「開工建設一批、投產達標一批、儲備報批一批」的滾動機制。同時，積極推進六大領域消費工程、三大戰略、重大裝備走出去和國際產能合作重點項目建設。這些重大工程建設將對促進投資穩定增長發揮關鍵作用。

調低投資項目最低資本金比例。有區別地下調固定資產投資項目最低資本金比例，除產能嚴重過剩行業外，其他行業最低資本金比例調低 5 個百分點。調低投資項目最低資本金比例，可以降低投資門檻，提高投資能力，促進相應投資項目落地施工。

投放專項建設基金。通過發行債券籌集資金設立專項建設基金，對重點項目直接注入項目資本金，以撬動相關金融資源，直接支持看得準、有回報、不新增過剩產能的重點領域建設。

加大對企業債券支持力度。進一步降低企業債券發行門檻，允許借新還舊，簡化審核審批程序，擴大企業債券融資規模。同時，出抬城市地下綜合管廊建設、戰略性新興產業、養老產業、城市停車場等專項債券發行指引，加大企業債券服務實體經濟的支持力度。

增強財政資金投資能力。盤活存量財政資金、置換地方政府債務、加快預算執行等舉措將提高政府投資能力。按照財政資金統籌使用方案，盤活各領域「沉睡」的財

政資金，統籌用於發展急需的重點領域和優先保障民生支出，增加財政資金有效供給。通過地方政府債券置換存量債務，大幅降低地方政府利息支出和融資成本。加快支出預算執行進度，進一步發揮政府投資引導帶動作用。

擴大固定資產加速折舊優惠範圍。加大對傳統產業投資的支持力度，將加速折舊優惠政策擴大到輕工、紡織、機械、汽車等四個重要行業，有助於激發企業投資和設備更新改造的積極性，促進產業結構優化升級。

（二）制約投資穩定增長的不利因素

投資項目儲備不足。受市場需求低迷、融資成本較高、預期收益率走低、庫存積壓等影響，具備可行性的投資項目仍然較少。一般來說，投資項目通常在兩年半內完成。2015年新開工項目計劃總投資額、房屋新開工面積均處在極低水平，反應出投資項目儲備不足，將間接影響2016年投資增速。

出口形勢不容樂觀。中國對外貿易依存度較高，投資形勢與出口狀況關係緊密。2016年出口形勢仍不容樂觀，近期WTO已經下調世界貿易增長預測，將2016年全球貿易增長預測值從4.0%降低至3.9%。

融資平臺轉型改制難度大。地方政府融資平臺正在推動轉型改制，剝離政府融資職能，成為獨立營運的市場主體。融資平臺脫鉤政府信用後融資成本和難度大幅提高，部分在建項目後續融資困難，新增投資能力明顯減弱，或將影響基建投資高速增長的可持續性。此外，地方政府融資平臺普遍缺少突出的主營業務和充足的固定資產，參與市場化競爭存在先天不足，轉型改制難度較大。

投資統計制度改革引關注。2016年，中國將全面實行新的投資統計制度，調查對象由投資項目轉變為法人單位，投資額計算方法由形象進度轉變為財務支出。2014年全國試點地區投資總額平均減少50%，增長速度平均降低30%。參考試點經驗，2016年投資增速可能面臨著因統計制度改革帶來的「下行」風險。

四、促投定增，化投

2016年，建議將投資政策主基調確定為促進投資穩定增長，優化投資結構。以增加有效投資、簡化投資審批事項、激發民間投資活力為出發點，通過推進重大項目建設，用好積極財政政策，降低企業融資成本，推進PPP模式，深化投資審批制度改革，促進固定資產投資健康運行。

（一）推進重大項目建設

一是完善重大項目的政銀企社合作對接機制，細化重大工程項目清單，搭建信息共享、資金對接的平臺，保障重大項目的資金供應。二是積極引導金融機構的信貸投向，鼓勵金融機構建立綠色通道，加快重大項目等領域的貸款審評審批。三是投放專項建設基金，給予國家開發銀行、農業發展銀行適當的流動性支持。四是統籌落實重大項目建設用地，及時為重點項目建設辦理用地手續。五是制定三年滾動投資計劃，充實重點產業、基礎設施和民生領域的重大項目儲備庫。

（二）用好積極財政政策

一是發揮好中央預算內投資的帶動作用。優化調整中央預算內投資安排，重點用於國家重大工程特別是跨地區、跨流域的投資項目以及外部性強的重點項目，減少競

爭性領域投入和對地方的小、散項目投資補助。二是加大盤活財政存量資金力度，清理財政專戶。清理結轉結餘資金和財政專戶，將盤活的財政資金重點投向民生改善、公共服務和基礎設施等領域，提高財政資金使用效益。三是實行結構性減稅。適當調高工薪所得稅起徵點，擴大稅前扣除項目範圍，增加養老、教育、住房等支出能力。完善研發費用計核辦法，擴大企業研發費用扣除範圍。四是推動普遍性降費。減免涉及小微企業的有關行政事業性收費和政府性基金，取締亂收費，切實減輕小微企業負擔。

（三）降低企業融資成本

一是靈活運用降準降息，引導商業銀行降低信貸資金成本，加大金融對實體經濟的服務。二是擴大專項貸款規模，推動資產證券化，增強開發性、政策性金融資源服務實體經濟的作用。三是督察金融機構整改違規收費、以貸轉存、存貸掛勾等行為。四是完善多層次資本市場，繼續壯大主板市場，積極推動創業板和戰略新興板市場，有序發展新三板市場，規範區域性股權交易中心形成的四板市場，降低中小企業參與資本市場的門檻。五是充分發揮社會資本在普惠金融中的積極作用，支持民營銀行、小額貸款公司、村鎮銀行、P2P公司等金融機構發展，推動民間金融陽光化。

（四）推進PPP模式

一是中央層面安排PPP項目前期工作費，支持地方政府開展PPP項目的前期工作，推進項目簽約及落地實施。二是加大專項轉移支付資金、稅收優惠政策、PPP引導基金對PPP項目的支持力度。三是規範地方政府行為，加強政府承諾的約束機制，對地方政府違約行為，實施上級財政對下級財政的結算扣款懲罰，切實保障社會資本的合法權益。四是制訂PPP項目標準化合同範文和分行業合同，提供更加細化可操作的實施指引。五是開展PPP項目的推介會和業務培訓班，介紹可複製、可推廣經驗，引導民營資本積極參與PPP項目建設。

（五）深化投資審批制度改革

一是進一步取消和下放投資審批權限。清理和規範核准后、開工前的一些報建手續，切實解決前置手續繁雜、效率低下、依附於行政審批的仲介服務不規範和收費不合理等問題。二是解決不同審批部門權限下放不同步的問題，促進土地、環評、安全等審批權限同步下放，提高簡政放權的綜合成效。三是徹底清理審批事項互為前置、互相掣肘的情況，提高審批效率。

案例來源：http://www.irinbank.com/political/2015/11/27753.shtml。

思考題

1. 企業固定投資的含義是什麼？
2. 如何理解租賃企業的成本？

案例3 使用指南

第一步：目標設定參考。本案例可以配合本章教學及高鴻業主編《西方經濟學（宏觀部分·第六版）》的第二十章教學及學習使用。同時，學生應該對宏觀經濟學的

微觀基礎的內容有所閱讀，通過對案例的學習，瞭解宏觀經濟學的微觀基礎。

第二步：背景介紹。企業的固定資產是支撐企業在市場中立足的重中之重，同時也是衡量一個企業目前的發展狀態及發展空間的一個重要指標。截至 2016 年 6 月初全國成交價格最高的 50 宗土地總金額接近 2,300 億元，其中有 33 宗高價地塊被國企競得，這些國企拿地總金額超過了 1,532 億元，占比達到了 2/3。而 2016 年前 5 月，全國固定資產投資同比名義增長了 9.6%，這一增長速度是 2000 年以來累計同比增長率的最低水平。全國固定資產投資中民間投資增速放緩，相應放大的是國有及國有控股企業所占全國固定資產投資比重。從 2015 年初以來，國有控股企業在全國固定資產投資總額中所占比重穩步遞增。

第三步：理論學習。固定資產投資是指投資主體墊付貨幣或物資，以獲得生產經營性或服務性固定資產的過程。固定資產投資包括改造原有固定資產以及構建新增固定資產的投資。由於固定資產投資在整個社會投資中占據主導地位，因此，通常所說的投資主要是指固定資產投資。固定資產是在社會再生產過程中可供長時間反覆使用，並在使用過程中基本上不改變其實物形態的勞動資料和其他物質資料。在中國會計實務中，將使用年限在一年以上的房屋、建築物、機械設備、器具、工具等生產經營性資料作為固定資產。對於不屬於生產經營主要設備的物品，單位價值在 2,000 元以上，且使用年限超過兩年的，也作為固定資產。按照一般規律，當年投資其中有三分之一轉化成消費，三分之二轉化成固定資產。中國多年來講要降低投資率提高消費率，這是一個沉重的話題，沒什麼改善，中國投入產出比長期以來是五比一左右，國際上是三到四比一，去年的數字 10 以上，投資效益系數下降到不足 0.1，如果這樣下去，每年投資的增幅是 GDP 增幅的兩倍、三倍，將可能進一步推動和誘發信貸擴張、赤字增加、加速賣地、債臺高築，土地財政、產能過剩這些弊端恐怕會越來越明顯。因此，關注固定資產投資內容非常重要，可以通過其變化來分析中國經濟增長速度和比率。

第四步：討論思考題目。可以選擇根據思考題分組討論，每組學生輪流發言，組內相互補充發言，各組學生代表相互點評。

第五步：學習總結或教師點評。教師對案例研討中的主要觀點進行梳理、歸納和點評，簡述本案例的基礎理論，在運用基礎理論對案例反應的問題進行深入分析後，輔以適當的框圖進行總結。

案例備註說明：該案例對於初學者比較困難，可以在結束學期教學或在通讀《西方經濟學（宏觀部分·第六版）》完畢以後使用更佳。當然對於自學能力比較強的學生而言可以直接使用。

案例 4　中國房地產泡沫破裂的陰影

自 1998 年房地產市場化以來，中國政府、房地產開發商、投機者一直喝著房地產飛快增長的自信酒，房地產泡沫被吹得越來越大，如今他們有點醉了，搖搖晃晃的，而泡沫破滅的威脅正越來越近。

一般來說，衡量中國房地產泡沫的常用指標有三個：房地產投資增長率/GDP 增長

率、房地產開發貸款額/金融機構貸款總額、房價/收入。

房地產投資增長率/GDP 增長率指標衡量的是房地產投資的泡沫程度。按照國際標準，這個比值一般不應超過2。比值越大，越意味著房地產業偏離實體經濟，越意味著投資需求和虛高價格的形成。

據《中國統計年鑒》上公布的數據測算，2000—2011 年的 12 年間，中國 GDP 從 2000 年的 89,404 億元增長到 2011 年的 471,564 億元，增長了 4.27 倍，房地產投資總額卻從 4,902 億元激增到 75,685 億元，增長了 14.44 倍，中國房地產投資增長率/GDP 增長率除了在 2005 年為最低點 2，其他 11 個年份，都遠大於 2，這 12 個年份的比值總和為 34.58，平均每年比值為 2.88。其中，2011 年中國房地產投資總額為 75,685 億元，投資增長率為 29.7%，GDP 為 471,564 億元，增長率為 9.2%，房地產投資增長率/GDP 增長率值為 3.23。這說明中國房地產投資過熱的現象依然存在，樓市投機特徵明顯，樓市泡沫化程度令人擔憂。

房地產開發貸款額/金融機構貸款總額指標衡量的是房地產資金信貸方面的泡沫狀況。從國際標準來看，這個比值一般不應超過 2%，如果超過了 2%，則說明銀行、投資公司等金融機構對房地產市場的支持力度過大，如果超過了 2.5，則說明房地產泡沫化程度劇烈，一旦破滅，則會帶來巨大的破壞力。

據《中國統計年鑒》和中國央行公布的數據測算，2000—2011 年的 12 年間，中國的金融機構貸款總額從 2000 年的 99,400 億元增長到 2011 年的 582,000 億元，增長了 4.86 倍，而房地產開發貸款總額卻從 2000 年的 1,385 億元猛增長到 2011 年的 27,200 億元，增長了 18.64 倍。其中，2000—2005 年房地產開發貸款額/金融機構貸款總額的指標值都沒有超過 2%，但是 2006—2011 年，這六個年份的指標值分別為 2.25、2.52、2.38、2.65、4.56、4.67。

最值得關注的是 2010 年、2011 年這兩個年份。2010 年，中國房地產開發貸款額為 2.32 萬億元，房地產開發貸款增長率為 23%，金融機構貸款總額為 50.9 萬億元，房地產貸款額/金融機構貸款總額為 4.56%。2011 年房地產開發貸款額為 2.72 萬億元，房地產開發貸款增長率為 17.1%，金融機構貸款總額為 58.2 萬億元，房地產貸款額/金融機構貸款總額的指標值達到了創歷史紀錄的 4.67%。

這些數據都說明 2006 年以來，中國房地產市場資金信貸方面存在著巨大的泡沫，最近兩年更是達到了瘋狂的地步。這種金融信貸泡沫一旦破滅，將會對整個社會產生難以想像的破壞力。

房價/收入指標衡量的是房地產價格層面產生的泡沫。該指標的具體算法是用商品房單套銷售均價除以居民平均家庭年收入。按照國際標準，這個比值為 4~6 倍較為合適，在發展中國家這個比值為 3~6 倍較為合適。如果比值超過 6 倍，就說明居民購買房子很困難，房價存在非理性的泡沫。這個比值越大，就說明投機炒房的人很多，房價泡沫的可能性越大。

據《中國統計年鑒》公布的數據測算，2000—2011 年，城鎮居民平均家庭年收入從 2000 年的 19,656 元（城鎮居民人均可支配收入 6,280 元×平均每戶家庭人口 3.13 人）增長到 2011 年的 67,393 元（城鎮居民人均可支配收入 21,810 元×平均每戶家庭

人口 3.09 人）。如果這個數據中再包含農民收入的權重一起測算的話，那麼 2011 年中國全國居民家庭年收入的增長還要小於 67,393 元。而與此同時，商品房單套銷售均價從 2000 年 175,320 元（1,948 元/平方米×90 平方米）增長到 2011 年 484,290 元（5,381 元/平方米×90 平方米）。相應地，2000 年的商品房單套銷售均價/居民平均家庭年收入的指標值為 8.92 倍，2011 年的指標值為 7.19 倍。如果在北京、上海、深圳等一線城市測算這個指標的話，數值接近於 20。

從總體上看，這 12 年的房價泡沫，尤其在一線、二線等城市是非常嚴重的。這麼多年，居民對房價上漲的怨聲載道也反應了這一趨勢。

由於房地產泡沫吸引了大量企業的眼光，預期的高利潤回報加劇了房地產投機活動，傷害最大的是實體經濟的發展。據中國全國工商聯副主席莊聰生披露的數據顯示，在當前的各項投資回報中，資本利潤率為 22%，房地產為 28%，而工業為 6.4%，紡織業僅為 4.7%，其結果是造成了實體經濟的空心化。他的這一說法也為一些上市公司的「不務正業」所佐證。從滬深上市公司披露的 2011 年年報和 2012 年一季報中可以發現，一些上市公司業績同比大幅下滑，甚至虧損，但是與之伴隨的是這些上市公司把炒房作為它們最重要的投資渠道。它們甚至還專門為此編成了順口溜「一流企業做金融、二流企業做房產、三流企業做市場、四流企業做實業」。在江浙一帶，由於大量的銀行信貸資金被投入樓市炒作，許多中小型的實體企業只能靠民間高利貸飲鴆止渴，著名的「吳英案」就是反應實體經濟困境的典型例證。

如果房地產泡沫越吹越大，最後破滅，還會導致銀行呆帳、壞帳的增加，甚至會帶來連鎖性的金融危機。美國的次貸危機引發全球性的金融危機，日本、東南亞、迪拜樓市泡沫的破滅，西班牙、愛爾蘭房地產的危機都是活生生的流血教訓。

如果房地產泡沫破了，一批涉足企業將會因為抵押貸款還不上而破產、倒閉。同時，民眾對房價的預期會持觀望、看跌態度，可能還會導致房價迅速跌落，而且許多爛尾樓、空置的地皮會隨之出現，整個經濟會延續長期的不景氣。以日本為例，房地產泡沫破了以後，全國平均地價 1997 年比 1991 年下降 21.8%，商業地價下降 34.1%，全國土地價值縮水了 30% 以上。六大都市的平均地價下降多達 56.4%，商業地價更是下降 72.4%，如東京圈下降了約一半，從 88 萬日元降到 46 萬日元。1995 年土地等不可再生的有形資產減少了 379 萬億日元，相當於一年的國內生產總值。

隨之帶來的是政治與社會動盪的危機。在經濟蕭條、失業率上升的情況下，民眾的情緒波動性較大，會對政權與社會產生仇恨情緒，犯罪率會有上升，政權的公信力會迅速跌落。

從上述三個指標的分析可以看出，造成房地產泡沫的原因主要有四點：

一是政府的土地出讓金泡沫的傳導。2010 年，中國國土部公布的土地出讓金是 2.7 萬億元，2011 年為 3.15 萬億元，同比增長 16.7%。高地價推動高房價是房地產市場內的普遍聲音。

二是寬鬆的信貸政策成為房地產泡沫發酵的宏觀環境。根據中國央行最新公布的數據，截至 2012 年 7 月，廣義貨幣（M2）餘額已達到 91.91 萬億元，同比增長 13.9%；狹義貨幣（M1）餘額 28.31 萬億元，同比增長 4.6%；流通中貨幣（M0）餘

額 4.97 萬億元，同比增長 10.0%。貨幣供給的快速增長、信貸資金向房地產市場投資的偏愛已給房價和資產價格泡沫做好了鋪墊。

三是房地產投機者的非理性預期所致。投資巨鱷索羅斯用「反射理論」說明了房地產投機心理的生成機制。索羅斯說，市場價格與參與者的預期之間是相互影響的，價格的決定中有可能包含市場參與者主觀和非理性的一面，特別是房地產這樣高投機的市場，投機者的價格預期很可能是不理性的。由於供給無彈性和需求的增長，直接引發了人們對房價正的預期，並在「反射」作用下逐漸被強化，最終演變為房地產泡沫。

四是境外熱錢的流入也加劇了中國房地產泡沫的形成。由於前幾年人民幣持續升值，很多境外熱錢流入中國內地哄炒樓市。近期，由於人民幣貶值，一部分熱錢開始流出，也從反面佐證了熱錢的炒作動機。

房地產泡沫的形成顯然觸動了中國政府的神經，限購政策的輪番出抬、實施，保障房、廉租房建設的行政推動，確實在一定程度上抑制了樓市投機行為。溫家寶在 2012 年「兩會」的政府工作報告中也說了這樣一番話：「投機、投資性需求得到明顯抑制，多數城市房價環比下降，調控效果正在顯現。」學者型官員賈康也在各地宣傳房產稅的好處以及中國政府大規模推行房產稅試點的可行性，都說明房地產泡沫到了非治不可的地步了。

但是，隨著中國經濟下行的壓力越來越大，實體經濟調整結構的能力有限，一些地方政府開始在房地產市場復甦的方向上做起了文章。以北京為例，2012 年 8 月 13 日，北京市統計局公布了 1—7 月北京房地產數據，北京市商品房銷售面積為 819 萬平方米，比上年同期增長 21.7%。其中，住宅銷售面積為 621.4 萬平方米，同比增長 31.2%。與此同時，上海、深圳等一線城市的樓市也有復甦的跡象。如果樓市真的復甦了，那麼此前的調控成果將付之東流，房地產泡沫還會越吹越大，越大越難以控制。

中國房地產泡沫的未來會怎麼樣？可能性有四種：①泡沫繼續吹大，直至破裂帶來嚴重的危害；②房價預期看跌，投資量減小，泡沫漸漸變小；③經濟增長和城市化進程慢慢吸收泡沫，房價基本穩定；④泡沫即將破裂，房價迅速下跌，經濟陷入蕭條期。

案例來源：http://comments.caijing.com.cn/2012-08-17/112016399.html.

思考題
住房需求的影響因素有哪些？

案例 4 使用指南
第一步：目標設定參考。本案例可以配合本章教學及高鴻業主編《西方經濟學（宏觀部分·第六版）》的第二十章教學及學習使用。同時，學生應該對宏觀經濟學的微觀基礎的內容有所閱讀，通過對案例的學習，瞭解宏觀經濟學的微觀基礎。

第二步：背景介紹。目前，中國經濟發展處於加速增長的初期，國民經濟持續快速增長，人均 GDP 水平加快提高，產業結構趨向高級化，工業化水平進一步提高，第

三產業進一步發展。工業化和服務業化的發展使得工業用房和商業用房增長持續上升和擴大。城市規模擴大和人口的增加也將使需求增加。城市化與產業經濟互為槓桿和動力，並成為房地產市場增長的基礎。2003年中國城市化率為40.5%，到全面實現小康的2020年，中國城市化水平將達到50%~60%，期間約有3億~3.5億新增城鎮人口，每年農村向城鎮人口轉移有近千萬人，據保守估計人均需求15平方米，年需求1.5億平方米。未來20年，農村人口將大量湧到城市，城市化進程將大大加快。城市人口急遽增加，也給房地產市場帶來了巨大的消費需求。農村人口大量進入城市，首先必須滿足的是住房需要。由此形成住宅房地產固定性的消費需求。據數據顯示，中國城鎮化每年以約一個百分點的速度推進，城鎮人口年均增長4%~5%，從而帶動新增住房需求快速增長。同時，城市建設的發展，需要進行舊區改造，舊城區的房屋拆遷也會引致拆遷戶的大量住房需求。另外，城鎮化進程推動的現代生活方式非住宅類房地產流動性消費需求也是逐漸增大的。隨著經濟發展水平的提高，城鎮居民家庭的恩格爾系數降低，消費結構發生變化，流動性消費如旅遊、休閒、娛樂等大大增加。於是，城鎮化帶動了季節性、度假性公共設施如酒店、休閒會所、度假村等非住宅類房地產消費需求的增加。生產性需求是房地產作為生產要素存在，為滿足生產經營需要而形成的對房地產商品的需求，其需求的主體是各類企事業單位和個體工商業者。城鎮化過程中，人口從農村向城市遷移，並在城市中從事非農業部門的勞動。為吸納更多的農村剩餘勞動力和新增城鎮人口，物質生產部門和服務部門必須擴大規模，提供相應的就業崗位，建造更多的工廠廠房、商店店鋪、辦公用房、服務行業用房以及其他各類生產經營性用房，以滿足擴大的社會生產經營活動的需要。由此可見，城市化直接擴大了社會生產經營活動的規模，拉動了房地產市場的生產性需求。

第三步：理論學習。住房需求就是指在一定的時期內，在某一價格水平下，住房的消費者在市場上所願意且能夠購買的住房數量。影響房地產市場需求的因素：①城市化發展水平。城市是社會經濟發展，特別是工業化的必然結果。因為社會經濟發展，無論從地域上說，還是從經濟社會組織形式上說，都表現為城市的發展。城市越發展，對房地產的需求也就越大。隨著城市的發展、城市的擴大、城市土地面積不斷地增加，城市對土地和住宅的需求也就越來越大。中國現在正處於城市化發展時期，城市數量和城市規模都在不斷地增加，因此對土地的需求量是很大的。②房地產價格水平。房地產市場與其他市場一樣，價格的高低對房地產的需求也有很大的影響。在正常情況下，房地產價格高，就會限制對房地產的需求，房地產價格低，就會增加對房地產的需求。中國目前房地產價格居高不下是影響房地產需求的一個重要因素。③城市產業結構。城市產業結構是各部門之間的量的關係和比例，以及其特有的相互結合形式。當代經濟發展，產業部門已經突破了物質產品生產部門的界限，發展成為包括國民經濟各職能部門在內的產業結構。城市產業結構發展的狀況，不僅決定著城市對房地產需求的總量，而且決定著房地產產業的需求結構。④國家有關政策。國家的政策，是國家對宏觀經濟進行調控的重要手段，對房地產的生產性需求和消費性需求，都會有巨大的影響，特別是對房地產的總量平衡和結構平衡有著重大的調節作用。從房地產經濟發展的總體上說，房地產的產業政策，決定著房地產產業在整個國民經濟中的地

位，以及房地產與相關產業發展的關係。房地產經濟發展的實踐表明，國家的財稅政策、國民經濟發展計劃、金融政策、投資政策等，基本上決定了房地產投資總量和投資結構。同時國家可以通過生產性需求和消費性需求的各種經濟參數，如價格、稅收、利息、折舊率等，刺激或抑制生產和消費的需求。其中貨幣金融政策和利率，是調整需求的最有力的經濟槓桿。對居民住房消費影響最大的是國家的住房政策，以及與住房有關的各項優惠政策。

第四步：討論思考題目。可以選擇根據思考題分組討論，每組學生輪流發言，組內相互補充發言，各組學生代表相互點評。

第五步：學習總結或教師點評。教師對案例研討中的主要觀點進行梳理、歸納和點評，簡述本案例的基礎理論，在運用基礎理論對案例反應的問題進行深入分析後，輔以適當的框圖進行總結。

案例備註說明：該案例對於初學者比較困難，可以在結束學期教學或在通讀《西方經濟學（宏觀部分·第六版）》完畢以後使用更佳。當然對於自學能力比較強的學生而言可以直接使用。

國家圖書館出版品預行編目(CIP)資料

宏觀經濟學案例與實訓教程 / 霍愛英 主編. -- 第一版.
-- 臺北市：財經錢線文化出版：崧博發行, 2018.11
　　面；　　公分
ISBN 978-957-680-263-8(平裝)
1.總體經濟學
550　　107018644

書　　名：宏觀經濟學案例與實訓教程
作　　者：霍愛英 主編
發 行 人：黃振庭
出 版 者：財經錢線文化事業有限公司
發 行 者：崧博出版事業有限公司
E-mail：sonbookservice@gmail.com
粉絲頁　　　　　　　網　　址：
地　　址：台北市中正區延平南路六十一號五樓一室
8F.-815, No.61, Sec. 1, Chongqing S. Rd., Zhongzheng Dist., Taipei City 100, Taiwan (R.O.C.)
電　　話：(02)2370-3310　傳　真：(02) 2370-3210
總經銷：紅螞蟻圖書有限公司
地　　址：台北市內湖區舊宗路二段 121 巷 19 號
電　　話：02-2795-3656　傳真：02-2795-4100　網址：
印　　刷：京峯彩色印刷有限公司（京峰數位）

　　本書版權為西南財經大學出版社所有授權崧博出版事業有限公司獨家發行電子書及繁體書繁體版。若有其他相關權利及授權需求請與本公司聯繫。
定價：550元
發行日期：2018 年 11 月第一版
◎ 本書以POD印製發行